번영하는 도시,
몰락하는 도시

도시는 어떻게 위기를 극복하고 새로운 기회를 만드는가

AGE OF THE CITY

번영하는 도시, 몰락하는 도시

이언 골딘, 톰 리-데블린 지음
김영선 옮김

어크로스

사랑과 지지를 아끼지 않는 테스에게
이언 골딘

늘 기쁨을 주는 메건에게
톰 리-데블린

서문

우리는 격동의 시대에 살고 있다. 몇 년 사이 전 세계에 퍼진 포퓰리즘과 전염병, 환경 재난, 우크라이나 전쟁 및 대만을 둘러싼 갈등 고조로 드러난 지정학적 관계의 악화를 목격했다. 이 모든 일의 배후에는 우리가 일하고 관계 맺는 방식 자체를 바꿔놓는 극적인 기술 변화가 있다.

이러한 시기에 도시에 대한 책이 왜 필요할까? 두 가지 이유가 있다. 첫째, 도시는 이제 세계 인구의 절반이 넘는 사람들의 거주지이며, 2050년에는 그 비율이 3분의 2로 높아질 예정이다. 이는 인류 역사상 전례 없던 일로, 현재 도시 생활을 형성하는 동력이 우리의 세계 전체를 또한 형성한다는 뜻이다. 둘째, 사람들을 더 가깝게 만드는 힘을 가진 도시는 역사를 통틀어 인류 진보의 거대한 인큐베이터였다. 도시의 힘이 지금 우리에게 그 어느 때보다 필요하다.

다시 말해 우리가 우리의 미래를 위해 싸워서 승리를 거두어야 할 곳이 도시이다. 심각한 사회 분열과 불평등에서 세계적 유행병과 기후변화까지, 이 책은 우리가 마주한 최대의 난제에 대한 답을 도시 개혁에서 찾을 수 있음을 보여준다. 또 우리가 아무런 조치도 하지 않으면, 우리의 도시는 훨씬 위험해질 것임을 보여주려 한다.

이 책은 오늘날의 세계화가 지닌 커다란 역설에서 시작되었다. 사람, 상품, 정보가 쉽게 이동하게 되면서 우리가 사는 곳이 그 어느 때보다 중요해졌다. 2000년대 초반부터 세계화에 대한 인식이 높아졌다. 토머스 프리드먼의《세계는 평평하다》와 프랜시스 케언크로스의《거리의 소멸, 디지털 혁명》은 대중의 상상력을 사로잡았다. 돌이켜보건대 이제 우리는 세계화된 세계에서 장소가 가장 중요하다는 사실을 알고 있다.

그 세계가 주요 도시의 코즈모폴리턴 엘리트에 대한 분노에 기반한 포퓰리즘으로 인해 흔들리고 있다. 이는 영국의 브렉시트로 그리고 미국, 프랑스, 이탈리아, 스웨덴 등에서 반기득권 정치인이 지지를 얻는 현상에서 드러나고 있다. 이 모든 포퓰리즘 움직임을 꿰뚫는 공통된 생각은 대도시에서 안온하게 살아가는 주류 정치인, 기업가, 언론계 인사들이 '뒤처진' 지역과 사람들에게 관심을 두지 않는다는 것이다. 이렇듯 역동하는 도시에 반기를 든 포퓰리즘은 정체된 임금과 치솟는 불평등에서 비롯된 불만에 뿌리를 두고 있다. 경제적 기회를 균등하게 나누기 위한 변화의 노력이 진작 있었어야 했다.

하지만 역동하는 도시의 기반을 약화시키는 것은 변화를 위한 노력이 아니다. 런던, 뉴욕, 파리 그리고 개발도상국의 뭄바이, 카이로, 라고스 같은 도시는 경제성장과 일자리 창출의 엔진이다. 이들 도시가 없다면 각국의 경제는 마비되고 말 것이다. 하지만 이들 도시는 시급히 바로잡아야 할 극심한 불평등 또한 품고 있다. 이런 이유로 우리는 이 책에서 경제 회복에 대해 전체론적으로 접근하는데, 이 접근법은 도시가 가진 힘에 저항하기보다 그 힘을 이용한다.

최근 급증하는 원격 근무는 우리 경제의 지형에 큰 영향을 미치며, 또한 해답을 요구하고 있다. 이 책은 그 답을 제시하고자 한다. 일은 꼭 사무실에 출근해서 해야 한다는 생각이 무너지면서 특히 원격 근무 비율이 높은 미국과 유럽의 도시에 파괴적인 영향을 미쳤다. 상업용 부동산 시장이 어려워지고 있으며, 지방세는 줄어들고, 이발사부터 길거리에서 공연하는 이들에 이르기까지 유동 인구수에 의존하는 직업이 위협을 받고 있다. 대중교통 역시 대부분이 엄청난 손실을 입고 있다.

이런 이유에서 우리는 도시를 버릴 게 아니라 도시에 대해 다시 생각해야 한다. 창의성은 사람과 사람이 만나 교류할 때 잘 발휘된다. 대부분의 직업은 여전히 수습직이라 할 수 있으므로, 특히 경력이 얼마 안 된 노동자가 경험이 많은 사람이 하는 것을 보고 배우며 많은 도움을 받을 수 있다. 게다가 직장은 사회를 떠받치는 기둥으로, 다양한 계층의 사람들이 한데 어울려 고립과 고독에서 벗어나게 해준다. 역동하는 도시가 없는 사회는 생산력, 화합력, 성취감이 낮을 것이다. 우리가 이 책에서 주장하는 바는 적절한 혼합 근무제*로 전환한다면 도시는 더 나은 방향으로 변화하리라는 것이다.

이 책은 선진국의 도시에 초점을 두고 있긴 하지만 독자에게 세계적 관점 또한 제공한다. 최근 수십 년 동안 도시에 거주하는 인구의 증가를 주도한 것은 개발도상국이었으며, 이들 나라가 현재 세계의 도시 거주 인구 대부분을 차지한다. 중국 같은 나라에서 급속한 도시화는 많은 인구가 빈곤에서 벗어나게 한 경제 현대화의 결과였다. 한편 콩고민주공화국 같은 나라에서는 도시화와 경제 발전이 같이 이루어지지 못했다. 그래서 도시의 기회보다는 농촌의 빈곤과 위험이 도시로 이주하는 더 큰 이유이다. 어느 쪽이든 이제 세계의 가난한 사람들은 도시를 택하고 있다. 그리고 많은 도시가 거대하고 과밀해졌고 주민들은 처참한 환경에서 살고 있다.

---

* 사내 출근과 원격 근무를 결합한 형태.

빈곤에서 벗어나려면 개발도상국의 도시에서 무슨 일이 일어나고 있는지를 제대로 알아야 한다. 이는 왜 전염병이 거듭 발생하는지 이해하기 위해서도 중요하다. 사람면역결핍바이러스(HIV)에서 코로나바이러스감염증19$^{Covid-19}$까지 현대의 전염병은 이들 도시에서 시작되었다. 혼잡한 환경에 무분별한 삼림 벌채, 집약적 목축, 야생동물 고기의 소비 등이 동물에서 인간에게 질병을 옮겨 인류 전체를 위협하고 있다. 특히 세계의 도시들을 연결하는 공항은 전 세계로 치명적인 질병을 퍼뜨리는 촉매가 되고 있다. 이는 많은 개발도상국 도시의 끔찍한 생활환경이 인도주의와 개발의 문제만이 아니라 세계 공중 보건의 문제이기도 하다는 뜻이다. 지난 두 세기 동안 전염병 퇴치에 엄청난 진전이 있었으나, 전체 흐름은 우리에게 불리하게 돌아가고 있다. 도시는 앞으로 있을 싸움의 주요 전쟁터가 될 것이다.

기후변화를 고려하지 않고서는 현재 세계가 직면하고 있는 여러 문제를 제대로 논할 수 없다. 기후변화는 전 세계 많은 도시를 위협한다. 해수면 상승, 물의 고갈, 폭염으로 인해 많은 도시가 사람이 살 수 없게 될 위험에 처해 있다. 해안 도시가 특히 취약한데 세계적인 도시는 거의 해안 도시이다. 마이애미, 두바이, 암스테르담 같은 도시가 위협받고 있다. 특히 가난한 나라의 해안 도시들은 방파제와 배수 시설을 만드는 데 들어가는 엄청난 재원을 감당할 수 없어 훨씬 취약하다. 그렇지만 도시는 기후변화를 늦추는 데 많은 답을 갖고 있으며, 이 책은 도시가 어떻게 답을 마련할 수 있는지 보여준다.

*

우리는 이 책에서 도시가 맞닥뜨린 도전과 도시의 잠재력에 대한 이해를 돕기 위해 다양한 분야의 통찰을 모은다. 역사학자, 경제학자, 사회학자, 도시계획자 등 전문가들은 모두 서로 다른 렌즈를 통해 도시를 바라본다. 그 각각이 가치가 있지만 각 학문의 사일로에 갇히면 진짜 문제를 못 보며, 해결책도 마찬가지이다.

현대 세계에서 도시가 차지하는 중요성을 인식한 것은 우리가 처음이 아니다. 최근 몇 년 동안 에드워즈 글레이저의《도시의 승리》, 리처드 플로리다의《신창조 계급》을 비롯해 많은 훌륭한 책들이 우리 앞에 흔적을 남겼으며, 루이스 멈퍼드의《역사 속의 도시》, 피터 홀의《문명의 도시들Cities in Civilization》, 제인 제이콥스의《미국 대도시의 죽음과 삶》, 폴 바이로흐Paul Bairoch의《도시와 경제 발전The Death and Life of Great American Cities》같이 고전으로 여겨지는 책도 있다.

우리는 팀 마셜의《지리의 힘》같이 장소의 중요성을 광범위하게 탐구하고, 피터 프랭코판의《실크로드 세계사》등 우리의 세계가 왜 오늘날처럼 되었는지에 대해 참신한 역사적 관점을 주는 최근의 책에도 영감을 받았다. 이 책이 이런 주제에 대한 독자들의 이해를 높이는 데 기여하기를 바란다.

　이 책에서는 우리가 살아가는 도시의 운명을 개척하기 위해 이제 무언가를 해야 한다고 주장한다. 우리의 목표는 과거를 이해하고 미래를 내다봐서 독자 모두가 더 나은 삶을 사는 것이다.

　　　　　　　　　　　옥스퍼드에서, 이언 골딘
　　　　　　　　　　　런던에서, 톰 리-데블린

차례

AGE OF THE CITY

1

서론
위대하고 위태로운 도시

약 5000년 전, 우리 조상들은 우리와 주변 세계, 그리고 우리 각자와의 관계를 영원히 바꿔놓을 여정을 시작했다. 도시는 사람들을 불러 모아 인류의 잠재력을 깨우고 모았다.

과거에는 도시에 거주하는 사람이 지극히 소수에 불과했다. 역사상 유례가 없는 도시화를 이룬 로마제국의 도시 인구가 15퍼센트를 넘은 적은 없었다. 대부분의 다른 문명은 이에 크게 못 미쳤다. 잉여 식량이 문제였다. 도시에 사는 사람들은 언제나 농촌에 사는 사람들로부터 식량을 공급받았고, 농업이 시작된 이래 농촌 인구는 잉여 식량을 가져본 적이 없었다. 식량 생산이 늘면 사망률이 떨어져서 먹여 살려야 할 사람들이 늘어나 결국 잉여 식량이 없어졌다. 그 결과 농사 외에 다른 일을 할 수 있는 사람들의 비율에 상한선이 있었다.

하지만 도시가 개인들이 대규모로 협력하고 분업하고 발명할 수 있게끔 하면서 엄청난 구조 변화를 불러왔다. 이런 능력이 없었다면 호모사피엔스는 위태로운 생존에서 벗어나지 못했을 것이다.

최근 몇 세기 동안 인류의 진보 속도가 급격히 빨라졌다. 인류가 존재해온 약 20만 년에 비해 엄청 짧은 기간에 몇 배나 더 번영했다. 산업화와 세계화의 촉매인 도시가 이런 진보의 중심이었다. 그리고 이 과정은 자체적으로 이루어졌다. 식량 생산, 저장, 가공, 운송에서 일어난 혁신 덕분에 세계 농업이 급속한 도시의 성장을 지탱할 수 있었다. 공중 보건, 위생 시설, 사회 기반 시설이 발전하면서 이전보다 훨씬 더 많은 사람들이 모여 살 수 있었다.

21세기 초에 처음으로, 도시는 인류 대부분이 거주하는 곳이 되었다. 18세기 초에는 세계 인구의 5퍼센트만이 도시에 살았다.[1] 오늘날 그 비율은 55퍼센트이다.[2] 2050년에는 세계 인구의 3분의 2 이상이 도시에 살 것으로 예측된다. 그림1은 이런 변화의 속도가 빨라지고 있음을 보여준다. 1960년까지만 해도 도시 인구가 대다수인 나라는 40개국에 지나지 않았다. 2020년 그 문턱을 넘어선 나라는 100개국 이상이다.[3] 지금부터 2050년까지 전 세계의 도시 인구는 적어도 25억 명이 증가할 텐데, 이는 대부분 농촌에서 도시로의 이주가 계속되는 동시에 인구가 급속히 증가

그림1 세계 도시 인구 비율(0~2050년)

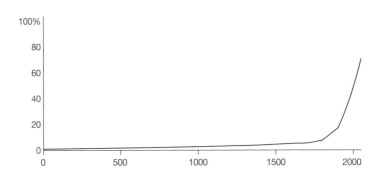

현재 세계 인구의 절반 이상이 도시에 거주하고 있다.
출처: H. Ritchie and M. Roser, Urbanization (Our World in Data), 2019.

하는 개발도상국에서 일어날 것이다.[4] 앞으로 10년 동안 20여 개 이상의 도시가 인구 500만을 넘어설 것이다.[5] 호모사피엔스는 사바나에서 진화했지만, 이제 우리는 도시에서 살아가는 종이다.

점점 도시화되면서 우리는 수많은 위협을 맞닥뜨리고 있다. 불평등의 심화, 사회 유대 및 신뢰의 약화, 특히 세계적 유행병과 기후변화로 인한 위험 등이다. 암울한 미래를 피하려면 이런 문제를 해결해야 한다. 더 공정하고, 결속력 있고, 지속 가능한 도시를 만들어야만 이 난제들을 해결할 수가 있다.

걷잡을 수 없는 도시의 팽창

그리피스 천문대에서는 산가브리엘산맥에서 태평양까지 뻗어 있는 로스앤젤레스를 전망해볼 수 있다. 날이 어두워지면 1300만 명의 주민들이 밝히는 불빛은 밤하늘보다 더 밝게 빛난다.

현대의 도시는 이전에 존재했던 그 어떤 도시와도 다르다. 역사상 주민 수가 100만 명이 넘는 도시는, 예를 들어 서기 2세기의 고대 로마나 서기 8세기의 장안(오늘날 시안)처럼 드물었다. 르네상스 시대의 피렌체는 그 부와 지적 열정에도 불구하고 인구는 약 10만 명이었다. 대부분의 역사를 통틀어 도시는 걸어 다니기에 편한 거리 이상으로 커지지 않았다.[6] 런던은 17세기만 해도 원래의 면적* 그대로였다. 지금과 같은 운송 수단이 없어 도시의 물리적 범위가 적었고 좁은 도시는 혼잡해져 전염병이 돌기 쉬웠고 인구밀도는 줄어들었다.

그 결과 기존의 도시가 관리할 수 있는 규모를 넘어서면 새로운 도시가 형성되었다. 예를 들어 고대 그리스가 발전하던 초기에 델포이 신탁이 통제하기 힘든 규모로 커진 도시의 분산을 정기적으로 명령했다. 이 문명의 특징인 조각보처럼 잇대어진 도시

---

* 오늘날의 런던은 면적이 약 1제곱마일square mile인 시티오브런던 지역에서 팽창한 도시로 이 지역의 다른 이름인 스퀘어마일은 여기서 유래했다.

국가들은 그렇게 형성되었다.[7] 뉴잉글랜드의 초기 정착민들이 이와 비슷한 모델을 따랐다.[8]

역사를 통틀어 많은 사람들은 도시가 인류에게 맞지 않으며, 에덴동산으로부터의 추방이 그 절정이었다고 주장했다. 신학자 성 아우구스티누스는 인류 역사를 사악한 '인간의 도시'와 천상의 '신의 도시'의 갈등으로 보면서, 성서에 따르면 최초로 인간의 도시를 세운 이는 형제 아벨을 살해한 카인이라고 말했다.[9] 장 자크 루소는 도시가 "인간종의 깊은 구렁텅이"라고 선언했고,[10] 토머스 제퍼슨은 도시가 "인간의 도덕, 건강, 자유에 해롭다"며 폄하했다.[11] 평론가 윌리엄 해즐릿은 도시가 "왜소하고, 병약하며, 해롭고, 타락한 종족"을 낳는다고 염려했다.[12]

그렇지만 18세기 유럽에서 산업혁명이 시작되면서 도시가 급속히 커지기 시작했다. 윤작에서 수확 기계까지 농업이 발전하면서 많은 농업 잉여가 생겨났다. 영국에서는 모두가 공유하고 이용할 수 있었던 토지를 개인 지주가 전용하는 인클로저 운동이 일어나 많은 농촌 인구를 쫓아냈다. 동시에 다축 방적기와 증기기관 등 새로운 제조 기술이 도입되면서 직물 및 금속 가공 같은 도시 산업이 발전해 엄청난 수의 일자리가 생겨났다.

맨체스터 같은 초기 산업도시는 인구가 밀려들면서 빠르게 혼잡하고 더러워졌다. 철도의 발명으로 더 많은 상품과 무거운 화물을 훨씬 신속하게 멀리 옮길 수 있게 되었다. 이는 차례로 더 많은 도시에 산업 활동이 뿌리내릴 수 있게 했지만, 계속되는 도시로의 대량 이주를 능가할 만큼 분산이 빠르게 이루어지지는 않았다. 그 결과 도시는 계속해서 커졌으며, 의학과 공중 보건이 발전한 덕분에 사망률이 낮아지면서 인구는 더욱 많아졌다.

에버니저 하워드Ebenezer Howard는 산업도시에 사는 가난한 사람들의 생활환경에 충격을 받았다. 그는 19세기 말 의회 담당 기자로 일하며 도시계획에 대한 열정을 키웠으며, 이른바 '전원도시'의 밑그림을 그렸다. 그의 비전은 서로 연결되어 있으나 자족하는 소도시들로 과밀한 도시의 인구를 분산시키는 것이었다. 이 소도시들에는 널찍한 주택, 공공 편의 시설, 공장 그리고 주변의 농업지대가 혼합되어 있을 터였다.[13] 런던 교외의 레치워스와 웰윈 같은 몇몇 사례 외에는 하워드의 모델이 온전히 채택되지는 않았으나, 그의 발상은 20세기 도시계획에 큰 영향을 주었다. 이 새로운 도시 설계의 원칙은 도시가 주는 경제적 기회는 유지하면서 시골의 공간적 여유를 누리게 한다는 것이었다. 이렇게 해서 교외라는 개념이 생겨났다.

20세기 초 수십 년 동안 전차와 철도 덕분에 어느 정도 분산이 이루어졌다. 그러나 교외화가 본격적으로 시작된 것은 20세기 중반, 중산층이 성장해 자동차가 널리 보급되고서였다. 일단 그렇게 되자 변화는 급격히 일어났다. 뉴욕의 경우를 보자. 1950년 이후 뉴욕 광역권의 인구는 1300만 명에서 2000만 명으로 증가했으나 그 중심부인 5개 자치구의 인구는 여전히 약 70년 전과 비슷한 800만 명 정도였다.[14] 뉴욕의 도심은 1980년대에 밑바닥을 치고 최근 수십 년 동안 많이 회복되기는 했으나, 그렇다고 교외의 성장을 막지는 못했다.

다시 말해 도시가 터져 나가고 있다. 현재 주민 수가 100만 명이 넘는 도시 지역은 500개 이상이고 1000만 명이 넘는 도시는 40개이다.[15] 극단의 경우에는 팽창 과정에서 인접한 도시들이 하나의 도시권으로 합쳐졌다. 그 한 예로 도쿄, 요코하마, 지바 등 인근의 다수 도시들이 인구 3700만 명의 세계 최대 도시인 도쿄 광역권으로 합쳐졌다. 2008년 도시학자 리처드 플로리다와 동료들은 이 같은 '광역권'이 전 세계에 40개가 있으며 이들이 전 세계 경제 생산의 3분의 2를 차지한다고 밝혔다.[16] 이런 추세는 더 빨라지고 있다. 예를 들어 빠르게 성장하는 중국의 주장강 삼각주 지역에는 점점 하나가 되어가는 9개 도시가 있다. 이 지역의 총인구는 6500만 명으로 영국이나 프랑스의 인구에 맞먹으며, 총생산량이 1조 2000억 달러로 에스파냐의 생산량과 맞먹는다.[17]

유명한 역사가 루이스 멈퍼드는 대표작인 1961년의 《역사 속 도시》에서 도시를 컨테이너와 자석으로 묘사했다.[18] 자석은 터져 나갈 것 같은 우리의 도시를 이해하기에 적절한 은유이다. 오늘날 도시는 그 경계를 깔끔하게 긋기 어렵고, 도시가 도시를 끌어당기는 힘은 그 어느 때보다 강력하다.

일부 사람들은 원격 근무가 급증하면 도시는 곧 인류가 물리적 거리에 속박되었던 옛 시대의 유물이 될 것이라고 생각했다. 이런 제약에 구속되지 않는다면 우리는 기체 분자처럼 전 세계로 분산될 수 있을 것이다. 도시가 팽창하고 있지만, 여전히 거주 가능한 대륙의 1퍼센트에 지나지 않는다.[19, 20] 어디서나 일할 수 있다면 우리가 이용할 수 있는 공간은 훨씬 넓고 풍부해질 것이다.

그렇지만 도시는 단순한 복합 상업 지구 이상으로, 주민에게 대면으로만 가능한 다양한 서비스를 제공한다. 스포츠 마사지나 보육은 가상을 통해 해결할 수 없다. 전 세계에 전염병이 유행한 시기에 가상의 칵테일파티를 해본 사람이라면 실제의 환대를 대신한 이런 대안에 회의감을 느꼈을 것이다. 대부분의 사람들은 원격으로 일할 수 없다. 원격 근무는 부유한 나라들의 노동자 세 명 중 한 명을 위한 선택지일 뿐이며 가난한 나라들에서 원격 근무는 더욱 어렵다.[21]

더욱이 인터넷이 나와 같은 생각을 가진 사람들로 가득한 메아리 방으로 우리를 밀어 넣고, 생각이 다른 사람들과 소통하는 능력을 약화시키는 세상에서, 도시는 결속력을 다지는 데 중요하다. 우리 조상들의 도시는 각계각층의 사람들을 하나로 모아 결속력 있는 전체로 묶어주었다. 우리는 분열된 세상에서 도시의 이런 잠재력을 재발견해야 한다. 그러려면 도시가 진화해야 한다. 연결성을 사생활과 바꾸는 저밀도의 도시 팽창이 문제의 절반을 차지한다. 또 다른 절반은 도시 내 그리고 도시 간 불평등이 증가하면서 부자와 가난한 사람들이 전혀 다른 세상에 살고 있다는 것이다.

세계는 평평하다는 거짓말

베를린 장벽이 붕괴한 후 세계 금융 위기가 일어나기 전까지, 우리는 세계화에 들떠서 흥분했다. 2001년 중국이 세계무역기구^{WTO}에 가입하면서 마무리된 무역협정의 물결은 세계 주요 경제권을 통합했다. 많은 가난한 나라들에서 만들어낸 상품에 대한 수요가 급증하고 무역이 증가해, 마침내 이들 나라가 경제적으로 따라잡는 것처럼 보였다. 그리고 인터넷이 출현했다.

1989년 월드와이드웹^{World Wide Web}의 개발에 이어 통신 시설에 대한 투자가 급증했다. 2005년 10억 명 이상의 사람들이 인터넷으로 연결되었다.[22] 그해 〈뉴욕타임스〉 언론인인 토머스 프리드먼은 《세계는 평평하다》라는 대담한 제목의 책을 출간했다. 그는 세계경제의 운동장이 빠르게 평평해지고 있다고 주장했다. 곧바로 베스트셀러가 된 이 책은 그 시대의 낙관주의를 담고 있었다.

하지만 무역자유화와 경이로운 인터넷 덕분에 세계가 점점 좁아지는 동안 또 다른 중대한 변화가 일어나고 있었다. 그 결과는 평평하지 않은 세계로, 평평하기보다 못투성이의 세계였다. 이 세계에서는 장소가 그 어느 때보다 더 중요했다. 세계화와 급속한 기술 발전이 결합하면서 중산층의 오랜 기반이던 많은 제조업 및 사무직 일자리가 사라졌다. 일 자체가 없어지거나 비용을 줄이기 위해 해외로 내보내기 때문이었다. 이런 일자리가 사라지면서 한편으로는 경영 컨설턴트와 데이터 과학자 같은 고임금 지식노동 일자리, 다른 한편으로는 카페 종업원이나 창고 노동자 같은 저임금 서비스직이 주를 이루는 역기 형태의 경제가 나타났다. 경제학자 마르텐 구스Maarten Goos와 앨런 매닝Alan Manning의 말에 따르면 우리는 노동인구가 '형편없는' 일자리와 '아주 좋은' 일자리로 나뉘는 것을 보고 있다.[23]

특히 제조업 일자리는 오랫동안 작은 도시와 많은 시골 마을을 유지해나가는 힘이었다. 19세기 초와 20세기 말 사이에 운하, 철도, 그다음에는 고속도로 덕분에 미국, 영국 등의 나라에서 전역으로 제조업이 분산되었다. 이런 일자리가 사라지자 이에 의존하던 많은 곳이 적응하기 위해 고군분투했다. 공공 재정이 늘어나고, 기반 시설은 쇠락하며, 범죄가 늘고, 건강은 악화되었다. 최근 몇 년 동안 이렇게 뒤처진 곳들은 그 주민들에게 빈곤의 덫이 되고 있다.

반면 몇 안 되는 주요 도시는 이보다 더 좋은 적이 없었다. 뉴욕, 런던, 파리, 상하이, 도쿄 같은 도시는 세계경제의 관문이다.

이들 도시는 항구와 공항을 통해 무역의 통로 역할을 할 뿐 아니라 국제 흐름을 가능하게 하는 다국적기업, 금융기관, 전문 서비스 회사를 유치하고 있다. 유수의 대학이 있는 이들 도시는 아이디어 교류가 중요한 컴퓨터 과학 또는 생의학 분야에서 일하는 이들에게 매력적이다. 일자리 구조의 다른 쪽 끝에 있는 접객, 보육, 피트니스, 소매업 같은 저임금 서비스 일자리 또한 이들 도시에 몰려들고 있다. 이들 도시의 가처분소득을 가진 고숙련 노동자들이 이 같은 서비스를 필요로 하기 때문이다.

한 세기 전, 독일의 역사가 오스발트 슈펭글러는 권위 있는 저서 《서구의 몰락》을 출간했다. 그는 이 책에서 '세계인cosmopolitan'과 '지방인provincial'의 구분이 결국 현대사회에서 결정적인 차이가 되어 '모든 사건, 모든 생활 습관, 모든 세계관'을 지배할 것이라고 예측했다.[24] 최근의 역사는 이 예측이 섬뜩하리만치 맞아떨어지고 있음을 입증한다. 세계적인 도시들은 점점 서로 연결되면서 자국의 침체된 곳들과는 더 단절되고 있다. 뉴욕의 은행가는 (적어도 코로나바이러스가 전 세계에 유행하기 전에는) 1년에도 몇 번씩 런던을 여행하면서도 볼티모어 같은 도시에 발을 들여놓거나 아주 잠깐 지나치는 경우 말고는 시골에서 지내본 적이 없을지 모른다. '동료 시민이 처한 곤경에 관심이 없는 성공한 엘리트 세계주의자'라는 이미지는 미국, 영국, 프랑스 등 많은 부유한 나라들에서 깊은 분노로 촉발된 반세계주의 포퓰리즘을 결집하는 동기가 되고 있다. 런던의 많은 엘리트들이 누가 브렉시트에 찬성표를 던졌는지 모른다거나 뉴욕의 엘리트들이 누가 트럼프에게 투표했는지 모른다는 사실은 그들이 사회와 얼마나 단절되어 있는지를 말해준다.

번영하는 도시와 다른 곳의 격차가 커지는 한편 이들 도시 내 격차도 커지고 있다. 1980년 이후 불평등 정도가 미국 대부분의 대도시에서 커지고 있지만 특히 뉴욕, 샌프란시스코, 시카고 같은 번영하는 도시는 그 속도가 너무나 빠르다. 현재 이들 도시의 불평등 정도는 미국의 평균보다 훨씬 높다.[25] 이들 도시에 거주하는 고숙련 지식 노동자의 임금은 치솟았으나 이들을 뒷받침하는 저숙련 서비스 노동자의 임금은 그대로이다. 그런데 이들 도시의 생활비는 눈덩이처럼 늘어나 그 격차가 더욱 심해지고 있다. 최근 수십 년 동안 지식 노동자가 고급화하는 도심으로 모여들면서 이 세계적 대도시들은 상아탑과 비슷해지고 있다. 불리한 조건의 주변부가 고도로 집중된 번영의 중심부에 봉사한다.

몇몇 도시와 그 도시 내 소수 지역에 집중되는 부와 기회는 오래가지 못한다. 이것은 대단히 불공정할뿐더러 막대한 경제적 실패이기도 하다. 부유한 나라의 많은 인구가 복권 추첨처럼 태어나는 곳에 의해 생산 잠재력이 달라지기 때문이다. 이는 극복 가능한 문제이다. 이 책에서 시애틀, 라이프치히, 후쿠오카 같은 전세계 도시들이 어떻게 번영하는 대도시를 따라잡았는지, 그리고 이 도시들이 오늘날 어려움을 겪고 있는 도시에 어떤 교훈을 주는지 살펴보려 한다. 또 교육, 주택, 대중교통의 올바른 개혁을 통해, 도시가 어떻게 운 좋은 소수만이 아니라 모든 주민에게 경제적 기회를 줄 수 있는지 보여주려 한다.

기술 변화의 영향을 받는 것은 부유한 나라들만이 아니다. 일본과 한국 같은 나라는 제2차 세계대전 후 수십 년 동안 번영의 길을 걸었다. 그 기반은 낮은 인건비로 값싼 제품을 만들어 부유한 나라에 수출하는 것이었다. 중국은 경제자유화를 시작한 후 비슷한 모델을 따랐다. 이들 국가에 세계화는 수십 년 만에 농업 경제에서 도시의 제조업 중심으로 탈바꿈해 가난에서 벗어나는 티켓이었다. 하지만 자동화로 값싼 노동력의 경제적 이점이 줄면서, 여전히 초기 발전 단계에 있는 나라들이 과거의 노동집약적 성장 모델을 따를 수 있을 것 같지는 않다. 우리는 이들 나라의 경제 발전의 미래는 어떤 모습일지, 그리고 이들 나라가 인구는 증가하는데 양질의 일자리를 창출하지 못할 경우 그 결과가 어떻게 될지 살펴보려 한다.

위험에 처한 인류세

도시는 인류가 가진 협력, 분업, 발명의 힘을 일깨워 우리를 지구의 주인으로 만들었다. 하지만 우리의 운명은 근본적으로 자연 세계에 묶여 있는데, 우리 스스로가 그 관계를 위험에 빠뜨리고 있다.

지구 환경이 비교적 안정된 시기인 홀로세(충적세)에 이르러서야 최초의 도시들이 나타났다. 온화하고 안정된 환경은 호모사피엔스가 사냥 및 채집에서 농업으로 옮겨가게 만들었다. 시간이 지나면서 우리는 더욱 생산성이 높은 농부가 되었으며, 마침내 최초의 도시 거주자들이 힘들게 땅을 일구는 일에서 벗어나 도시에 모여들 수 있었다. 이제 홀로세는 인류세로 대체되고 있다. 인구 증가와 높아진 생활수준이 지구의 한계를 압박하면서 지금까지 우리 종이 성공을 거둔 토대를 무너뜨리고 있기 때문이다.

인간이 초래한 기후변화가 빨라지고 있다는 데는 논란의 여지가 없다. 지난 50년 동안에만 해도 지구의 평균 표면 온도가 약 1도 상승했고,[26] 북극 해빙 최소 범위*가 35~40퍼센트 줄어들었으며,[27] 자연재해의 빈도는 5배 승가했다.[28] 온실가스 배출을 줄이려는 노력이 너무 늦었고 또 너무 부족했다.

도시는 기후변화로 인해 앞으로 수십 년 동안 큰 타격을 입을 것이다. 많은 주요 도시가 강이나 바다 옆에 위치하거나 둘 모두를 끼고 있다. 마이애미, 로스앤젤레스, 자카르타, 상하이 같은 주

---

* 북극 해빙은 매년 따뜻한 봄과 여름에 녹고 보통 9월에 최소 범위에 도달한다.

요 해안 도시는 해수면이 높아지면서 침수될 위험에 처해 있다. 다른 도시들은 가뭄, 물 부족, 견디기 힘든 폭염에 직면해 있다. 개발도상국에서는 농업 수확량이 줄어들어 농촌에서 도시로의 이주를 가속화하고 라고스나 다카같이 사회 기반 시설이 이미 한계에 이른 도시들을 극한으로 몰고 갈 것이다. 도시들이 앞으로 생겨날 문제에 대비하지 않는다면 인도주의는 곧 엄청난 위기에 처하게 될 것이다. 행동하지 않음으로써 생긴 결과를 전 세계 사람들이 겪게 될 것이다. 기후 위기의 결과로 생겨나는 이민자 수는 유럽의 정치 변화를 불러온 시리아 난민 수인 100만 명을 넘어설 것이다.

기후변화를 막는 데도 도시가 꼭 필요하다. 이는 도시가 세계 탄소 배출량의 70퍼센트를 발생시키기 때문이지만, 고밀도의 도시 생활이 시골 생활보다 배출 집약도가 훨씬 낮기 때문이기도 하다. 하지만 고삐 풀린 기후변화를 막기에는 도시의 탄소 배출량이 너무 많다.

좋은 소식은 많은 도시가 탄소 배출량을 줄이기 위해 이미 조치를 취하고 있다는 점이다. 대중교통을 확충하고, 전기 자동차를 권장하며, 건물의 에너지 효율을 개선하고, 도시의 온도를 낮춰주고 탄소를 흡수하는 녹지를 늘리고 있다. 그래도 여전히 해야 할 일이 많다. 여기에는 대중교통보다는 자동차를 이용해야만 하는 교외의 팽창(스프롤)을 막고, 쓰레기를 줄이면서 재활용 비율을 높이는 일이 포함된다.

2015년 개발도상국들에 한 약속을 지키는 것도 중요하다. 배출 집약도가 낮은 경제 발전을 위한 자금을 조달하고 급속히 늘어나는 인구를 수용할 지속 가능한 도시를 만들도록 연간 1000억 달러 이상을 제공하기로 한 약속 말이다. 빠르게 성장하는 개발도상국의 도시들이 휴스턴 같은 도시처럼 에너지를 쓴다면 고삐 풀린 기후변화를 멈출 수 없다.

코로나19 전염병은 우리가 앞으로 수십 년 동안 맞닥뜨릴 위협이 기후변화만은 아님을 생생히 보여주었다. 지난 200년 동안 의학과 공중 보건이 발전한 덕분에 인류는 전염병을 퇴치할 수 있었다. 특히 인구가 밀집한 도시의 사망률이 극적으로 낮아지면서 세계 인구는 급격히 늘었다. 이제 고밀화와 상호 연결이 다른 많은 요인(집약형 목축, 삼림 벌채로 인한 야생 서식지의 파괴, 항생제 내성의 증가 등)과 맞물려 전염병에 유리하게 돌아가고 있다.

코로나19의 대유행은 전 세계에서 2000만 명 이상이 목숨을 잃는 비극이었으나[29] 역사는 상황이 더 나빠질 수 있음을 보여준다. 과학이 치명적인 전염병의 출현을 언제까지나 막을 수 있으리라는 생각은 순진하다. 미래의 전염병에 더욱 잘 대처하는 법을 코로나19로부터 배워야 한다. 밀집한 도시는 전염병의 천연 증폭기가 되기도 하지만, 국경을 잇는 역할을 하면서 질병의 세계 확산을 막는 첫 번째 방어선이 되기도 한다. 따라서 앞으로 출현할 세계적 유행병으로부터 우리를 보호하기 위한 전략의 중심은 도시가 되어야 한다.

도시를 제대로 이해하기 위한 길잡이

이 서론에 이어 2장에서는 고대 메소포타미아에서 오늘날까지 도시가 어떻게 인류 발전을 이끌어왔는지 보여준다. 3장에서는 최근 세계화된 지식 경제로 전환하면서 어떻게 부가 선도적인 소수 도시에 집중되었는지 분석하고 뒤처진 곳들을 '끌어올리'기 위해 필요한 것들을 알아본다. 4장에서는 왜 도시 내에 가난과 부가 공존하는지에 관심을 돌려, 도시가 모든 시민에게 더 나은 삶의 기회를 주려면 무엇을 해야 하는지 살핀다.

그런 다음 특히 인터넷의 영향에 초점을 두어 일과 공동체의 중심으로서 도시의 역할에 대해 탐구한다. 5장에서는 원격 근무의 기회와 한계, 그리고 그것이 도시에 미치는 영향을 검토한다. 6장에서는 인터넷이 어떻게, 왜 사회 분열을 불러오는지 그리고 이런 추세를 막으려면 도시는 무엇을 해야 하는지 살펴본다.

7장에서는 시야를 넓혀 가난한 나라들의 도시를 살펴본다. 이들 나라의 성장 속도에서 생겨난 독특한 문제, 그리고 자동화로 전통적인 제조업 주도의 발전 경로를 따르기가 어려워지면서 발생하는 번영 없는 도시화의 위험을 살핀다.

마지막으로 인류의 존재를 위협하는 두 가지 문제인 전염병과 기후변화, 그리고 이것이 도시에 의미하는 바를 검토한다. 8장에서는 역사상 전염병과 도시의 관계를 되돌아보고 코로나바이러스의 대유행에서 얻은 교훈을 되새긴다. 그리고 우리가 미래의 전염병에 대응하는 데 도시가 어떻게 도움이 될지 밝힌다. 9장에서는 기후변화로 인해 도시가 수십 년 안에 맞닥뜨릴 잠재적 혼란과 잦아지는 홍수와 가뭄, 폭염으로부터 사람들을 보호하기 위해 취해야 할 조치를 짚어본다. 그리고 탈탄소화를 앞당기고 기후변화의 속도를 늦추기 위해 도시가 해야 할 일을 살펴본다.

10장에서는 도시가 세계를 통합하고 더욱 공정하고 지속 가능하게 만들기 위해 필요한 안건을 요약하면서 책을 마무리한다. 인류가 다가오는 시대를 최고의 시대로 만들려면 도시 설계를 대대적으로 정비해 지식 경제를 재건하고 지속 가능한 발전을 이끌어야 한다. 이는 우리가 미래 세대에 갚아야 할 빚이다.

도시를 한마디로 정의할 수 있는가[30]

도시란 무엇인지에 대한 보편적 합의는 없다. 어떤 사람들은 인구 규모나 밀도로 정의하고, 또 어떤 사람들은 행정상의 지명으로 본다. 영국에서는 대성당이 있으면 도시의 자격을 얻는다. 그래서 이 책의 저자 이언의 고향이자 인구가 약 16만 명인 옥스퍼드는 도시로 정의되는 반면 옥스퍼드보다 더 큰 많은 곳들이 도시로 정의되지 않는다. 국제간에 합의된 정의가 없는 가운데, 세계에는 1만 개에서 100만 개 사이의 도시가 있을 수 있다. 무질서하게 팽창해서 크고 작은 도시들이 광역권으로 통합되어 있는 지역의 경계선을 긋는 일은 어렵다. 비슷하게 도시와 농촌을 구분하는 것도 쉬운 일이 아니다. 아이슬란드에서는 인구가 200명이 넘으면 도시로 정의되고 캐나다나 오스트레일리아는 그 기준이 1000명이며 포르투갈은 1만 명, 일본은 3만 명이다. 중국에서는 1제곱킬로미터당 인구가 적어도 1500명인 곳이 도시로 지정된다. 제곱킬로미터당 인구가 600명에 지나지 않는 애틀랜타는 도시 자격을 얻지 못하고, 1975명인 라스베이거스는 간신히 도시 자격을 얻을 것이다.

우리는 이러한 정의들을 조화시키려는 성과 없는 시도보다는, 도시가 급속하게 성장하는 현상에 집중하려 한다. 사람과 건물이 무리를 이루고 그 무리가 계속 커지는 것이 추세임은 명백하다. 도시는 물리적, 사회적, 경제적, 정치적 공동체로서 개인이 살아가고 일하고 서로 연결되는 곳이라고 생각하는 것이 최선이다. 도시는 보면 알 수 있으므로 애써 정의할 필요가 없다고 믿는다.

AGE OF THE CITY

2

인류의 역사를 만든 3가지 엔진

도시는 언제나 인류 진보의 엔진이었다. 메소포타미아의 도시에서 문명이 탄생할 때부터 고대 아테네에서 민주주의가 꽃을 피우기까지, 그리고 르네상스 시대 피렌체의 지적 번영에서 19세기 맨체스터에서 산업혁명의 불길이 일어나기까지, 도시는 인류가 이룬 가장 큰 성취의 진원지였다.

호모사피엔스의 역사 전체를 하루로 압축한다면 최초의 도시는 오후 11시가 넘어서야 등장한다. 인류의 역사 대부분 우리는 주로 유목 생활을 하는 종이었다. 1만~1만 2000년 전에 농업이 출현하면서 최초의 인간 정착지가 등장했다.[1] 식량을 저장하고 동물을 사육하면서, 인간은 작은 공동체로 정착하기 시작했다. 시간이 지나면서 이런 정착지는 커지고 복잡해졌다. 오늘날 이라크 지역에 있는, 메소포타미아 남부의 비옥한 범람원은 이런 여러 정착지의 발상지였다. 기원전 3500년 무렵 이 가운데 가장 유명한 우루크가 규모와 세련성에서 도시라고 말할 수 있을 만한 기준점을 넘어섰다.[2] 우루크의 고고학적 기록은 문자 언어, 조직화한 종교, 숙련된 기술, 하나의 공동체라는 분명한 인식을 가진 인간 사회를 가리킨다.[3] 문명은 최초의 도시들과 함께 탄생했다. 이런 사실은 이 두 단어의 기초가 되는 공통의 라틴어 어원에 반영되어 있다.[4]

도시와 문명은 이전의 매우 더딘 진화에 비하면 비교적 짧은 기간에 세계의 다양한 지역에서 서로 독립적으로 생겨났다. 기원전 3100년 이집트에서 멤피스라는 도시를 중심으로, 분명히 인식할 수 있는 하나의 문명이 나타났다.[5] 기원전 2600년 무렵에는 오늘날 파키스탄에 있는 인더스강 유역의 고대 도시 하라파와 모헨조다로를 중심으로 인더스문명이 나타났다.[6] 기원전 1900년 무렵에는 중국 문명이 뤄양, 안양安陽, 장안을 포함한 수많은 고대 도시의 발상지인 고대 황허강 지역에 나타났다.[7] 그리고 기원전 400년 무렵에는 메소아메리카문명이 마야라는 도시국가를 중심으로 형성되었다.[8]

도시가 출현한 이유를 이해하려면 호모사피엔스가 수렵 및 채집에서 농업으로 옮겨간 변화를 되돌아보아야 한다. 농업이 시작되기 전 세계 인구 증가율은 매년 0.01~0.03퍼센트에 그쳤으나, 수천 년이 지나 농업혁명의 정점에 이르러서는 전체 인구가 1000만 명에 달해, 사냥 및 채집으로 지탱할 수 있는 인구의 상한선을 넘어섰다.[9] '신성한 농부'인 신농에 대한 고대 중국의 전설은 농업으로 전환하는 데 인구 증가가 한 역할을 뒷받침한다. "옛 사람들은 동물과 새 고기를 먹었다. 하지만 신농 시대에는 사람들이 너무 많아져서 동물과 새가 부족했다. 그래서 신농은 사람들에게 땅을 경작하는 법을 가르쳤다."[10]

1만 2000년 전 무렵 마지막 대빙하기가 끝나고 지질학자들이 홀로세라고 부르는 시기로 이행한 것이 이 과정에 도움이 되었다. 기온이 따뜻해지고 습기가 많아지면서 밀과 쌀 같은 식물이 잘 자라는 이상적인 조건이 되었다.[11] 또 빙하가 녹아 해수면이 높아지면서 비옥한 범람원이 많이 생겨났으며, 이것이 도시의 탄생에 근본적인 역할을 하게 되었다.

이후 수천 년 동안 환경 조건이 계속 좋아져, 기원전 5000년에는 범람과 해수면이 대체로 안정되었다. 그 결과 메소포타미아, 나일강 삼각주, 인더스 계곡, 황허강 유역 같은 강 지역은 이전보다 훨씬 늘어난 인구를 지탱할 수 있었다.[12] 특히 비옥한 충적토에서는 농업 잉여가 생겨났으며, 그 덕분에 사람들이 토지 경작 외의 다른 일을 할 수 있었다. 시간이 지나면서 식량 가용성이 높아지자 생식률과 생존율이 높아졌으며, 농촌보다 덜 고된 생활을 할 수 있는 도시로 이주하는 사람들이 많아졌다.

이렇게 많은 수의 사람들이 모일 수 있게 되자 생활방식을 영원히 바꿔놓을 인류의 성장에 시동이 걸렸다. 인구 증가, 물질 생산, 기대수명 등 기준이 무엇이든, 인류의 많은 진보는 산업혁명이 시작된 이래 짧은 기간에 이루어졌다. 하지만 그 역사적 도약에 필요한 토대를 놓은 것은 도시들이었다.

이 과정의 배후에는 서로 이어지는 세 가지 동력이 있는데, 이들 동력을 촉발한 것은 도시였다. 협력, 분업, 발명이 그것으로, 이들이 함께 인간 역사를 만들어갔다.

협력: 공동의 목표를 위해

인간종이 이렇듯 성공을 거둘 수 있었던 것은 공동의 목표를 위해 함께 움직이는 능력 덕분이다. 진화생물학자 에드워드 오스본 윌슨은 이타적으로 보이는 인간 행동이 유전 물질을 공유하는 사람들을 보호하는 우리의 '이기적 유전자'를 반영하는 데 지나지 않는다는 믿음을 강하게 반박했다.[13] 그렇기는커녕 호모사피엔스는 개미나 벌처럼 무리의 이익을 위해 복잡한 조화를 이루며 행동하는 "진정한 사회성을 가진" 종이라고 보았다.

하지만 호모사피엔스가 계속 이동하는 작은 부족의 규모를 넘어 협력하기 위해 필요한 기제를 발전시킨 것은 도시가 출현한 이후였다. 첫 20만 년 동안 많은 사람들이 모일 수 있는 중심지가 없었으며, 무리 내 협력할 수 있는 동료는 150명을 넘지 않았다.[14] 인류가 대규모로 협력하는 기술이 생겨난 것은 도시에서이다.

최초의 도시가 등장한 지역에서 인구밀도가 계속 높아지면서 주민을 부양하려면 농업에 대한 새로운 접근법이 필요했다. 영양 상태가 좋아지면서 기대수명도 늘어났다. 인구 증가로 인해 토지 생산성을 높이는 일이 시급해졌다. 가장 중요한 한 가지는 강에서 물을 끌어오는 관개시설이었다. 이것은 예측할 수 없는 강우량에 대비하고 강변 도시의 운송 능력을 크게 높였다. 관개시설 및 다른 사회 기반 시설을 만드는 일은 한 가족이 단독으로 이룰 수 있는 게 아니었다. 이것은 이전 세대는 경험한 적 없는 대규모의 협력을 요구했다.

비옥한 지역의 사람들은 관개시설에 더해 주기적 범람하는 강으로부터 스스로를 지키기 위해 힘을 합쳐야 했다. 메소포타미아부터 메소아메리카까지, 많은 고대 신화에 무시무시한 홍수가 등장하는 건 우연이 아니다. 이런 일은 초기 문명의 주민들에게 큰 두려움을 안겨주었다. 중국에는 황허강에 홍수 조절을 도입한 선사시대의 영웅인 우禹 임금에 바친 절이 아직 남아 있다. 전설에 따르면 우 임금의 치수 노력을 도운 두 조력자가 있었다. 황룡은 긴 꼬리를 사용해 홍수로 불어난 물이 흘러갈 수로를 만들고, 현무는 지느러미 발을 사용해 진흙으로 거대한 제방을 쌓았다.[15]

이런 토목공사는 고대 문명의 주요 사업이었으며 공동체 전체의 협력이 필요했다. 우루크와 다른 많은 고대 도시에서 이렇게 공동체를 조직하는 역할을 한 것은 종교로, 서로 정체성을 나누고 의무감을 갖게 했다.[16] 궁전과 왕이 생겨나기 오래전에 사원과 성직자가 있었다. 우루크의 경우 결국 성직자들이 지역 주민들의 일을 조직화하는 데 폭넓은 역할을 했다.[17] 사실상 문자는 우루크에서 장부를 적기 위해 처음 생겨났다고 여겨진다. 쿠심의 점토판은 가장 오래된 문자 기록으로 알려져 있는데, 고대 우루크에서 있었던 보리 거래를 기록한 것이다.[18] 이렇게 소박한 필요로 문명의 중요한 토대가 쌓이고 역사의 기록이 시작되었다.

고대 도시의 주민들을 결속시킨 것은 사원만이 아니었다. 우루크 등의 초기 도시에 살았던 사람들은 거리나 사원, 시장에서 사람들을 수시로 마주쳤을 것이다. 서로 이야기를 나누고 정보를 교환하면서 어쩌면 험담을 퍼뜨리기도 했을 것이다. 가끔은 싸우고 화해를 해야 하거나 최소한 서로 참고 지냈어야 할 것이다. 선사시대에 서로에 대한 책임감을 갖게 한 것은 혈연이나 결혼에 의한 가족 관계였다. 도시는 사람들을 가까이 모이게 함으로써 가족만이 아니라 훨씬 더 큰 공동체가 필요하게 만들었다.

우루크 같은 초기 도시에서는 사원의 성직자가 최초의 당국 역할을 했지만, 결국 권력은 성직자에서 왕으로 넘어갔다.[19] 우루크가 메소포타미아 남부에서 발달한 최초의 도시일지 모르지만 곧

우르, 키시, 라가시 같은 다른 도시들이 주변 지역에 등장했다. 농업 잉여와 더불어 정복의 유혹과 방어의 의무가 생겨났다. 안보는 방어 및 전투에 시민을 동원하기 위해 필요한 중앙집권화한 권력과 함께 생존에 꼭 필요해졌다.

농업 잉여와 그 잉여를 통한 권력의 중앙집권화로 이전까지 우세하던 상대적 평등주의는 막을 내렸다.[20] 족장은 부족에게 명령할 수 있었을지 모르지만, 돌아가는 식량 자체가 매우 적었기 때문에 족장 자신의 생활수준을 높이기 위해 권력을 휘두르지는 못했다. 하지만 왕은 카리스마, 폭력, 후원자들을 통해 자신이 지배하는 사람들과는 매우 다른 생활을 할 수 있었다.

최초의 문학작품으로 알려진 《길가메시 서사시》는 기원전 3000년 우루크를 통치한 길가메시 왕의 모험을 신화화한 것이다. 이야기는 길가메시가 신 그리고 자연과 싸우고 영생의 원천을 찾아가면서 만나는 일련의 시험과 시련을 따라간다. 그 과정에서 통치자에 대한 우루크 사람들의 양가감정을 엿볼 수 있다. 그는 강력한 보호자이자 "처녀들이 자유로이 신랑에게 가는 것을 막는" 탐욕스러운 폭군으로 묘사된다.[21]

몇몇 예외가 있기는 해도 왕권이 모든 고대 문명에서 이런저런 형태로 생겨났다는 사실은 초기 사회에서 협력을 유지하려면 합의와 강제가 중요했음을 보여준다. 아테네의 황금기인 기원전 5세기가 되어서야 처음으로 실행 가능한 대안 모델이 나타난다.

위대한 실험인 아테네의 민주주의에서 모든 (남성) 시민은 법 앞에 평등하며 사회의 관리 방식에 대한 집단 토론에 참여할 수 있는 권한을 부여받았다. 아테네의 체제는 매우 탁월했지만 심각한 결함도 있었다. 시민을 대표하는 인구는 전체의 20퍼센트가 채 안 되었는데 이들은 정치적 대의권이 없으면서 인구수로는 훨씬 많은 외국인 거주자와 노예의 부양을 받았다.[22,23] 아테네가 외국인을 대한 방식은 경계선을 그어놓고 그 밖에 있는 사람들을 차별하는, 흔히 볼 수 있는 인간 성향을 반영한다. 소크라테스는 자신이 '세계시민'이라고 선언했을지 모르지만 아테네는 경쟁국을 침략하고 그 나라 사람들을 노예로 삼았다.

고대 세계에서 한 사회가 잉여를 늘릴 주요한 두 가지 방법은 토지 단위당 식량 생산량을 늘리거나 지배하는 토지를 늘리는 것이었다. 메소포타미아에서와 마찬가지로 고대 그리스의 도시국가들은 번영을 위해 전쟁을 벌여 경쟁국을 정복하고 토지를 늘렸다.

결국 이 과정을 거치면서 도시국가는 우세한 수도가 그물처럼 퍼져 있는 도시들을 지배하는 제국으로 변화하기 시작했다. 기원전 2700년 무렵 세워진 이집트 고왕국은 여러 도시 중심지로 이루어진 최초의 통일국가로, 멤피스에 있는 한 명의 파라오가 나일강 주변의 비옥한 땅을 통치했다.[24] 하지만 이들 사회는 나중에야 우리가 생각하는 일반적인 제국의 규모로 성장했다. 기원전

500년 페르시아의 아케메네스 제국이 오늘날 지도상 파키스탄, 이집트, 튀르키예 그리고 그 사이의 모든 곳을 포함해 총 518만 제곱킬로미터가 넘는 지역을 지배했다.[25] 몇 세기 후인 기원전 200년 무렵에는 한漢 왕조가 중국에서 비슷한 규모의 지역을 통일했다.[26] 서기 100년 무렵에는 로마가 지중해 전체와 현대 유럽의 대부분을 지배했으며, 서기 750년에는 우마이야 칼리프국이 오늘날 이란에서 모로코를 거쳐 에스파냐에 이르는 지역을 지배했다.

지배하는 사회 단위가 도시국가에서 제국으로 변화한 이유에 대한 한 가지 설명은 청동기에서 철기로의 전환이다. 초기 인류 사회는 구리와 주석의 합금인 청동을 무기 및 갑옷의 소재로 택했다. 청동은 견고할뿐더러 녹는 온도가 낮아서 무언가를 만들어내기가 비교적 쉬웠다. 하지만 희소한 구리와 주석의 매장지에 접근해야 한다. 그에 반해 철광석은 풍부하기는 했지만 녹는 온도가 높아서 녹이려면 복잡한 용광로가 필요했다. 사회가 철 생산을 하게 되자 무기와 갑옷을 더 많이 만들 수 있어서 경쟁국보다 상당한 이점을 갖게 되었다. 철을 주조하려면 전문 지식과 투자가 필요했기에 고대 세계의 작은 도시국가는 살아남기 어려웠다.

아마도 청동기에서 철기로 옮겨간 것보다 훨씬 더 중요한 사건은 더욱 큰 규모의 협력을 뒷받침하는 새로운 신념 체계의 출현이었다. 조직화한 종교가 초기 인류 문명들의 특징이기는 하다. 그러나 고대 신은 도덕보다는 의식과 희생에, 전체 인류보다는 지역 공동체에 더 관심을 두었다.[27] 시간이 지나면서 신이 부도덕한 행동을 응징할 것이라 위협하며 모든 사람을 신의 관할권 아래 두는 새로운 종교가 나타났다.[28] 이런 종교의 초기 사례 가운데 하나가 아케메네스 제국의 조로아스터교였다. 조로아스터교는 인간이 지상에서 한 행동으로 천국이나 지옥으로 가게 된다는, 전능한 유일신 개념을 내세운 최초의 종교였다.[29] 조로아스터교처럼 도덕화한 종교는 서로 멀리 떨어져 있는 여러 지역이 하나의 정체성을 갖게 했다.

세속적 신념 체계도 한 역할을 했다. 조로아스터교와 비슷한 시기에 출현한 공자의 가르침은 이후 중국 사회 깊숙이 상호 의무 개념이 자리하게 했다. 로마에서는 정복당한 사람들에게 권리를 주고 이들을 보호해주는 정치철학이 제국의 결속에 결정적 역할을 했다. 또한 각 지역에 로마의 언어인 라틴어와 로마의 관습이 뿌리내리게 했다.[30]

로마의 경우에는 제국이 정복한 영토의 생활환경을 개선하는 엄청난 공공사업을 벌이기도 했다. 몬티 파이선*의 영화 〈브라

---

* 영국의 코미디 그룹으로 이들이 코미디에 미친 영향은 비틀스가 음악에 미친 영향에 비유될 정도이다.

이언의 삶Life of Brian〉에서 이런 사실이 뚜렷이 포착된다. 이 코미디 그룹이 로마의 지배자들을 타도하기 위해 음모를 꾸밀 때 주모자가 격분해 말한다. "위생 시설, 의학, 교육, 포도주, 치안, 관개시설, 도로, 상수도시설, 공중 보건 말고 로마인들이 우리한테 해준 게 뭐냐고?" 로마의 지배는 특히 노예에게는 끔찍했겠지만 진보의 토대가 되기도 했다.

제국의 탄생은 우리가 이 책에서 하는 이야기에 시사하는 바가 크다. 그와 더불어 훨씬 더 큰 규모의 새로운 도시, 다시 말해 제국의 수도가 생겨났기 때문이다. 초기 도시들은 인접한 배후지의 규모에 의해 제약을 받았다. 그러나 로마는 이집트 같은 정복지에서 배로 곡물을 실어 날라 당시로는 전례 없는 수의 주민을 부양할 수 있었다. 로마제국의 규모는 너무 커 하나의 도시에서 제국 전역을 지배할 수가 없었다. 그 결과 알렉산드리아나 코린트 같은 지방 수도들에 권력을 위임하게 되었으며, 이 지방 수도들은 그들 밑의 더 작은 도시들을 지배했다. 그렇지만 로마는 여전히 정치·경제·문화생활의 중심지였고, 로마 주민들은 제국의 다른 곳과는 비교할 수 없는 생활수준을 누렸다.

제국 도시의 지배는 로마에서만 일어난 일이 아니었다. 기원전 200년 무렵 한나라의 첫 황제가 장안에 세운 수도는 중국의 주요 도시로, 다시 말해 권력과 학문의 중심지로 빠르게 성장했다. 이곳에는 제국의 관료 체제를 관리하는 사대부 수가 많았으며 이들을 부양하는 최하층은 훨씬 더 많았다. 중국이 나중에 실크로 드로 알려지게 되는 길을 가로질러 서역의 문명과 교역을 시작하면서, 한나라의 수도는 다양한 상품이 들고 나는 교역로로서 경제적으로 매우 중요해졌다. 한 왕조가 무너지자 장안은 쇠퇴기에 들어섰으나 8세기에 당 왕조의 수도가 되며 다시 두각을 나타냈는데, 당시 장안은 인구가 절정기의 로마와 비슷해 세계 최대의 도시가 되었다.[31]

분업: 번영을 위한 토대

2015년 유튜브 스타인 앤디 조지는 샌드위치 만들기를 처음부터 끝까지 전부 혼자 해보기로 했다. 동네 슈퍼마켓에서 식재료를 사 점심을 준비하는 데 만족하지 않고 빵을 굽기 위해 밀을 재배하고 치즈를 만들기 위해 우유를 짜며 닭고기를 위해 닭을 키우는 등 모든 재료를 직접 만들었다. 이 과정은 6개월이 걸렸으며 1600달러의 비용이 들었다.[32]

오늘날 음식, 옷, 집을 제공하는 여러 공급망이 끊긴다면 우리는 오래 살아남지 못할 것이다. 노동 분업이 가진 힘은 경제학의 기본적인 가르침 중 하나이다. 애덤 스미스는 《국부론》을 시작하면서 핀 공장 노동자들이 생산 과정의 특정한 한 단계에 집중하지 않고 모든 단계를 혼자서 끝마치려 한다면, 어째서 생산 가능한 양의 일부밖에 못 만드는지 설명한다. 스미스에게 분업은 사회의 물질적 번영을 위한 토대였다.

분업의 힘은 두 가지 핵심에 있다. 첫째는 학습 효과이다. 어떤 일을 반복할수록 그 일을 잘하게 된다. 실수는 줄이고 자신감이 쌓이며 더 효과적인 작업 방식을 터득하게 된다. 숙련된 장인의 수작업을 어설프게 따라 하려고 해본 사람은 잘 알 것이다. 둘째는 규모의 경제이다. 샌드위치 10개에 필요한 밀을 생산하는 비용은 샌드위치 1개를 만드는 데 드는 비용의 10배가 아니다. 곡물 1온스(약 28그램)당 필요한 시간과 장비가 계속 줄어들기 때문이다.

도시가 출현하고서야 복잡한 노동 분업이 가능해졌다. 작은 마을에는 개인이 도자기를 만들어 생계를 꾸릴 수 있을 만큼 잠재 고객이 충분치 않다. 하지만 마을이 도시로 커지면서 복잡한 분업 체계가 가능해졌다. 우루크의 점토판에는 도공, 채소 재배인, 석공, 보석 세공사, 요리사, 방직공을 포함한 직업들이 길게 나열돼 있다.[33] 점점 더 커지는 지역으로 인구가 모여들면서 분업이 계속 심화되었으며, 생산성이 높아지고 생활수준이 높아졌다. 기원전 5세기에 이집트를 방문한 그리스 역사가 헤로도토스는 "어떤 의사는 눈을, 어떤 의사는 머리를, 또 어떤 의사는 이를, 또 어떤 의사는 배를, 또 다른 의사는 내장 질환을 치료"한다며 놀라워

했다.[34]

도시는 사람들이 만나 재화와 용역을 교환할 수 있는 중앙 시장을 만들어 노동 분업을 앞당겼다. 교환이 한 장소에서 이루어지자 개인이 필요한 것을 구하고 대신에 자신이 가진 것을 파는 데 효율적이었다. 예수는 상인과 환전상을 성전에서 쫓아냈을지 모르지만, 잠재 고객이 꾸준히 오가는 거리나 시장에서 장사하는 것이 사업상 타당하다.

도시는 도시 안에서 거래를 가능하게 할뿐더러 도시 간 거래도 가능하게 했다. 이미 청동기시대에 도시는 지중해 동부를 중심으로 한 초기 세계화의 연결점 역할을 했다. 처음에 교역은 도시가 세워진 물줄기를 따라 이루어져 많은 물품이 배로 멀리까지 운송되었다. 곧 기술이 발전하면서 이런 교역망이 더 멀리 퍼져나갈 수 있었다. 말의 가축화와 바퀴의 발명 덕분에 육지로 장거리를 이동할 수 있었고, 선박 건조술이 발전하면서 지중해 교역의 가능성이 열렸다. 그 결과 장거리 교역망이 생겨나 인더스강 계곡에서 서쪽으로 이집트, 위로는 그리스까지 도시들을 연결했다.[35]

그 후로 도시는 역사상 중요한 여러 교역로의 중추가 되었다. 중국에서 인도와 페르시아를 거쳐 로마제국까지 이어진 실크로드는 광범위한 도시망에 의해 연결되었다. 중국은 실크, 차, 자기를 팔았고, 인도는 향신료와 직물을, 페르시아는 금, 은, 구리, 철을 제공했고, 로마는 유리, 포도주, 보석으로 교역했다.[36] 서기

1세기 무렵에는 중국의 실크가 로마에 널리 퍼져, 철학자 세네카는 그 얇고 몸매가 다 드러나는 천이 부부 관계를 위협하게 되었다고 불평했다.[37] 실크로드를 따라 문명 간 교역이 성장하면서, 이를 가능하게 하는 도시의 중요성도 커졌다. 이후 중세 시대에 유럽 북부의 한자동맹 도시들은 동쪽으로 노브고로드*부터 서쪽으로 런던까지 이어지는 교역로를 연결해 모피와 어류부터 모직과 소금에 이르는 상품을 교역했다.[38]

장거리 교역의 확대는 사람들을 끌어당기는 힘이 부족한 도시에 새로운 기회를 가져다주었다. 베네치아는 동양과 서양의 교역이 이루어지는 화물 집산지로 번영했다.[39] 나중에 싱가포르와 홍콩 같은 도시는 아시아와 세계 다른 곳의 해상무역의 거점지로 부유해진다.

장거리 노선에서 상인이 쉴 곳이 필요하다는 점 말고도, 도시가 세계무역에서 언제나 중요했던 이유는 여러 가지이다. 도시가 연결점이 되는 허브 앤 스포크식** 물류 체계는 총 이동 거리와 교역에 필요한 항구 및 도로 같은 물리적 기반 시설의 양을 줄여준다. 도시는 또 교역에 필요한 통역, 금융 등의 서비스를 제공하는데, 결국 이는 이주민 사회에 의해 가능해진다. 오늘날과 마찬

---

* 　오늘날 러시아의 노브고로드주를 중심으로 존재했던 공화국.
** 　hub-and-spoke, 중심 거점hub에서 자전거 바퀴살spoke처럼 각지로 뻗어나가는 방식.

가지로 고대에도 도시는 소수민족에게 자신들의 전통과 이국땅에 대한 소속감을 갖게 해주었다. 청동기시대의 아시리아 상인들은 오늘날 튀르키예 지역인 아나톨리아 전역의 도시에 정착지를 만들었다.[40] 오늘날 런던, 시드니, 샌프란시스코 등에 있는 차이나타운처럼 말이다. 이주민 공동체는 오랫동안 해외 공급망과 관계를 구축하기 위해 찾아오는 상인들에게 그것을 지원함으로써 교역에서 중요한 역할을 했다.

대부분의 역사에서 주로 다양한 지역의 부존자원에 의해 교역이 이루어졌다. 기후, 광물 매장량, 동식물군의 차이는 각국이 가장 비교 우위에 있는 상품을 생산하는 데 집중하도록 만들어, 교역이 서로에게 이득이 되게끔 했다. 비교 우위에 대한 이해는 고전경제학자인 데이비드 리카도에 의해 구체화되었다. 1930년대에 스웨덴 경제학자 엘리 헤크셰르Eli Heckscher와 베르틸 올린Bertil Ohlin이 여러 나라가 사용할 수 있는 상대적 노동량과 상대적 자본량의 차이를 고려함으로써 산업화한 세계에 맞춰 이 이론을 발전시켰다. 노동에 비해 자본이 풍부한 부유한 나라들은 기계 같은 자본 집약적 상품의 생산에 집중하고 옷감 같은 노동 집약적 상품은 해외에서 수입해 이익을 얻을 것이다.[41]

1970년대에 이 이론은 교역의 양상을 적절히 설명할 수 없다는 점이 분명해졌다. 특히 부존자원이 매우 비슷한 나라 간 교역량의 증가를 설명하지 못했다. 이렇게 빠져 있던 연결고리를 밝혀낸 사람이 경제학자 폴 크루그먼으로, 그는 이 이론으로 노벨 경제학상을 받았다. 이 이론의 중심에는 국가가 아니라 도시가 현대 세계경제의 초석이라는 새로운 인식이 깔려 있다.

미국이 항공 산업 분야에서, 독일이 기계 분야에서 세계를 선도하게 된 것은 각국의 부존자원의 차이 때문이 아니라 두 국가가 각각 시애틀과 뮌헨을 중심으로 이들 산업에 특화한 클러스터를 만들었기 때문이다. 이런 특화는 종종 우연히 시작되지만, 시간이 지나면서 그 이점은 커진다. 학습 효과와 규모의 경제 면에서 많은 도시들에 보잉사와 지멘스사가 있는 것보다 하나의 보잉사와 하나의 지멘스사가 있는 게 더 생산적이다. 세계화는 이런 특화가 맞았음을 보여주는 큰 잠재 시장을 열어준다. 시간이 지나면서 항공기 공급 회사들은 시애틀로, 기계 전문 회사들은 뮌헨으로 가게 되어 이들 회사 주변에 하나의 생태계가 형성된다. 그 최종 결과는 세계 자원이 더 효율적으로 분배되고, 모두에게 돌아가는 경제적 파이가 더 커진다는 것이다.

최근 수십 년 동안 세계의 교역 규모는 상당히 커졌다. 이는 어느 정도 기술의 발전 덕분이다. 선박 화물의 컨테이너 운송은 상품의 이동을 간소화시켰고, 인터넷의 출현은 장거리 통신에 도움이 되었다. 다른 중요한 요인은 많은 나라를 고립시키던 관세, 수출입 할당량 등 무역 장벽이 줄어든 것이다. 그 결과 오늘날 교역되는 세계 생산량의 비율은 약 30퍼센트로, 역사상 그 어느 때보다 높다.[42] 이것은 베트남이 수출하는 값싼 제품이나 런던의 금융 서비스에 대한 이야기만은 아니다. 많은 나라가 이제 생존에 필요한 식량을 다른 나라에 크게 의존하고 있다. 방글라데시나 나이지리아 같은 개발도상국만이 아니라 영국, 일본, 한국 같은 선진국도 마찬가지이다.

세계무역이 노동자에게 미치는 영향은 최근 수십 년 동안 매우 불균등했지만(3장에서 이 문제를 다시 다룬다) 분업이 많은 상품의 가격을 크게 낮추면서 소비자가 얻는 이익은 막대했다. 이를 가능하게 만든 것이 도시이며, 도시가 없다면 우리가 의존하는 복잡한 세계 공급망은 빠르게 무너질 것이다.

발명: 도시의 상호작용이 빚은 결과물

사회는 분입을 통해 자원을 최대한 활용할 수 있지만, 진정으로 그 한계를 밀어붙이는 것은 발명의 힘이다. 기술 발전 덕분에 이제 전 세계 수십억 명의 사람들이 몇 세기 전만 해도 상상할 수 없었던 물질적 풍요를 얻었다. 불평등이 극명하고 너무나 많은 사람들이 여전히 끔찍한 어려움을 겪고는 있지만, 영양실조의 비율은 급격히 낮아지고 기대수명은 높아졌다. 오늘날 지구에는 최초의 도시가 등장하던 당시의 수에 비해 200배나 되는 사람들이

살고 있으며 물질생활은 헤아릴 수 없을 정도로 좋아졌다.[43]

도시는 발명의 요람이다. 문자, 쟁기, 물레, 범선, 야금술, 달력, 추상 수학이 모두 최초의 도시들이 세워지고 몇 세기 안에 생겨났다.[44] 고대 아테네의 라이시움*부터 르네상스 시대 피렌체의 피아차(광장), 오늘날 샌프란시스코나 벵갈루루**까지, 인간의 창의성은 언제나 도시에서 번성했다. 과학과 공학에 적용되는 것이 철학과 문화에도 똑같이 적용된다. 도시는 우리가 물질적으로 나은 삶을 살게 할 뿐만 아니라 더 의미 있는 삶을 살게 한다.

앞서 이야기한 분업의 힘이 도시가 새로운 발상의 원천인 한 가지 이유이다. 아리스토텔레스가 하루 종일 일을 했다면 논리학, 형이상학, 윤리학을 발전시킬 수 없었을 것이다. 또 갈릴레오 갈릴레이가 피렌체의 무역을 통해 부를 쌓은 메디치가의 후원을 받지 못했다면 중력과 천문학을 발전시킬 수 없었을 것이다.

하지만 도시가 가진 지적 활력은 이를 훨씬 뛰어넘는다. 지적 역사는 위대한 사색가들이 실험실과 욕조에서 획기적인 생각을 떠올리는 이야기로 전해지는 경향이 있다. 하지만 실은 훨씬 더 미묘하며 기존의 생각을 계속 다듬고 재조합한 결과이다.[45] 이런 일은 도시에서 잘 이루어지는데, 인구밀도가 높아 정보의 흐름이

---

* 아리스토텔레스가 철학을 가르치던 학원.
** 인도 카르나타카주 주도이자 IT 산업의 중심지.

빠르고 생활방식이 다양해 폭넓은 지적 기반을 제공하기 때문이다. 서기 9세기에 바그다드는 이슬람 세계의 수도로, 가장 큰 도시의 하나였다. 또 '지혜의 집(바이트 알히크마)' 덕분에 과학과 학문의 세계적 중심지이기도 했다. 다양한 민족에, 다양한 언어를 쓰고, 다양한 믿음을 가진 지식인들이 이 웅장한 복합건물에 모여서 함께 읽고 쓰고 토론했다.[46] 수학, 천문학, 화학, 의학의 토대는 모두 이 다양한 용광로까지 거슬러 올라갈 수 있다.

바그다드가 창조적 전성기를 누린 반면 서유럽은 이른바 '암흑의 시대'라는 구렁텅이에 빠져서 과학 및 철학 탐구에 소홀했다. 15세기 유럽의 르네상스 시대에 마침내 일어난 사상의 분출을 설명하는 방식은 여러 가지이다. 콘스탄티노플이 오스만제국에 함락되면서 그리스 학자들이 볼로냐와 파도바 같은 대학 도시로 대거 이주했는데, 이들이 로마의 멸망과 더불어 사라진 고대 철학 및 과학 문헌을 가지고 왔던 것이다.[47] 인쇄기의 발명도 중요한 역할을 해, 많은 사람들이 새로운 사상을 접하게 했다. 이전에는 지식이 필사본에 갇혀 있었으며, 그마저도 대다수가 일반 시민의 손이 닿을 수 없는 수도원에 보관되었다. 인쇄기가 등장하면서, 토착어●로 쓰인 책과 소논문이 널리 보급되었다. 비잔틴제국의 붕괴와 인쇄기의 발명이 르네상스를 앞당기기는 했으나 이런 일

●　　당시까지 학술어로 쓰이던 라틴어가 아닌 영어, 프랑스어, 독일어 같은.

들이 일어날 무렵 유럽의 지적 부흥은 이미 탄력을 받고 있었다. 사실상 르네상스의 토대를 놓은 것은 로마가 멸망한 후 오랜 공백기가 이어지다가 다시 시작된 도시화였다. 이 덕분에 사람들은 수 세기 만에 처음으로 새로운 사상을 접할 수 있었다.

도시에서 일어나는 상호작용이 창조 과정에 중요한 역할을 한다는 데 좋은 증거가 있다. 1990년대에 심리학자 케빈 던바는 미생물학 실험실 네 곳에서 연구에 몰두하고 있었다. 물론 현미경을 들여다보는 시간이 중요하기는 했지만, 진짜 발견은 주로 과학자들이 가설을 세우고 서로의 연구 결과를 논의하는 과정에서 이루어졌다.[48] 고대 아테네 시대 이래, 인류의 어려운 문제의 답은 이렇게 서로가 협력하는 과정에서 얻었다.

기술 변화로 장거리 통신이 쉬워지고 비용이 저렴해졌지만, 창의성의 중심지로서 도시가 갖는 중요성은 줄어들지 않았다. 17, 18세기 유럽에 지식인들의 사적인 모임이 만들어졌고, 이것은 편지공화국republic of letters으로 알려지게 되었다. 이들은 편지로 새로운 사상을 퍼뜨리고 서로의 생각에 이의를 제기했다. 이 편지를 통한 통신망에는 애덤 스미스, 데이비드 흄, 벤저민 프랭클린, 장자크 루소, 볼테르 등 다양한 인물들이 속해 있었다. 이들은 함께 자유로운 사상과 탐구의 움직임을 만들어냈으며, 이것은 유럽 계몽주의로 알려지게 되었다.

도시가 유럽 사상의 중심지로서 갖는 중요성이 줄어들기는커

넝 편지공화국으로 인해 더 중요해졌다. 파리의 살롱, 에딘버러의 클럽, 런던의 커피하우스에서 열린 모임은 새로운 사상의 흐름에 자양분이 되었다.[49] 게다가 편지를 교환하게 된 많은 관계가 도시에서 맺어졌다. 예를 들어 벤저민 프랭클린은 1763년 런던을 여행하고서야 유럽 대륙의 혁명 사상가들과 편지를 주고받기 시작했다.[50] 편지공화국이 없었다면 인류 역사상 가장 중요한 기술 발명의 단계인 산업혁명을 불러온 자유로운 사고와 실용적 탐구는 형성되지 못했을 것이다.[51]

서기 1000년 영국에 살던 사람을 타임머신에 태우고 한 세기씩 앞으로 이동한다면, 처음에는 미래 세대의 삶이 거의 달라지지 않은 것을 보고 놀랄지 모른다. 제국이 흥망성쇠하고 새로운 대륙이 발견되며 우주에 대한 생각이 진화하지만, 대부분의 사람들이 살아가는 나날은 대체로 똑같아 보일 것이다. 하지만 1800년 무렵에는 시골이 텅 비고 사람들이 옷, 도자기를 비롯한 물건들이 눈에 띄게 늘어나는 것을 볼 것이다. 한 세기가 더 지난 1900년의 세계는 알아볼 수 없을 것이다. 작은 시골 마을 대신 연기를 뿜어대며 동일한 제품을 대량생산하는 혼잡한 산업도시를 보게 될 것이다. 십중팔구 산업 노동자들이 마주한 상황에 경악하겠지만, 다음 천년의 전환기로 간다면 생산력이 급속히 높아져 영국 사회에서 가장 가난한 사람들의 생활수준도 극적으로 올라가고, 기아와 조기 사망의 위협 대신 깨끗한 물과 의료 서비스 제공, 범죄로부터의 보호를 받게 되었음을 알게 될 것이다.

산업화로 이어진 일련의 사건들이 정확히 언제, 어디서, 어떻게 일어났는지는 학자들 사이에 끝없는 논쟁거리이다. 한 가지 설명은 농업 관행과 토지권의 변화를 강조한다. 이 변화로 이윤이 커져 지주가 공산품에 투자할 수 있었고, 공산품을 생산하는 데 필요한 노동력의 공급이 자유로워졌다는 것이다. 또 다른 설명은 다축 방적기와 증기기관 등의 기술 혁신이 근본 원인이라고 본다. 이런 혁신이 같은 양의 노동력으로 훨씬 많은 제품을 생산할 수 있게 했기 때문이다.

산업화 과정에 시동이 걸리면 이를 추진한 것은 도시였다는 점은 의심의 여지가 없다. 맨체스터나 글래스고 같은 초기 산업도시는 일자리가 절실한 노동자와 이윤을 열망하는 자본가의 중매인 역할을 했다. 기계로 작동하는 운송 수단이 널리 퍼지기 전에는 공장이 노동자가 걸어 다닐 수 있는 거리 내에 있어야 했다. 또 공장은 다른 공장 가까이 위치해 최신 발명에 뒤처지지 않고 공급이 부족한 공학 기술에 접근함으로써 도움을 받았다. 도시는 제조법 및 기술의 보급과 개선을 도왔다.

생산성이 높아지면서 중산층의 소득도 늘어나 공산품 및 공장 노동력에 대한 수요를 더욱 높였다. 소득 증가는 첨단 기계에 대한 투자를 뒷받침했고, 이는 차례로 처음에 주력하던 방직을 넘어 산업혁명이 퍼지는 데 기여했다. 동시에 농업이 기계화되고 화학 비료가 쓰이면서 농업 노동력이 덜 필요하게 되자 공장은 훨씬 많은 농업 노동자를 끌어들였다. 시간이 지나면서 노동운동이 일어나 이 새로운 노동계급도 임금이 올라 경제 생산량의 증가에 따른 이익을 얻었고, 이는 또 공산품에 대한 수요를 늘렸다. 그 결과 산업화, 도시화, 생활수준 향상이라는 자생적 순환이 이루어졌으며, 이것이 가져온 이익은 단순히 더 많은 물건을 생산하게 된 것을 넘어섰다. 전 세계의 기대수명이 산업화가 시작된 이래 2배 이상이 되었는데, 이는 영양실조가 줄어들고 산업화에 따라 과학, 기술, 경제가 발전하면서 의학 및 위생 시설에서도 일련의 발전이 있었던 덕분이다.

산업혁명은 그것이 처음 일어난 나라의 경제 지형을 바꿔놓았다. 런던이 아니라 맨체스터가 영국 산업화의 중심지였다. 맨체스터가 제조업 강자가 되기 전인 1780년, 런던 인구가 약 80만 명인 데 비해 맨체스터 인구는 약 3만 명이었다.[52] 하지만 풍부한 유수, 많은 석탄 매장량, 리버풀항으로의 접근성을 가진 맨체스터의 지리 조건은 산업화에 이상적이었다. 1781년 최초로 증기 동력을 이용한 방직공장이 맨체스터에 문을 열었다. 1830년 맨체스터에는 이런 공장이 100개 있었다.[53] 같은 시기 인구는 거의 10배 늘었다.[54] 그리고 급속한 산업화의 결과로, 맨체스터가 수십 년 만에 영국에서 맨 먼저 소읍에서 도시로 변모했으나 곧 버밍엄, 리즈, 셰필드 등이 합류했다. 런던도 이 시기 계속해서 급성장했으나 영국은 정복자 윌리엄 이후 처음으로 경제력이 수도에서 지방으로 유의미하게 분산되었다. 이렇게 산업화는 사람들을 도시로 끌어당길뿐더러 최초의 제국이 탄생한 이래 존재해온 도시의 위계를 허물어뜨렸다. 권력에의 근접성이 갖는 중요성이 석탄 및 산업이 갖는 중요성에 비해 줄어들었기 때문이다.

*

이 장에서 살피는 세 가지 동력은 서로를 기반 삼아 오늘날 우리가 누리는 번영을 가능하게 했다. 협력은 분업에 꼭 필요한 밀집 생활과 유대 관계를 가능하게 했다. 분업은 발명가가 발명에 집중할 수 있게 했다. 새로운 발상과 기술 덕분에 사회는 점점 더 커지고 교역은 세계적으로 이루어질 수 있었다. 도시는 인류의 역사 과정에서 생겨난 수동적 부산물이기는커녕 그 엔진실이었다.

하지만 이 과정이 완전히 직선형이라고 생각한다면 잘못이다. 기원전 1200년 무렵 지중해 동부의 서로 연결된 여러 문명이 거의 동시에 무너지면서 청동기시대는 종지부를 찍었다. 역사가들은 그 이유를 두고 논쟁하지만, 근본 원인은 북반구의 기온이 급격히 높아지면서 장기간 이어진 극심한 가뭄일 가능성이 크다.[55] 농업 생산량이 줄면서 이들 초기 문명은 증가하는 도시 인구를 더 이상 지탱할 수 없었으며, 이는 탈도시화의 물결과 세계 교역

상황의 반전으로 이어졌다. 로마 멸망 이후의 암흑기나 중국 왕조들의 내전 시기에서, 인간 사회가 중대한 반전을 겪을 수 있고, 또 겪는다는 사실을 말해주는 증거를 볼 수 있다. 중국의 문화대혁명 시기에 그랬듯 두 차례의 세계대전 동안 많은 도시가 파괴되는 반전을 겪었다. 반드시 앞으로만 나아가지 않는다. 그리고 성장기의 도시 팽창은 최고점을 증폭시키는 반면 그 반전은 교역을 쇠퇴시키고 혁신을 막으며 협력을 약화시킨다.

호황기에도 도시화로 인한 이익은 대단히 불균등했다. 역사상 어느 시점에서나 번영하는 도시와 쇠퇴하는 도시를 볼 수 있다. 그리고 모든 도시는 부와 기회 면에서 극심한 격차가 있다. 이런 불평등의 정도는 항상 일정하지 않다. 3장과 4장에서 도시 간, 그리고 도시 내 불평등의 본질을 알아보고 우리의 도시 세계가 운 좋은 소수만이 아니라 모두에게 번영을 가져다주려면 무엇을 해야 하는지 보여준다.

AGE OF THE CITY

3

어떤 도시에서 태어나느냐가
운명을 좌우한다

이미 기원전 5세기에 "행복의 첫 번째 요건은 유명한 도시에서 태어나는 것"이라고 아테네의 극작가 에우리피데스는 썼다.[1] 도시는 오랫동안 번영하는 대도시에 사는 사람들과 그렇지 않은 사람들의 운명을 갈랐다. 이전에 번영하던 미국의 '러스트벨트'* 및 오래된 다른 산업 중심지에 있는 도시들의 쇠퇴가 원망과 분노의 정치에 기름을 끼얹고 있다. 이들 지역의 주민들은 실업과 도시의 쇠퇴라는 악순환 속에서 생계를 이어가느라 고군분투하고 있다. 한편 뉴욕, 샌프란시스코, 런던, 파리같이 호황을 누리는 도시의 엘리트들은 소득이 급증하고 있다. 그 결과 생겨난 환멸이 트

---

* Rust Belt, 특히 사양길에 접어든 미국 북부의 공업지대를 말한다.

럼프주의와 브렉시트를 낳았고, 유럽과 아메리카 전역에서 주류 정당에 대한 포퓰리즘적 분노를 부채질했다.

앞에서 제국의 출현이 제국의 수도에 권력과 부가 집중되는 것과 어떻게 연관되는지 살펴보았다. 잠시 산업화가 지각 변동을 일으켜 이를 반전시켰다. 새로 발견한 지리상의 이점 덕분에, 이 전에는 간과되던 지역이 경제 강자가 되었기 때문이다. 수로가 잘 갖추어졌거나 광물이 풍부한 지역이 산업화 과정에서 가장 먼 저 번영했으며 운하부터 철도, 고속도로까지 운송 수단이 잇따라 발전하면서 유럽, 미국 등의 지역에 걸쳐 산업도시가 확산될 수 있었다.

산업화 이전인 1780년 런던의 인구는 영국에서 두 번째로 큰 도시인 브리스틀 인구의 약 15배였으며, 런던은 영국의 다른 어 떤 지역보다 더 부유했다.[2] 파리는 산업화 이전 프랑스에서 비슷 하게 경제를 지배하는 역할을 했다. 산업화가 이 상대 우위의 쇠 퇴로 이어지면서 부(와 인구)가 빠르게 성장하는 제조업 도시로 이동했다. 그러나 1980년대를 기점으로 역전되어 소수의 주요 도 시들이 경제에서 자신들의 지배적인 역할을 되찾았다. 이런 역전 을 잘 이해하기 위해, 우리는 유럽이 아니라 산업혁명 당시 신생 국이던 미합중국에서 시작한다. 지배적인 제국 수도가 없는 미합 중국은 순수한 경제 지리의 힘을 살피기에 최적이다.

성장과 쇠퇴의 주기

새뮤얼 슬레이터^{Samuel Slater}는 명망 높은 인물이 아니었다. 생애 대부분을 방적 공장에서 일한 슬레이터는 영국에서 호황을 누리고 있는 직물 산업에 동력이 되는 새로운 기계를 잘 알았다. 1789년 그 지식을 머리에 가득 담고 미국으로 건너가 영국의 이전 식민지에 산업혁명을 가져왔다.

슬레이터가 정착한 곳인 미국 북동부 지역은 제조업 발전에 이상적이었다. 공장을 돌리는 데 필요한 강이 많은 데다 기후가 농업에 유리하지 않아 제조업은 매력적인 제안이었다.[3] 이에 반해 남부 지역은 농업에 적합한 환경에 도덕적 재앙인 노예제까지 합쳐져 공장에 목화를 공급하는 데 집중했다. 한편 중서부 지역은 여전히 고립되고 인구가 적었으며 지역 경제는 모피 무역에 크게 의존했다. 1800년 뉴욕에서 시카고까지 가는 데는 여전히 6주가 걸렸다.[4]

산업화가 시작되기 전인 18세기 말, 최초 연방주들[•]의 1인당 소득은 거의 차이가 없었다.[5] 이 신생국의 초기 인구 대부분이 여전히 자급농으로 살았고, 도시에 거주하는 인구는 10퍼센트 미만이었다.[6] 하지만 19세기 중반 북동부 지역에서 일찍 제조업이 성장

• 　미합중국은 처음에 13개 주가 모여 독립을 선언했다.

하면서 이 지역 주민들은 다른 주보다 2배 더 부유하고 2배 더 도시화되었다. 뉴욕, 필라델피아, 볼티모어 같은 도시의 공장들이 이들 도시의 배후지와 그 너머로부터 주민들을 끌어들였다.[7]

시간이 지나면서 북동부 지역의 이점은 사라지기 시작했다. 19세기에 운하, 그리고 나중에는 철도가 발달하면서 중서부 지역을 오가는 제품의 운송 시간 및 비용이 줄어들었다. 게다가 이 지역의 풍부한 철광석과 석탄은 산업화에서 중요한 철강, 기계 같은 중공업에 확실히 유리했다.[8] 제조업이 북동부 지역의 도시 중심지로부터 동쪽으로 확산됨에 따라 '제조업 지대'가 생겨나 대서양 해안에서 미네소타주와 미주리주까지 이어졌다.

중서부 지역은 제조업 기반 경제로의 전환으로 도시화가 한 단계 빨라졌고 소득이 북동부 지역을 따라가기 시작했다. 19세기 말 '도금 시대'에 중서부 지역은 스탠더드오일의 창립자인 존 D. 록펠러를 포함해 미국에서 가장 부유한 인물들의 본거지였다. 중서부 지역의 부상은 20세기까지 이어졌으며, 1950년대에 이 지역의 1인당 소득은 북동부 지역과 대체로 비슷해졌다.[9]

세인트루이스는 중서부 지역 시대의 도래를 분명하게 보여준다. 1800년 세인트루이스는 소읍에 지나지 않았으나, 1900년 무렵 철물 및 가구 제조업의 중심지 역할을 한 덕분에 미국에서 네 번째로 큰 도시로 성장했다.[10, 11] 1904년에는 만국박람회와 하계올림픽대회를 주최해 높아진 위상을 알렸다. 세인트루이스는 20세기

내내 번영했으며 1970년대 말에는 1인당 소득이 뉴욕의 90퍼센트에 달했다.[12] 이 도시에 문제가 없는 것은 아니었다. 1950년대에 시작된 급속한 교외화가 세인트루이스 도심의 공동화와 빈곤화로 이어졌다. 이 문제는 다음 장에서 다시 다룬다. 하지만 이 광역도시권은 20세기 후반까지 계속 번영했다.

중서부 지역과 달리 19세기의 남부 지역은 제조업의 도입이 더디고 남북전쟁 이후 노예에 의존하던 농업경제가 붕괴한 탓에 상대적으로 경제가 쇠퇴하는 시기를 맞았다. 대공황 이후에야 미국의 다른 지역에 비해 줄어들던 이 지역의 소득이 반전되기 시작했다.[13] 국도 체계의 발전, 트럭 운송비 감소, 컨테이너 해상운송의 출현으로 미국의 제조업이 남부 지역으로 분산되었으며, 이에 따라 도시화 속도가 빨라졌다. 남부 주의 낮은 임금과 노동에 대한 법적 보호가 약한 점이 또한 이점으로 작용해 포드 같은 제조회사가 비용을 낮추기 위해 루이스빌 등의 도시로 생산 시설을 이전했다. 1980년대에 제조업이 확산되면서 미국의 다양한 지역의 소득이 대체로 비슷해졌다.[14]

농촌 지역도 산업화로 인해 완전히 달라졌다. 19세기부터 20세기 초까지, 도시 공장의 노동력 수요가 급증하면서 농촌과 도시 간 소득 격차가 커졌다. 하지만 고속도로 체계가 발전한 이후 땅값이 싼 시골은 공장이 들어서기에 매력적인 곳이 되었고, 그러면서 제2차 세계대전 후 수십 년 동안 매우 높았던 도시 임금은 낮아졌다.[15] 동시에 농업의 산업화가 진행되면서 생산성은 매우 높고 필요 인력은 훨씬 적은 대기업이 소규모 자급농을 대체했다. 농촌 사람들 가운데 일부는 농장에서 일자리를 얻었으나 많은 사람들은 새로 들어선 공장에서 일했으며, 훨씬 많은 수의 사람들은 의료 서비스와 교육에서 소매업과 접객업까지 가처분소득이 따르는 서비스직에서 일했다. 그 결과 농장에서 주민 수가 수만 명인 지역 소도시로 인구가 이동하면서 농촌의 성격이 바뀌었다.

하지만 1980년대 이후 경제활동은 뉴욕, 샌프란시스코, 시카고 같은 몇몇 주요 도시에 집중되었고, 이전에 번영하던 많은 도시는 뒤처지게 되었다. 한때 미국에서 가장 부유한 도시였던 디트로이트, 클리블랜드, 밀워키 같은 도시는[16] 쇠퇴 주기에 들어섰다. 이들 도시는 빈곤율이 높고 공공 제정이 악화되고 있으며 사회 기반 시설이 노후화되고 범죄가 만연해졌다. 세인트루이스의 1인당 소득은 1970년대 후반 뉴욕의 90퍼센트 수준까지 올랐다가 67퍼센트 수준으로 다시 줄어들었다.[17] 도시-농촌 간 소득 격차도 최고 수준으로 치솟았으며, 많은 농촌 중심지들이 실업 및 소득 정체와 씨름하고 있다.[18]

19~20세기에 걸쳐 '거리distance의 폭정'이 줄어들면서 미국 전역으로 경제적 기회가 확산되었으며 국가는 번영하는 크고 작은 많은 도시들의 연결망으로 바뀌었다. 영국, 프랑스 등 산업화한 국

가들은 대개 비슷했다. 그렇다면 우리는 왜 지난 40년 동안 그토록 극적인 차이를 보아야 했을까? 그 답은 경제에서 일어난 세 가지 구조 변화인 산업공동화, 슈퍼스타 도시의 역학 관계, 줄어드는 이동성의 상호작용에 있다. 이 변화들은 왜 장소가 한 사람의 인생에서 기회를 결정하는 주요 요인이 되었는지 그리고 좀 더 공평한 경쟁의 장을 만들려면 무엇을 해야 하는지 알게 해준다.

일자리가 사라지는 도시

1950년대 25퍼센트였던 미국 내 제조업 노동자의 비율은 현재 10퍼센트 정도로 떨어졌으며[19] 영국, 프랑스 등 다른 부유한 나라들도 같은 경험을 하고 있다. 주민들이 지역의 제조업이 만들어내는 일자리에 크게 의존하는 세인트루이스나 뉴캐슬 같은 도시는 이런 변화에 적응하기 위해 고군분투하고 있다. 저널리스트 에이미 골드스타인은《제인스빌 이야기》에서 제조업장의 폐업이 지역 경제에 연쇄적으로 미치는 영향을 생생하게 보여준다. 납품업자가 문을 닫고 정리해고된 노동자는 재취업에 실패하며 지역의 소매점과 서비스업체 또한 어려워지는 것을 지켜보게 된다.[20]

낮은 인건비와 값싼 토지를 이용하기 위해 중국과 멕시코 같은 곳으로 생산 시설을 이전해 일자리가 사라지자 세계화는 많은 비난을 받고 있다. 하지만 노동 집약도가 낮은 생산 형태로 전환한 것도 중요한 원인이다. 1990년대 초 이래 자동화 기계가 늘어난 까닭에 미국에서 자동차 한 대를 생산하는 데 필요한 노동자 수가 대략 25퍼센트 줄어들었다.[21]

자동차 산업은 이런 추세를 보여주는 많은 사례 가운데 하나일 뿐이다. 경제학자들은 경제활동을 노동이 기여한 총액(피고용인의 임금과 같다)과 자본이 기여한 총액(임금을 제외한 다른 나머지 모두가 해당된다)으로 나눈다. 1980년대 초 이래 작업장의 노동자를 기계가 점차 대체했기에 미국의 제조업 분야에서 노동이 기여하는 정도는 70퍼센트 이상에서 50퍼센트 미만으로 줄어들었다.[22] 더 정교해진 산업용 로봇이 보급되면서 이런 추세는 한층 빨라질 듯하다.

해외 업무 위탁과 자동화의 영향을 크게 받는 것은 제조업 분야만이 아니다. 1940~1980년에, 사무직 및 비서직을 포함한 관리직은 미국 전체 고용의 약 10퍼센트에서 거의 20퍼센트로 2배 증가했다. 직원 수가 늘자 기업의 규모와 복잡성을 관리해야 할 필요가 있었다.[23] 이후 기록 보관과 통신이 디지털화되고 인도, 필리핀 등 해외의 다른 저임금 국가로 관리 부문이 이전되면서 이들 일자리의 비율은 미국 전체 고용에서 15퍼센트 미만으로 줄어들었다. 급여와 지급 계정 관리 같은 일을 알고리즘이 대체함에 따라, 이 수치는 앞으로 수십 년 동안 계속 낮아질 것이다. 지역

본사와 지원 업무 센터가 사라지면서, 많은 소도시들에서 이런 일자리가 줄고 있다.

일자리가 사라지는 도시를 살펴보는 것은 미국 등 부유한 나라에서 번영하는 도시와 쇠퇴하는 도시 사이에 커지는 격차를 이해하는 데 꼭 필요하다. 고용 시장의 또 다른 변화는 고숙련 지식 노동자에 대한 수요가 급증했다는 것이다. 금융직은 1980년대 이래 가장 크게 성장했다. 금융 시장의 규모와 복잡성이 커지면서 은행원, 증권 매매업자, 펀드매니저, 금융 공학자가 더 필요해졌기 때문이다. 세계 금융 위기로 인해 이 부문의 열기와 광휘가 많이 가셨으나 고용 비율은 거의 줄어들지 않았다. 변호사, 마케터, 기업 컨설턴트, 경영 간부를 포함한 다른 화이트칼라 전문직도 그 역할이 크게 확대되었다. 좀 더 최근에는 디지털 서비스와 의학 기술 같은 첨단 부문이 급속히 성장해서 소프트웨어 기술자, 데이터 설계자, 응용 연구 과학자를 포함한 과학 및 기술 전문가의 수요가 급증했다.

최근 수십 년 동안 제조직이나 관리직 일자리를 잃은 많은 사람들은 이런 고숙련, 고임금 일자리로 이동할 수가 없었다. 자녀들도 마찬가지였다. 그렇기는커녕 일자리에서 쫓겨난 많은 노동인구가 구할 수 있는 유일한 일자리인 저숙련 저임금 서비스직으로 경제 사다리를 내려갔다. 바쁜 고임금 전문직이 급증하면서 보육, 온라인 배송 등 편의 서비스의 필요성이 높아졌다. 그리고 부유한 나라의 인구 고령화는 의사 등 다른 고임금 의료 전문직이 늘어날 기회를 불러왔지만, 새로 생겨난 일자리 대다수는 병원과 요양원의 저임금 돌봄 역할이었다.

20세기 동안 제조직 및 관리직 일자리의 분산은 기회를 넓히고 소득을 높이는 데 중요한 역할을 했다. 이런 중숙련 일자리는 대학 교육을 받지 않은 사람들에게 꽤 괜찮은 소득과 경제적 지위를 주었다. 이들 일자리가 사라지면서 고용 시장은 양극화되었으며, 이는 개인뿐 아니라 이전에 번영하던 크고 작은 많은 도시에도 큰 영향을 미치고 있다.

슈퍼스타 도시의 등장

1890년 경제학자 앨프리드 마셜은 기업들이 서로 인접해 있을 때 얻는 이익을 설명하기 위해 '집적 경제economies of agglomeration'라는 말을 만들었다.[24] 마셜은 알맞은 기술을 가진 노동력에 대한 접근성, 공급 회사와의 근접성, 기업 간 비공식적 지식의 이전이 맨체스터의 방적이나 셰필드의 금속가공 같은 산업이 지리상 모여 있는 이유를 설명해준다고 밝혔다. 이후의 지식 기반 경제에서 이 힘은 훨씬 더 중요해져서 샌프란시스코, 뉴욕, 런던, 파리, 상하이를 포함해 다수의 '슈퍼스타' 도시가 생겨났다. 이들 도시는 최근 수십 년 동안 경제성장의 가장 큰 몫을 차지했다.

이런 슈퍼스타 도시가 등장한 첫 번째 이유는 인재가 몰리기 때문이다. 매뉴얼대로 작업하는 제조업 노동자를 훈련시키는 일은 오늘날 경제에 대단히 중요한 생의학자, 소프트웨어 개발자, 금융인을 훈련시키는 일에 비해 비교적 간단했다. 이제 인터넷 덕분에 누구나 어떤 분야에서든 쉽게 전문가가 될 수 있다고 믿고 싶을지 모르지만, 현실은 오늘날 경제활동을 주도하는 많은 고숙련 직업은 여러 해 동안 정규 교육과 현장 훈련을 통해 쌓은 지식에 의존한다는 것이다. 이런 많은 직업은 대단히 전문화되고 있다. 생의학 기업은 단순히 사용 가능한 노동자가 아니라 전문성을 가진 사람을 찾는다. 그 결과 빠르게 성장하는 기업들은 필요한 기술에 확실히 접근할 수 있는 도시에 자리 잡고 싶어 한다. 그래서 인재가 모여드는 선순환 속에서, 노동자가 이런 지역에 거주할 때 얻는 이익은 커진다.

집적 효과의 강도가 커지는 두 번째 이유는 특히 지식 노동자들이 서로 가까이 있을 때 생산성이 높아지기 때문이다. 오늘날은 그 어느 때보다도 많은 정보를 얻을 수 있지만, 정보는 여전히 사람들이 직장 안팎에서 만나 교류할 때 흐른다. 특허를 출원하는 발명가는 다른 곳보다 자신이 사는 도시의 특허를 인용할 확률이 2배인데, 같은 회사에서 낸 특허를 제외하고도 그렇다.[25] 도시 사람들의 물리적 근접성은 다양한 분야에서 영감과 지식을 이

끌어내는 데 특히 중요하다. 경제학자 엔리코 버크스^{Enrico Berkes}와 루벤 가에타니^{Ruben Gaetani}는 2002~2014년에 미국의 특허출원에서 인용된 참고 문헌을 분석해 미국의 인구밀도가 높은 지역은 '기존 지식의 자유로운 결합'에 기초한 특허를 낼 가능성이 훨씬 높다는 사실을 밝혀냈다.[26] 오늘날 부유한 나라들의 경제성장을 주도하는 많은 산업에서 지적 소유권이 갖는 중요성을 고려할 때, 최첨단의 아이디어를 얻을 가능성이 더 높은 이 슈퍼스타 도시들이 기업을 자석처럼 끌어당기는 것은 놀라운 일이 아니다.

최근 수십 년 동안 슈퍼스타 도시들이 성장한 세 번째 이유는 슈퍼스타 기업의 성장이다. 기업 규모가 갖는 이점은 오늘날의 지식 경제에서 그 어느 때보다 더 확실하다. 매출액이 100억 달러가 넘는 미국 기업의 자기자본 이익률은 매출액이 10억 달러 미만인 기업의 거의 4배로, 1980년대의 1.2배에서 큰 폭으로 증가했다.[27] 특히 '네트워크 효과'를 보여주는 소셜미디어 같은 산업에서 급증했다. 소셜미디어 산업에서 사용자에 대한 서비스의 가치는 다른 사용자의 수에 따라 증가해서 자연스럽게 하나의 지배적 기업이 나타나는 경향을 낳는다. 하지만 기업 실적의 격차가 벌어지는 것은 이런 효과를 경험하지 않는 다른 많은 산업에서도 볼 수 있기에, 여기에는 더 많은 이유가 있음을 말해준다. 더욱 자동화된 세상에서 상품 또는 서비스를 제공하려면 일반적으로 초기 투자가 많이 필요하지만, 일단 초기 투자가 완료되고 나면 단위당 비용이 낮아진다. 이런 역학 관계는 그 비용을 더 큰 수익을 내는 데 쓸 수 있는 대기업에 유리하다. 그 결과 금융에서 항공과 소비재까지 미국의 많은 산업에 걸쳐 합병이 일어나는 시기가 있었다. 이는 1980년대 독점 금지 규정의 변화 덕분이었는데, 그에 따라 기업들이 서로를 더 쉽게 인수할 수 있었다.

시장 집중도가 높아지면 소비자에게 좋은지 나쁜지는 전문가들 사이에서도 의견이 분분하다. 가장 효율성 높은 기업이 낮은 기업을 흡수하면 가격이 낮아질 수 있다. 하지만 또 경쟁이 줄어들면 기업이 가격을 올리고 제품에 대한 선택권을 줄일 가능성이 커진다. 게다가 단기에는 이익이지만 길게 보면 역동성과 생산성을 약화시킬 수 있다. 독점기업은 혁신을 할 필요가 없기 때문이다.[28] 증거에 따르면 이미 이런 일이 일어나고 있다. 2011년 애플과 구글이 특허 소송 및 구매에 지출하는 금액이 연구 및 개발에 투자하는 금액을 앞질렀다.[29]

산업 통합이 늘고 슈퍼스타 기업의 지배력이 커지면서 슈퍼스타 도시의 부상을 뒷받침했다. 1980년 세인트루이스는 〈포춘〉 선정 500대 기업 가운데 23개 기업의 본거지였다. 오늘날 이 수치는 8개로 줄어들었다.[30] 이 가운데 어떤 기업은 그냥 없어졌지만 일부 기업은 미국 전역을 휩쓴 산업 통합의 물결 속에 인수되었다. 지역 항공 우주 기업인 맥도넬더글러스는 1997년 보잉에 인수되었다. 롤스턴퓨리나는 2001년 네슬레에 팔렸고, 앤하이저-부시는 2008년 인베브에 팔렸다. 산업이 집중화하면서 본사가 소수의 주요 도시로 통합되어 세인트루이스 같은 곳에서는 일자리가 사라졌다.

대체로 이미 규모가 큰 도시는 최근 수십 년 동안 왕성하게 성장하고 소득이 늘었을 것이다. 이런 양상에는 분명 예외가 있다. 1980년 미국에서 67번째로 큰 도시였던 오스틴은 이후 규모와 소득 수준이 크게 성장해 현재는 28번째로 인구가 많은 대도시가 되었으며, 지난 20년 동안의 인플레이션을 감안할 때 1인당 GDP가 40퍼센트 증가했다.[31] 한편 디트로이트는 1980년 다섯 번째로 큰 대도시였으나 최근 수십 년 동안 어려움을 겪었다. 현재는 14번째로 큰 대도시로, 인플레이션을 감안할 때 1인당 GDP가 지난 20년 동안 8퍼센트밖에 증가하지 않았는데, 이는 미국 전국 평균에 훨씬 못 미친다. 이들 사례는 흥미로운 예외로, 침체된 도시의 운명을 뒤바꿀 가능성이 있으며 안주하지 않는 것이 중요하다는 소중한 교훈을 준다. 하지만 이들이 표준은 아니다.

일반적으로 크고 발전한 도시가 훨씬 더 규모가 커지고 성공한다는 사실은 기업과 노동자가 대도시에 가까이 있는 데서 오는 파급효과가 있음을 말해준다. 오늘날 번영하는 도시가 흔히 여러 부문을 선도하는 도시라는 사실은 우연의 일치가 아니다. 샌프란시스코는 디지털 기술의 허브로 유명하지만, 또한 생의학 연구를 선도하는 도시이자 미국 서부 해안의 금융 및 전문 서비스의 허브이기도 하다. 뉴욕은 월스트리트의 고장일뿐더러 미국 패션 산업의 중심지이기도 하다. 런던과 파리에는 각각 영국과 프랑스의 주요 기업들의 본사가 있다.

기업과 노동자가 주요 도시에 위치하면서 누리는 긍정적 파급 효과에는 여러 가지가 있다. 기업의 가치 사슬은 종종 산업의 경계를 가로지른다. 예를 들어 금융 및 전문 서비스에 대한 근접성은 많은 대도시가 인기를 끄는 중요한 요인이다. 유수의 대학이 있다는 것도 또 다른 요인이다. 투자 전문가를 배출하는 대학이 변호사, 데이터 과학자, 의사도 배출한다. 마지막으로 대학 교육을 받은 전문가는 일반적으로 대학 교육을 받은 다른 전문가들이 사는 곳을 거주지로 선택한다. 이는 자신과 비슷한 견해를 가진 사람에게 이끌리는 자연스러운 경향(사회학자들은 이를 '동종 선호'라 한다)이다. 또 점점 더 연애와도 연관된다. 1970년대에는 학사 학위를 가진 사람들의 약 50퍼센트가 역시 학사 학위를 가진 배우자와 결혼했다. 오늘날 이 수치는 70퍼센트에 가깝다.[32] 고등교육을 받은 노동자는 점점 더 비슷한 교육 수준을 가진 배우자를 찾는다. 그리고 맞벌이 가정이 늘면서, 이들 부부는 두 사람이 일하는 분야에서 좋은 기회를 얻을 거주지를 찾는다. 변호사가 광고 책임자와 결혼하거나 과학자가 경영 컨설턴트와 파트너가 된다면, 이들은 두 사람이 일하는 양쪽 분야에 도움이 될 대도시를 눈여겨볼 것이고, 그래서 이런 대도시가 사람들을 끌어당기는 힘은 더 세질 것이다.

슈퍼스타 도시의 숙련 노동자 수가 늘자 저숙련 노동자의 일자리도 늘게 되었다. 그 이유를 이해하려면 '교역 가능한' 경제 부문과 '교역 불가능한' 부문을 구별해야 한다. 교역재 부문은 원래의 생산지에서 벗어난 곳에서 소비할 수 있는 것을 생산한다. 공산품, 디지털 상품, 대부분의 금융 서비스가 이 범주에 속한다. 비교역재 부문은 접객, 건축, 의료처럼 본질적으로 장소에 고정된 서비스를 포함한다. 한 도시가 교역재 부문에서 새로운 일자리를 유치하면 이 노동자들이 또한 비교역재 부문의 서비스를 소비해서 지역 경제에 승수효과를 가져온다. 이 가운데 일부는 예를 들어 의사, 변호사, 건축가, 요리사 같은 고숙련 일자리이지만, 대다수는 웨이터, 청소부, 보육사, 건설 노동자 같은 저숙련 일자리이다. 경제학자 엔리코 모레티는 이런 승수효과를 연구한 결과, 한 지역에서 교역재 부문의 일자리가 하나 창출되면 비교역재 부문에서 1.6개의 새 일자리가 생겨난다고 밝혔다. 이들 노동자가 식당에 가고, 머리를 자르러 가고, 진찰을 받으러 가고, 새집을 짓기 때문이다.[33] 이 승수효과는 고숙련 교역재 부문(말하자면 애플 같은 회사)의 일자리에서 훨씬 강력하다. 한 지역에 생겨난 교역재 부문의 새 일자리 하나가 그 여파로 비교역재 부문의 일자리 5개를 창출할 수 있다.[34] 이는 고숙련 노동자가 소득이 더 높아서만이 아니라 이들은 흔히 시간이 부족해서 외식을 하고 집 청소 같은 서비스에 돈을 쓸 가능성이 높기 때문이기도 하다.

　슈퍼스타 도시는 이민자를 자석처럼 끌어당기면서 한층 더 성장했다. 영국 인구의 13퍼센트가 런던에 살지만, 해외 출신으로 영국에 거주하는 사람들의 35퍼센트가 런던에 산다.[35] 2장에서 언급한 대로 도시는 의미 있는 이민 사회를 형성해 세계적 이동을 만들어냈다. 그리고 도시가 클수록 이민 사회의 다양성과 임계점이 높아지며, 이것이 대도시가 이민자를 끌어당기는 데 특히 효과적인 이유이다. 많은 이민자들이 저숙련 서비스직에서 일하지만 그들이 일자리를 창출하는 사업을 시작할 가능성도 있다. 미국 인구의 14퍼센트가 이민자이지만 창업에서 이민자가 차지하는 비율은 25퍼센트이다.[36] 이 비율은 기술 클러스터에서 훨씬 더 높은데, 샌프란시스코만 지역의 스타트업 기업 가운데 63퍼센트를 이민자가 설립하거나 공동 설립했다.[37] 따라서 최근 수십 년 동안 외국인 이민자가 늘면서 주요 도시는 사람들을 끌어당기는 힘이 커졌으며 이들 도시는 뛰어난 성과를 거둘 수 있었다.

더 좋은 곳으로 이동하지 못하는 이유

　노동력의 이동이 자유로운 경제에서, 도시 간 생활수준의 큰 차이는 시간이 지나면서 없어져야 한다. 이론상으로는 그렇다.

노동자는 임금이 낮은 곳에서 높은 곳으로 이동할 것이다. 그러면서 노동자가 떠나는 곳의 노동력 공급은 줄어들고 가는 곳은 늘어서, 이들 도시의 급여가 점차 비슷해져야 한다. 하지만 국가 내 이동률이 감소하는 데서 알 수 있듯이, 이동이 점점 더 어려워지고 있다. 1980년 매년 미국 시민 35명당 한 명이 주 경계를 넘어 이동했다. 이 수치는 2020년 70명당 한 명으로 절반이 되었다.[38] 저숙련 노동자가 쇠퇴하는 도시에서 벗어나려 한다면 그곳의 높은 실업률, 낮아진 임금, 나빠지는 생활수준이라는 악순환의 고리를 끊는 데 도움이 될 것이다. 그런데 우리는 왜 이런 일이 일어나는 것을 보지 못했을까?

개인을 지역 사회에 연결하는 개인의 역사, 가족, 우정이라는 뚜렷하고 깊은 유대 외에, 노동자가 더 나은 기회를 찾아 이주하는 것을 막는 구조적 힘이 작용하고 있다. 하나는 오늘날 부유한 나라들의 인구가 그 어느 때보다도 고령화되었다는 것이다. 나이가 들면 주거지를 잘 안 옮기는 경향이 있다.[39] 가정을 꾸렸거나 나이 든 부모를 돌보거나 매각해야 할 부동산이 있을 가능성이 높다. 맞벌이 가정이 주를 이루게 된 것도 이동성을 줄였다. 이제는 이주하려면 일자리 하나가 아니라 둘을 찾아야 한다. 게다가 부부 가운데 한쪽은 옮긴 거주지에서 새 일을 찾는 데 어려움을 겪지만 다른 한쪽은 아주 만족할 수도 있다.

이동성이 급격히 줄어드는 이유는 앞서 이야기한 양극화된 고용 시장과 관련이 있다. 역사를 볼 때 교육 수준이 낮은 노동자는 이주 가능성이 비교적 높았다. 번영하는 지역에서는 제조직 또는 관리직인 괜찮은 중산층 일자리가 더 나은 삶을 누릴 기회를 만들어주었기 때문이다. 오늘날 슈퍼스타 도시로 이주하려는 교육 수준이 낮은 노동자는 대개 저임금 서비스 일자리를 얻을 뿐이다. 그리고 번영하는 도시에서는 이들 일자리의 임금이 좀 더 높긴 하지만 늘어나는 생활비로 인해 그 차이가 상쇄되고도 남는다. 클리블랜드에서 샌프란시스코로 이주하는 저숙련 노동자는 임금이 세후 평균 30퍼센트 상승하지만 생활비 증가를 감안하면 구매력이 약 10퍼센트 줄어들어 더욱 궁색해진다.[40]

이렇듯 앞뒤가 안 맞는 가장 큰 요인은 단연코 집값 상승이다. 예를 들어 영국에서 평균 소득 대비 주택 가격의 비율은 1990년대 중반 3배에서 오늘날 거의 7배로 높아졌다.[41] 런던의 경우 이 비율이 약 3.5배에서 11배가 된 반면, 영국 북부의 경우에는 3배에서 4배가 되었을 뿐이다. 전 세계 부유한 나라들에서 주요 도시의 집값이 최근 수십 년 동안 급등했다. 다음 장에서 그 상승의 원인이 무엇인지 그리고 이에 대해 무엇을 할 수 있을지 살핀다. 우선은 수요가 많은 곳에서 주택을 구입하기가 점점 어려워져, 더 큰 기회를 찾아 이주하려는 저숙련 노동자들에게 제동을 걸고 있다는 점만 지적해둔다.

원칙적으로는 교육 수준이 낮은 노동자가 교육을 통해 지식 노동자로 전환될 수 있어야 한다. 교육은 경제적 이동성을 높이는 가장 강력한 힘 가운데 하나이다. 고숙련 노동자와 저숙련 노동자의 소득 격차가 커졌기 때문에 더욱 그렇다. 하지만 실제로는 그렇게 쉽지 않다. 우선 노동인구가 노령화되면 중간 경력자 재교육의 경제성이 떨어지기 시작한다. 시간과 돈을 투자해서 수익을 낼 근무 기간이 얼마 남지 않기 때문이다. 더 큰 문제는 교육비가 감당하기 어려울 정도로 높아지고 있다는 점이다. 미국의 4년제 대학 학위를 따는 데 드는 비용은 인플레이션을 감안할 때 1980년 이후 거의 3배 증가했으며, 단위자격인증제micro-credentials 같은 재교육 경로를 폭넓게 이용할 수 있게 되었으나 많은 고용주가 이를 인정하는 데 오래 걸렸다.[42] 여기에 더해 최근 미국 대학 졸업생 가운데 적어도 40퍼센트가 학위가 필요하지 않은 직장에 취직했는데, 많은 저소득층 사람들이 더 나은 삶으로 가는 긴 고등교육에 자신감이 부족한 것을 알 수 있다.[43] 낙후된 지역 젊은이들의 경우에는 또래 효과가 상황을 악화시킨다. 함께 자란 사람들 가운데 극소수만이 대학에 진학할 때, 혼자만 다른 길을 가려면 엄청난 용기가 필요하다. 특히 자신의 성공이 보장되지 않는다면 말이다.

결국 대학에 가는 사람들은 흔히 지식 경제의 허브 도시가 주는 매력적인 직업과 전망에 이끌려서 졸업과 동시에 떠난다. 세인트루이스의 워싱턴 대학과 코번트리의 워윅 대학은 모두 훌륭한 대학이지만 강한 전문가 클러스터를 구축할 만큼 충분한 수의 최고 졸업생을 붙들어두지 못했다. 오늘날 경제에서 좋은 대학은 도시가 성공하기 위한 필요조건이기는 하지만 충분조건은 아니다.

쇠락한 도시를 되살리기 위한 전략

운이 좋아 번영하는 도시에 사는 사람들과 그렇지 못한 사람들의 격차가 더 커질 것이라는 전망에 낙담하는 사람도 있을 것이다. 하지만 낙관해도 좋다. 1970년대에 시애틀은 돌이킬 수 없어 보이는 쇠퇴기에 들어섰다. 공항으로 가는 도로의 커다란 광고판에는 이렇게 쓰여 있었다. "시애틀을 떠나는 마지막 사람은 불 끄고 나가."[44] 이후 시애틀은 르네상스를 누리며 인구가 크게 늘고 미국에서 1인당 소득이 가장 높은 대도시 중 하나가 되었다. 마이크로소프트, 아마존, 스타벅스가 모두 시애틀을 본거지로 삼고 있으며, 보잉이 본사를 이전한 후에도 시애틀은 여전히 미국 항공 산업의 중심지이다. 나중에 이렇듯 극적인 반전이 일어난 이

---

* 1970년대 초 당시 워싱턴주를 먹여 살렸던 보잉사가 6만 명 이상을 감원해 주 실업률이 전국 평균보다 2배 이상 높은 13퍼센트까지 치솟으면서 다른 주로 옮겨가는 실직자 행렬이 꼬리를 물자 이를 웃게 풍자한 광고 문구이다.

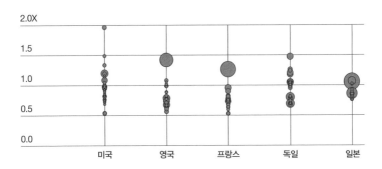

그림2 도시의 1인당 GDP 대 전국 도시 평균

도시의 소득분포는 나라마다 다르다.

주: 거품의 크기는 전체 도시 인구의 비율을 나타내며, 전체 도시 인구의 0.5퍼센트 미만인 도시는 제외한다.
출처: 옥스퍼드 이코노믹스의 데이터에 기초해 산출.

유를 뒤에서 다시 다룬다.

희망이 보이는 또 다른 이유는 도시 간 생활수준 차이가 훨씬 작은 국가가 있다는 점이다. 그림 2는 미국, 영국, 프랑스, 독일, 일본의 도시를 비교하고 있다. 각 거품은 도시를 나타내고 거품의 크기는 국가의 전체 도시 인구에서 해당 도시 인구가 차지하는 비율을 나타낸다. 거품은 해당 국가의 모든 도시 거주자의 평균 소득과 비교한 해당 도시의 1인당 평균 소득에 기초해서 수직으로 정렬했다. 몇 가지 두드러진 점이 눈에 띈다. 첫 번째는 미국의 도시 인구는 많은 도시에 퍼져 있으며 하나의 도시가 지배적이지 않다는 점이다. 이것은 인구가 많고 땅이 넓은 결과이다. 하지만 동시에 미국 도시들의 1인당 소득은 매우 차이가 난다. 그림에서 제일 위에 있는 거품인 샌프란시스코만 지역 거주자는 미국 평균 도시 거주자보다 2배 부유하다. 반면 그림의 맨 아래에 있는 거품인 리버사이드 거주자는 전체 도시 평균의 절반에 지나지 않는다. 영국과 프랑스의 경제 지형은 미국과 다르지만, 서로 비슷하다. 양국 모두 지배적인 수도가 있어서 이 도시는 그 나라의 다른 어떤 도시보다 인구가 많은 데다 훨씬 부유하다. 이 그림에서 영국과 프랑스의 경우 맨 위에 있는 큰 거품이 각각 런던과 파리를 나타낸다.

독일의 상황은 좀 더 미묘하다. 독일 서부에는 특히 뮌헨, 프랑크푸르트, 슈투트가르트, 함부르크, 뒤셀도르프 등 번영하는 중심 도시가 여럿 있으며, 그 어느 도시도 지배적이지 않다. 하지만 이곳은 독일 산업화의 원래 중심지인 루르 지역이 있는 곳이기도 한데, 석탄 및 철강 산업의 쇠퇴로 어려움을 겪으면서 1960년대 이후 쇠퇴의 주기에 갇혀 있다. 그리고 특히 드레스덴, 라이프치히, 에르푸르트 등 독일 동부의 주요 도시들은 통일 이후 서부와 꾸준히 비슷해지고 있으나 여전히 뮌헨 같은 도시보다 가난하다. 베를린도 최근 몇 년 동안 꽤 나아지기는 했으나, 독일의 수도라는 위상에도 불구하고 분열되었던 유산의 결과로 여전히 서부의 도시들보다 훨씬 가난하다.

독일이 현대 경제에서 도시 간 수렴이 가능하다는 것을 보여준다면, 일본은 수십 년에 걸친 정책적 노력을 통해 무엇을 성취할 수 있는지 보여준다. 제2차 세계대전 이후 재건 시기에, 3극 경제가 등장해 도쿄, 오사카, 나고야가 점차 경제를 지배하게 되었다.[45] 일본 정부는 1960년대부터 도시들 전반에 걸쳐 생산을 분산시키고 적정한 생활수준을 보장한다는 정책을 택했다. 세금 우대와 보조금을 통해 지역 기업의 위치 선택에 영향을 미쳤다. 또 세계 최고의 교통 시설(고속철도망이 가장 두드러진다)에 막대하게 투자해 기업들이 대도시로만 가는 것을 막았다.[46] 이후 일본도 똑같이 이 장 앞부분에서 살펴본 집적에 대한 많은 압력을 겪었다. 그러면서 인구가 특히 도쿄 광역권으로 점점 더 몰려 현재 일본 도시 인구의 45퍼센트를 차지한다.[47] 하지만 런던이나 파리의 상황과 달리 도쿄의 평균 소득은 다른 일본 도시보다 유의미하게 더 높지 않다. 이는 정부가 균형 잡힌 지역 발전을 위해 계속 노력한 덕분이다. 일본 도시들의 평균 소득이 대체로 비슷하다는 사실은 그림 2에서 거품이 밀집한 양상에서 알 수 있다.

그렇다면 부유한 나라들의 쇠퇴하는 산업도시가 번영과 기회를 되찾으려면 무엇을 해야 할까? 안타깝게도 묘책은 없다. 고속철도가 일본 도시들 간의 소득 균형을 뒷받침한 것은 맞지만, 프랑스는 일반적인 교훈이 다 통하지 않는다는 것을 보여준다. 실제로 파리와 리옹 사이 고속철도는 경제활동이 수도 파리에 더 집중되게 만들었으며, 그 결과 많은 기업들이 본사를 파리로 옮겼다.[48] 영국의 HS2 고속철도 같은 프로젝트가 비슷한 위험을 안고 있다. 이 프로젝트로 런던이 중부지방 및 북부지방과 고속철도로 연결될 예정이다. 두뇌 집단인 뉴이코노믹스재단New Economics Foundation은 철도망이 가져올 경제 이익의 40퍼센트를 수도 런던이 얻게 될 것이라고 예측했다.[49] 대안 전략은 지역들을 수도와 더 연결하는 데 집중하기보다 고속철도를 이용해 지역 도시들을 서로 연결해서 런던 바깥의 집적 이익을 촉진하는 것이다. 예를 들어 북부의 주요 네 도시인 맨체스터, 리버풀, 셰필드, 리즈를 포함하는 2331제곱킬로미터의 삼각형 모양 지역은 인구가 약 850만 명에, 4개의 주요 대학과 대서양 항구가 있다. 또 멋진 고원지대 및 요크셔 계곡과 가깝다는 이점도 있다. 버밍엄을 레스터, 노팅엄, 코번트리가 포함된 중부지역의 다른 주요 도시와 연결하는 데 대해서도 비슷한 주장을 할 수 있다. 미국의 경우에는 거리가 더 멀기는 하지만, 중서부 지역 도시들에 대해 비슷한 구성을 상상해볼 수 있다.

앤커 기관*은 어려움을 겪고 있는 도시를 끌어올리기 위한 두 번째 중요한 기둥이다. 마이크로소프트의 공동 창업자인 빌 게이츠와 폴 앨런은 유일한 고객사가 기반을 두고 있는 뉴멕시코의 앨버커키에서 자신들의 출신지인 시애틀로 회사를 이전하기

---

* Anchor institutions, 지역사회에 앵커, 즉 닻을 내리듯 계속 존재하면서 인적, 지적 자원과 함께 경제력을 활용해 장기적으로 지역사회의 건강 및 사회복지를 개선하는 기관으로 대학, 병원, 도서관, 공공기관 등을 일컫는다.

로 결정했는데, 이것이 이 도시의 운명을 바꿔놓았다.[50] 제프 베조스가 아마존 본사를 시애틀에 두기로 했을 때, 마이크로소프트는 이 도시를 이미 기술 허브로 변모시키고 있었다. 물론 앵커 기관의 과제는 이런 기업들을 어떻게 끌어들일 것인가이다. 침체된 도시는 시애틀이 얻은 행운이 닥치기만을 기다릴 수가 없다. 이 장 앞부분에서 지역의 최고 대학이 도시의 성공을 보장해주지는 않는다고 했으나 분명 도움이 될 수 있다. 델Dell은 오스틴이 최근 수십 년 동안 번영하는 기술 중심지로 변모하는 데 중추 역할을 했다. 휴스턴에서 태어난 마이클 델은 미국 남부의 유수 대학 가운데 하나인 텍사스 대학에서 공부하기 위해 오스틴으로 이주했으며, 사업에 집중하려고 대학을 중퇴한 후 이 도시에 계속 머물렀다. 비슷하게 샌디에이고(그리고 영국 케임브리지와 옥스퍼드)의 번영하는 생명과학 클러스터는 지역 대학의 최고 생명과학 학과와 밀접하게 연관돼 있다. 보스턴은 또 다른 유익한 사례를 제공한다. 제조업 중심지로서 수십 년 동안 어려움을 겪던 이 도시가 전문 서비스, 금융, 기술 중심지로 변모할 수 있었던 결정적 요인은 하버드 대학과 MIT를 비롯한 최고 대학의 존재였다.[51] 하지만 이것은 하룻밤에 이뤄낼 수 있는 것이 아니다. 미국 상원의원이자 노동부 장관이었던 대니얼 모이니한은 언젠가 이렇게 재치 있게 말했다. "위대한 도시를 세우고 싶다면 위대한 대학을 만들고 200년을 기다려라."[52]

도시의 살기 좋은 환경은 오늘날 경제에서 중요한 성공 요건이다. 탄탄한 고용 시장은 분명 노동자가 거주지를 선택하는 데 주요 요인이지만 유일한 요인은 아니다. 도시계획 전문가인 리처드 플로리다는 도시가 어떻게 주민들의 매력적인 생활양식을 만들어내 경제성장을 주도하는 산업에 필요한 고숙련 인재를 끌어들이는지, 그럼으로써 집적 효과의 플라이휠에 어떻게 시동을 거는지를 연구했다.[53] 예를 들어 베를린의 실험이 이 도시가 스타트업 중심지로 변모하게 만들었다면, 번화한 음악 무대와 밤 문화가 오랫동안 오스틴의 매력에 도움이 되었다. 하지만 유행을 좇는 것으로는 충분하지 않다. 예를 들어 뉴올리언스는 풍부한 역사, 번창하는 문화계, 훌륭한 요리, 흥미로운 건축물을 가진 도시이지만 탄탄한 경제를 유지하는 데 어려움을 겪고 있다. 삶의 질에는 다른 측면들도 매우 중요하다. 예를 들어 일본의 후쿠오카는 우수한 안전, 의료, 보육에 더해 저렴한 집값으로 고숙련 노동자가 살기에 매력적인 곳이 되었다.[54]

낙후한 곳을 끌어올리기 위해 고려할 마지막 요인은 민관 협력과 공공 재정이다. 독일 라이프치히 같은 도시 주민은 진화된 의사 결정과 연방 정부의 세수 재분배 덕분에 대중교통과 교육 등의 기본 서비스에서 혜택을 보고 있다. 라이프치히는 서구의 많은 도시보다 세율을 낮춰 BMW 같은 기업이 현지 사업장을 설립하도록 장려했다.[55] 또 라이프치히는 2000년 독일 연방 정부가 설립한 혁신 및 구조변화 기금Innovation and Structural Change Fund으로부터 상당한 혜택을 받았다. 이 기금이 설립된 것은 가난한 지역의 혁신적 스타트업과 과학 연구에 자금을 지원해 동부와 서부 지역 간 격차를 완화하기 위함이었다.[56] 후쿠오카는 기업 친화적 환경 덕분에 일본에서 스타트업 비율이 가장 높다. 지방 정부가 회사 등록비를 보조해주고 창업하고 싶어 하는 사람들에게 보조금과 법률 자문을 해준다.[57]

이런 해결책들 가운데 어느 것도 그 자체만으로 충분하지는 않다. 결국 침체된 도시의 운명을 반전시키기 위해 필요한 것은 정부에 더해서 기업과 지역사회 전반이 참여하는 수십 년에 걸친 전체적이고 통합된 노력이다. 이는 가능한 일이며, 또한 오늘날 많은 부유한 나라들을 괴롭히는 분노의 상처를 치유하고 싶다면 꼭 필요한 일이다. 하지만 이것도 해야 할 일의 절반에 지나지 않는다. 도시 전체가 번영해야 할뿐더러 특권을 가진 소수만이 아니라 시민 모두에게 기회를 주어야 한다. 이 문제는 4장에서 다룬다.

AGE OF THE CITY

4

부자의 도시, 빈자의 도시

플라톤은《공화국》에서 이렇게 썼다. 모든 도시는 "사실상 둘로 나뉘어 있다. 하나는 가난한 사람들의 도시이고 다른 하나는 부유한 사람들의 도시이다." 플라톤의 시대 이후 도시는 극적으로 변화했지만, 이 논평은 여전히 옳다. 런던이나 뉴욕 같은 곳의 번영을 말해주는 통계 자료는 이 도시들에 많은 사람들이 고생하며 가난하게 살아가고 있다는 사실을 감추고 있다. 상황이 안 좋은 도시의 가장 가난한 지역에 사는 사람들의 역경은 너무나 심하지만 이런 도시에 그 나라의 가장 부유한 지역이 포함되어 있기도 하다. 밀워키의 이스트사이드나 맨체스터의 울트링엄 같은 지역이 그렇다.

도시는 언제나 나뉘어 있었으나, 지난 수십 년 동안 도시 주민에게 주어졌던 중산층 일자리는 사람들이 가난에서 벗어나는 사다리가 되었다. 20세기 중반 수십 년 동안 제조직, 사무직, 그리고 다른 준숙련 직종은 대학 교육을 받지는 않았으나 더 나은 삶을 찾아 나라나 도시를 이주하는 노동자들에게 꽤 괜찮은 임금을 가져다주었다.[2] 연구자들은 직업 순위를 이용해 1940년 미국에서 태어난 남자아이는 한 세기 전에 태어난 남자아이에 비해 사회경제 지위가 상승한 비율이 대략 2배임을 밝혀냈다.[3] 하지만 이후 이 비율은 다시 떨어졌다.[4] 직업 구조 변화로 인해 괜찮은 학교, 적정 가격의 주택, 효율적인 대중교통을 누릴 수 없게 되면서 많은 사람들이 살기 힘들어진 지역에 갇히게 되었다.

너무나 많은 사람들이 자신이 사는 지역 때문에 사회에서 제 역할을 다하지 못하고 있다. 하지만 도시는 여전히 사람들이 살면서 자신의 잠재력을 최대한 발휘하도록 돕고 있다. 어떻게 그럴 수 있는지 이해하려면, 우선 산업화 이후 도시 내 특권과 불이익의 구조가 어떻게 변화했는지 알아야 한다.

산업화가 불러온 분열

오늘날 제조업 일자리는 교육 수준이 높지 않은 사람들에게 보수가 좋고 꽤 괜찮은 직업으로 향수를 불러일으킨다. 하지만 이것이 항상 맞는 말은 아니었다. 윌리엄 블레이크가 말한 산업화 초기의 "검은 악마 같은 공장"과 20세기 중반 중산층의 견실한 제조업 일자리 사이에는 적정한 임금과 노동환경을 놓고 한 세기 이상 벌인 투쟁이 놓여 있다. 19세기 초 산업도시에 이끌린 가난하고 교육받지 못한 사람들에게 삶은 투쟁이었다.

두려움을 모르는 여행자인 정치학자 알렉스 드 토크빌은 산업화 초기 수십 년 동안 맨체스터에서의 삶이 어떠했는지 일찌감치 목격했다. 그는 1835년 맨체스터를 여행하면서 "삐걱거리는 기계의 바퀴, 새된 소리를 내며 보일러에서 뿜어져 나오는 증기, 규칙적으로 두드려대는 직기, 무겁게 덜컹거리는 수레"를 관찰했다. 이 소음들은 "대도시에서 듣는 평범한 소리가 전혀 아니"었다.[5] 특히 충격적인 것은 맨체스터에 거주하는 가난한 사람들의 생활환경이었다. 토크빌은 도시의 공장을 둘러싸고 있는 어둡고 혼잡하며 더러운 노동자들의 숙소를 "인간이 가난과 죽음 사이에서 찾을 수 있을 마지막 피난처"로 묘사했다. "12명에서 15명의 사람들이 가득 찬" 지하 저장고에 대한 이야기가 특히 가슴을 뭉클하게 한다. 토크빌은 이를 "축축하고 역겨운 구멍"으로 묘사했다. 한 추산에 따르면 1835년 이 도시 인구의 12퍼센트가 이런 지하 저장고에서 살았다.[6]

같은 시기에 맨체스터를 찾은 또 다른 주목할 만한 여행자는 프리드리히 엥겔스였는데, 1842년 가족이 경영하는 직물 회사에서 일하기 위해서였다. 엥겔스는 1845년의 책 《영국 노동계급의 상황》에서 맨체스터의 가난한 노동자가 "끔찍하고, 축축하며, 지독하게 더러운 집"에서 어떻게 살고 있는지 묘사했다. 그곳에서는 "청결함도, 편리함도, 따라서 편안한 가정생활도 불가능하다."[7] 원래 엥겔스의 가족은 그의 급진적 정치관을 고쳐주려고 그곳으로 보냈는데, 그에게는 역효과였다. 엥겔스는 맨체스터에서의 경험으로 인해 초기 자본주의에 대해 가장 열렬히 비판하는 인물 가운데 하나가 되었다. 나중에는 급진적 정치경제학자인 카를 마르크스에게 경제적 지원을 했는데, 이는 이후 수십 년 동안 공산주의와 노동운동이 출현하는 데 중추 역할을 했다.

산업화 초기에 도시의 삶이 얼마나 끔찍했는지 상상하기는 쉽지 않다. 1830년대 맨체스터에서 남성, 여성, 아동의 일반적인 주당 노동시간은 70시간에 가까웠다.[8] 이 시간 동안 귀가 먹먹한 소음과 축축함 속에서 일했다. 깨끗한 식수가 부족하고 주거지는 과밀해서 콜레라, 티푸스, 인플루엔자 같은 질병이 만연했다.

선구적 산업도시인 맨체스터는 극명한 불평등을 겪었지만, 이 시대의 다른 산업화한 대도시들에서도 비슷한 이야기를 찾아볼 수 있다. 찰스 디킨스는 런던의 가난한 노동자가 처한 곤경을 《데이비드 코퍼필드》, 《올리버 트위스트》 같은 소설에 생생히 담아냈다. 미국에서는 유니언 스톡 야드Union Stock Yards로 알려진 시카고 정육업 구역의 비인간적인 노동환경과 비위생적인 관행이,

1906년 업턴 싱클레어가 소설화한 《정글The Jungle》을 통해 대중에게 알려졌다. 싱클레어는 시카고의 가난한 노동자에 대해 이렇게 썼다. "비참하게 쇠약해진 채 끔찍하게 더러운 집에 갇혀, 세상의 모든 의사들이 치료할 수 있는 것보다 더 빨리 병든다."[9]

산업화로 인해 농촌 지역의 가난한 사람들이 대대적으로 이주하면서 도시의 구조가 크게 달라졌다. 장터와 상인의 집들은 공장과 창고로 바뀌었고, 노동자들이 사는 빈민굴이 이를 에워쌌다. 상인 계급이 점점 부르주아로 번창해감에 따라, 경제력을 가진 사람들은 전차와 철도망의 발전에 힘입어 더럽고 가난한 도시 중심에서 벗어났다.[10]

1922년 사회학자 어니스트 버제스Ernest Burgess는 동심원 모델을 개발해 산업화로 나타나는 전형적인 도시 형태를 설명했다.[11] 이 모델에서 중심 상업 지역은 공장에 둘러싸이고, 공장 지역 주변에는 노동계급이 싸구려 주택에 살고 있으며, 그다음에는 중간 소득 계급 지역이, 마지막으로 부유한 계급을 위한 통근 지역이 있다. 대략 시카고의 경제 지형에 기초한 이것은 대단히 양식화한 모델로, 예외를 어렵지 않게 찾을 수 있다. 파리의 공장 지역은 19세기 중반 오스만 남작이 건설한 그랑불바르*에서 멀리 떨어져 있었다. 런던은 탁월풍이 웨스트엔드에서 불기 때문에 이스트

---

* '큰 거리'라는 뜻으로 파리의 번화가, 다시 말해 중심 상업 지구를 이룬다.

엔드에 산업 활동 및 오염의 주범인 공장을 집중시켰다. 이 도시의 엘리트들을 위해 웨스트엔드의 공기를 깨끗하게 지켰으며 역사적인 시티오브런던에 특별 금융 지구를 마련했다. 버제스의 모델은 빠르게 산업화되는 도시들에서 나타나는 폭넓은 양상을 이해하는 데 길잡이가 되어준다.

부유한 사람들이 도심에서 벗어나는 현상은 산업화의 초기 단계까지 거슬러 올라가지만, 이 원심운동이 빨라지는 데는 또 다른 발명품인 자동차가 필요했다. 1939년 뉴욕 만국박람회에서 퓨처라마Futurama라는 특별한 전시물이 관심을 독차지했다. 제너럴모터스가 후원해 만든 거의 1에이커에 달하는* 규모의 이 생생한 모형은 미래 도시를 묘사했다. 이 미래 도시에서는 다차선 고속도로들이 서로 연결되어 차들이 계속 오가며 노동자들을 교외에 있는 넌적한 집에서 사무실로, 그리고 다시 그 반대로 실어 날랐다. 미국 도시들이 자동차 시대에 맞게 재설계되면서, 당시 미래를 상상해 만든 이 모델은 이후 수십 년에 걸친 미국 도시들의 진화를 정확히 예측했다.

---

*   1에이커는 약 4047제곱미터인데 이 모형의 면적은 3250제곱미터였다.

헨리 포드와 탈도시화

헨리 포드는 디트로이트가 부상하는 데 중요한 역할을 했으나 도시를 그다지 좋아하지 않았다. 이 기업가는 자신이 발간하는 주간신문의 기고문에서 현대 도시가 "해로운 성장", "이 행성에서 볼 수 있는 가장 보기 흉한 광경"이며 "자연환경의 상쾌함을 다 짓누르"고 "우리의 사회생활에서 잘못되고 인위적이며 다루기 힘들고 부당한 모든 것의 정수"라고 말했다.[12] 포드는 그 해결책에 대한 믿음이 확고했다. "우리는 도시를 떠남으로써 도시 문제를 해결할 것이다."

포드는 자동차의 대량생산을 이뤄냄으로써 20세기 후반의 도심 이탈 현상에 주요 역할을 했다. 오염되고 혼잡한 도심을 벗어나 사는 것은 한때 소수만이 누릴 수 있는 사치였다. 자동차의 보급으로 평범한 노동자 가정이 그런 생활을 할 수 있게 되었다. 1945년부터 1955년까지 미국의 자동차 등록 수는 2600만 대에서 5200만 대로 2배가 되었는데, 1인당 62퍼센트 증가했다. 1975년에는 이 수치가 다시 65퍼센트 증가한다.[13] 1934년 미국 연방주택국은 새로 지어지는 주택에 주택담보대출을 해주는 은행에 정부 보험을 보장해서 도심에서 멀리 떨어진 주택의 건설을 장려했다. 미국 경제가 제2차 세계대전 이후 활기를 되찾으면서 성장하는 중산층이 일제히 새로 건설되는 교외로 옮겨갔다.

토지이용제한법의 확대도 도시의 성격 변화에 중요했다. 도시는 한때 유기적으로 진화해서 공장과 사무실이 주거용 건물, 상가, 오락거리와 섞여 있었다. 하지만 20세기 초, 간섭주의에 입각해 도시계획 방식이 달라지기 시작했다. 도시계획자들은 해로운 오염과 혼잡을 막기 위해 건축 허가를 이용해서 도시의 활동 구역을 뚜렷이 나누었다. 일하고 거주하고 노는 곳을 분리하도록 법에 명시되었다.

교외화는 흔히 미국과 연관되지만, 유럽 나라들의 수도가 무질서한 팽창으로부터 자유로운 것은 아니다. 1900년 런던 안쪽에 있는 자치구 인구는 외곽에 있는 자치구 인구의 3배 이상이었다.* 20세기 중반, 도심의 빈민가 철거 계획과 독일의 폭격전이 교외 이주를 이끌면서 바깥쪽 자치구들은 이미 인구 격차를 좁혔다. 20세기 초 500만 명으로 정점을 찍었던 안쪽 자치구 인구는 1990년 250만 명 정도로 줄어들었다.[14] 파리의 경우 우아한 통일성을 보여주는 오스만 남작의 건축물이 이 도시의 독특한 이미지를 이루는데, 이 우아한 통일성은 도심의 밀도를 높이는 것을 제한했다. 그래서 20세기 초 이래 파리의 인구 증가는 모두 '페리페리크' 외곽순환도로 바깥에서 일어났다.

---

* 오늘날 그레이터런던이라 불리는 런던 광역권은 중심부에 특별 자치구인 시티오브런던이 있고 이를 이너런던이라 불리는 안쪽 12개 자치구가 둘러싸고 있으며 이를 다시 아우터런던이라 불리는 외곽의 20개 자치구가 둘러싸고 있다.

교외화는 특히 미국에서 제2차 세계대전 이후 수십 년 동안 경제성장에 크게 기여했다. 자동차, 주택, 가전제품, 가구에 대한 수요가 미국의 제조업을 지지했다. 하지만 1960년대에는 공장 및 복합 상업 지구도 느슨한 건축 규제와 저렴한 토지를 이용하기 위해 점점 교외로 옮겨갔다. 예를 들어 시카고는 1960~1970년에 21만 1000개의 일자리가 사라진 반면 교외의 일자리는 54만 8000개가 늘었다.[15] 탈도시화의 결과, 미국 전체의 왕성한 성장과 도심의 쇠퇴가 뚜렷한 대조를 보였다.

불이익에 갇힌 사람들

제1차 세계대전 무렵, 억압적인 짐 크로 법*에 시달리던 서부 주들의 미국 흑인들이 북쪽으로 이주해 북동부 지역과 중서부 도시들의 제조업 노동력 부족을 메우기 시작했다. 이 과정은 대이동Great Migration으로 불리게 된다. 1900년 미국 흑인 인구의 90퍼센트가 남부 주에 거주했는데, 1970년에는 그 수치가 53퍼센트로 떨어졌다.[16] 이 시기 초에 이 이동을 지켜본 저널리스트 에밋 J. 스콧은 이렇게 썼다. "그들은 어떤 저주를 피하듯 떠났다…… 철

---

* 남부 11개 주에서 공공장소에서의 흑백 분리를 강제한 법안들을 말한다.

도 승차권을 얻기 위해서라면 그 어떤 희생도 치를 의사가 있었다.”[17] 디트로이트와 뉴욕 같은 도시들은 흑인 인구를 끌어당기는 새로운 중심지가 되었다.

윌리엄 윌슨William Wilson은 1987년 출간해 커다란 영향을 미친 책 《정말로 불리한 사람들The Truly Disadvantaged》에서 미국의 인구통계에 나타난 이런 변화가 20세기 후반에 이르러 어떻게 도심 경제를 무너뜨렸는지 추적하면서 “미국의 도시에서 나타나는 사회문제는 대부분 인종 불평등의 문제”라고 주장했다.[18] 제2차 세계대전 이후 교외화가 가속되면서, 미국 흑인 인구는 차별적 주택 관행으로 인해 점점 더 도심에 갇히게 되었다. 교외에 사는 백인들이 흑인 이웃이 집값을 떨어뜨릴 것을 우려했기 때문이다. 1968년 차별적 주택 관행이 금지된 후, 소수의 중산층 흑인 가정이 교외로 이주하면서 대부분 흑인 가정의 경제 전망은 더 어두워졌다. 도심에서 공장 및 복합 상업 지구가 사라지자 가장 가난한 사람들만 남았다. 그 결과 도심의 빈민가에서 실업과 빈곤, 끊이지 않는 사회문제, 복지 의존도의 상승이라는 악순환이 일어났다. 뉴욕에서는 범죄가 만연하고, 지하철은 안전하지 못한 불안한 곳이 되었으며, 1975년에는 뉴욕시 정부가 파산 위기를 맞았다.

도심 학교의 질 저하가 이런 문제를 악화시켜 도시 빈곤이 세대에 걸쳐 이어지는 한 원인이 되었다. 부모라면 좋은 학교가 있는 지역에서 자녀가 가능한 한 최고의 교육을 받게 하려 한다. 이런 부모는 자녀의 학습을 지원하고 아동 발달에 도움이 되는 안정된 가정환경을 만들기 위해 노력한다.[19] 이런 가정의 아이들은 또래를 돕기도 하고 공부도 열심히 해 교실의 성취도를 높이는 데 도움이 된다. 안타깝지만 그 반대도 사실이다. 학교가 점점 동질화하면, 즉 가난한 아이들은 가난한 아이들끼리 배우고 부유한 아이들은 비슷하게 잘사는 아이들과 배우면, 성취도의 격차가 커진다. 정책 입안자들은 오랫동안 이를 알았으나, 이것은 해결하기 어려운 문제였다. 1954년 학교에서의 인종 분리를 금지하고 이후 학교의 인종 혼합 정도를 개선하기 위해 학구 내 버스 통학을 의무화했으나, 백인 가정이 주로 백인 아이들이 다니는 교외의 학교로 가기 위해 도심에서 벗어나게 만드는 의도치 않은 결과를 낳았다. 학교 교육에서 인종차별이 금지되면서 흑인과 백인이 섞인 학교에 다닐 수 있는 흑인 학생들의 삶이 바뀌었다. 고등학교 졸업률이 높아지고 가난에서 벗어날 가능성이 높아졌다.[20] 또 흑인과 백인이 섞인 학교는 인종이 다른 학생들 사이에 이해와 포용을 불러왔다. 하지만 이런 정책이 도심에서의 '백인 이탈'을 초래하고, 그 결과 인종에 따른 빈곤이 고착화하는 데 기여한 것도 사실이다.[21]

이는 미국에만 국한된 이야기가 아니다. 제2차 세계대전 이후 영국에서도 이전 식민지 출신의 비백인들이 영국에 정착하면서 비슷한 양상이 나타났다. 임대인과 대출 기관이 이들 이주자를 부유한 교외에서 배제했기 때문이다.[22] 런던의 브릭스턴과 댈스턴 같은 지역은 빈곤과 상대적 박탈감에 빠지게 되었다. 1981년 브릭스턴에서 일어난 폭동은 이 지역의 문제를 극명하게 보여주었다.

도심의 운명을 바꾼 대반전

최근 수십 년 사이에 도심의 운명이 급반전되었다. 도심의 일자리가 늘어나고 범죄는 줄어들었으며 공공 서비스는 크게 좋아졌다. 런던의 캠든타운에서 시드니의 서리힐스, 뉴욕의 브루클린까지, 창고와 공장이 잘 교육받은(그리고 일반적으로 백인인) 전문직 종사자들을 위한 고급 아파트로 개조되었다. 이전 노동계급의 주택은 개조되거나 재개발되었다. 멋진 카페와 술집이 고급 헬스장, 유기농 식품점과 나란히 들어섰다. 브릭스톤에도 이렇게 부유한 주민들이 유입되면서 젠트리피케이션이 진행되었다.

분명히 말하자면 도심의 인구 증가 규모는 계속된 교외화에 비하면 크지 않았다. 사실은 '준교외'라고 하는 새로운 팽창 지역이 나타났다. 달라진 것은 도시의 구조를 이루는 동심원들의 사회경제적 구성이다. 한때 부유한 사람들이 교외로 벗어났으나 현재는 다시 도심으로 돌아가고 있는 반면 빈곤은 점점 교외로 이동하고

있다. 저널리스트 앨런 에렌할트Alan Ehrenhalt는 이 과정을 '대반전'이라고 말했다.[23]

도심의 매력이 높아지는 현상은 도시의 동심원 내 집값의 변화에서 알 수 있다. 미국 상위 20개 도시에 대한 한 연구는 최근 수십 년 동안 집값과 도심으로부터의 거리 사이에 주요한 변화가 있음을 밝혀냈다. 1980년에는 중심 상업 지구에서 멀리 떨어질수록 집값이 높았으나 2010년에는 그 관계가 반전되었다.[24] 이후 도심 주택의 프리미엄이 한층 더 올랐다. 2010년 초와 2020년 초 사이에 뉴욕시티 내 5개 자치구의 주택 중위 가격은 이 대도시의 나머지 자치구보다 4배 올랐다.[25]

높은 연봉을 받는 전문직 종사자들은 왜 교외의 단독주택과 정원을 복잡한 도심 생활과 바꾸었을까? 여러 가지 요인 때문이었다. 규제가 늘어나고 공장 산업이 쇠퇴한 덕분에 20세기 후반 부유한 나라들에서 도시 오염이 줄어든 것이 한 가지 이유이다. 런던의 중심부를 흐르는 템스강은 런던 주민들에게 오랫동안 혐오의 대상이었다. 1858년에는 산업폐기물과 인간 및 동물의 배설물에 더운 날씨가 더해져서 어마어마한 악취를 풍겼다. 환경을 개선하려는 이후의 노력에도 불구하고, 템스강은 여전히 혐오스러우리만치 오염되어 1957년 영국자연사박물관이 "생물학적으로 죽었다"고 선언할 정도였다. 하지만 수십 년에 걸친 청소와 정화 작업 덕분에 템스강은 놀랍도록 깨끗해졌다. 시카고 같은 도시에서도 비슷한 반전이 일어났다. 최근 수십 년 동안 연료에서 납을 제거하고 여러 환경 규제가 시행되면서 부유한 나라들에서 공기의 질이 개선되었다. 하지만 여전히 갈 길이 멀다.

부유한 사람들이 도심으로 돌아온 또 다른 이유는 도심의 범죄가 줄어든 것이다. 1990~2000년에 뉴욕의 폭력 범죄율이 60퍼센트 감소했는데, 이는 대략 젠트리피케이션과 동시에 일어났다. 시카고, 샌프란시스코, 로스앤젤레스를 포함한 다른 주요 미국 도시들에서도 비슷하게 범죄율이 낮아졌다. 이 새로운 국면에 대해 많은 설명이 따랐다. 단호해진 치안 활동 때문이라는 보수적인 설명부터 낙태의 합법화 때문이라는 논란이 많은 설명, 자동차 연료에서 납을 제거했기 때문이라는 의외의 설명까지. 여기서는 이런 주장들의 가치를 평가하지는 않을 것이다. 다만 런던과 시드니 같은 도시에서도 도심의 범죄가 줄었다는 점을 지적해둔다. 이는 미국의 특유한 요인에 너무 초점을 두는 것에 신중해야 한다는 점을 말해준다. 범죄율 감소가 젠트리피케이션으로 이어졌는지, 젠트리피케이션이 사실상 도심의 범죄율을 낮췄는지에 대해서는 여전히 논란이 있다. 잘사는 사람들은 범죄에 가담할 때 얻는 것보다 잃는 것이 더 많다. MIT 경제학자들이 진행한 한 연구는 이 모호한 문제를 해결하려 했다. 임대료 규제를 없애 젠트리피케이션이 급속히 일어나게 한 케임브리지(매사추세츠)에서의 공개 투표 이후 범죄율에 무슨 일이 일어났는지 살폈다.[26] 연구자들은 이 정책 변화 후 범죄가 크게 줄어든 사실을 발견했고, 이는 범죄 감소가 젠트리피케이션의 원인이기보다 젠트리피케이션이 범죄 감소의 원인일 수 있다는 생각을 뒷받침한다.

또 최근 수십 년 동안 선호하는 생활양식이 바뀌면서 도심 생활에 대한 만족도가 높아지게 되었다. 그 이유를 이해하려면, 먼저 미국과 대부분의 부유한 나라들에 영향을 준 1960년대와 70년대의 반문화 현상으로 거슬러 올라가야 한다. 이 운동은 개인의 표현과 실험적인 생활양식에 찬사를 보내면서 전후 시대의 순응성을 철저히 거부했다. 샌프란시스코의 헤이트 애시베리와 뉴욕의 소호 같은 지역이 중심이 되어, 도심이 반문화의 중심으로 떠올랐다. 이들 도시는 저렴한 생활비 덕분에 예술가들이 살기 좋았다. 아마도 더 중요한 것은, 이 도시들은 숨이 막히도록 단조로운 교외와 달리 활기 넘치고 생생했다는 점이다.

사실 교외 생활에서 순응은 많은 경우 의도적인 선택이었다. 독일 건축가 발터 그로피우스는 20세기 초에 커다란 영향을 미친 바우하우스 운동을 창시했는데 예술성, 기능, 그리고 대량생산이 서로 배타적이지 않다고 굳게 믿었다. 이 원칙은 주택에도 적용되었다. 그로피우스는 "사람들은 똑같은 생필품을 쓴다…… 그러니 각각의 집이 다른 평면도, 다른 형태, 다른 건축 재료, 다른 '양식'을 갖는 것은 타당하지 않다. 그것은 낭비이며 개성을 잘못 강조하는 것이다."[27] 교외의 막다른 골목*에 살거나 가본 적이 있는 사람은 이런 철학이 실행되고 있는 모습을 보았을 것이다.

　도심은 사회 관습에서 벗어난 삶을 사는 사람들에게 인기를 끌게 되었다. 특히 동성애자 커뮤니티는 교외에 거주하는 중산층들의 재단에서 벗어날 수 있었다. 또한 도심에서는 밀집한 사람들 사이에서 그들과 성적 지향이 같은 사람들을 찾을 수 있었다. 런던의 소호, 뉴욕의 웨스트빌리지, 샌프란시스코의 캐스트로 지구, 시드니의 달링허스트가 모두 동성애자들을 자석처럼 끌어들였다. 20세기 후반 이민이 증가하는 가운데, 도심은 백인이 압도적으로 많은 교외와 달리 소수민족이 이민자 공동체로 모이게 하는 역사상의 기능 또한 수행했다. 그 결과 도심에서는 교외에서 찾아보기 힘든 관용과 개방 정신이 발전했다.

　반문화 운동은 1970년대 중반에 와해돼 레이건과 대처의 신자유주의 개혁이 절정을 이룬 시기, 휴면 상태로 남아 있었다. 그러나 20세기의 황혼기에 그 정신이 기이한 방식으로 다시 나타났다. 〈뉴욕타임스〉 저널리스트인 데이비드 브룩스는 통찰력이 돋보이는 《낙원의 보보들Bobos in Paradise》**에서 떠오르는 교육받은 엘리트층을 묘사하기 위해 "보보"***라는 말을 만들었다. 이는

---

* 　프라이버시를 극대화하기 위해 삼면이 막힌 위치에 집을 지었기 때문이다.
** 　국내에는 2000년에 《보보스》로 출간되었다.
*** 　또는 부르주아 보헤미안, 'bourgeois'의 'bo'와 'bohemian'의 'bo'를 따서 '보보'로 줄여 불렀다.

반문화의 미학과, 지식 경제로 이행하면서 이들이 얻은 경제적 이익을 혼합해 만든 말이다. 이런 유형의 사람들에게는, 홈시어터에 1만 5000달러를 쓰는 것은 천박해 보이지만 소박해 보이는 부엌에 같은 금액을 쓰는 것은 자연스럽다.[28] 오늘날 우리는 세트로 갖춘 애플 제품이나 접근하기 어려운 곳에서 요가를 하는 사진으로 가득한 인스타그램 피드로 보보를 알아볼 수 있다.

보보에게 성공의 표식은 교외에 있는 차고 2개짜리 집이 아니다. 의식이 깬 사회 구성원으로서 위상을 드러내는, 창의적인 사람들로 둘러싸인 도심의 복층 아파트이다. 실제로 최근 수십 년 동안 젠트리피케이션은 일정한 주기가 있었다. 먼저 예술가가 지역에 들어오고, 그런 다음 부동산 개발업자, 그다음에는 전문직 종사자들이 들어온다. 런던의 쇼어디치부터 뉴욕의 소호, 시드니의 뉴타운까지 모든 곳에서 이와 똑같은 일이 일어났다. 젠트리피케이션 과정은 새로운 게 아니다. 루스 글래스^{Ruth Glass}는 1964년 출간한 《런던: 변화의 양상들^{London: Aspects of Change}》에서 이렇게 한탄했다. "햄스테드와 첼시에 있던 가난한 사람들의 주거지는 거의 남아 있지 않다…… 이렇게 밀어닥치는 현상은 이후 이즐링턴, 패딩턴, 노스켄징턴까지, 심지어 노팅힐의 '음습한' 지역까지 확산되었다."[29] 최근 수십 년 동안 이 과정은 가속화되어 한때 저소득층의 저렴한 주거지였던 많은 도심으로 확대되었다.

뉴욕 대학의 윌리엄 이스터를리^{William Easterly}가 이끄는 뉴욕 소호 그린스트리트의 역사에 대한 심층 연구에서 지난 두 세기 동안 도심의 변화하는 운명이 생생하게 드러났다.[30] 원래 농지였던 이 구역은 1820년대에 황열병이 연이어 발병한 후 도심의 열악한 위생과 혼잡을 피해 떠나는 상인, 의사, 변호사를 위한 연립주택지로 개발되었다. 1830년대와 40년대에 전차가 생겨 편하게 출퇴근할 수 있게 되자 이 지역은 크게 성장했다. 하지만 브로드웨이의 호텔과 뮤지컬홀에서 일하는 성 노동자들의 산업이 성장한 1850년대 이후 이 지역의 평판은 나빠졌다. 뉴욕에서 의류 산업이 발전하면서 1880년 무렵부터 그린스트리트의 생애는 새로운 단계에 들어섰는데, 소호는 허드슨강 부두와 뉴욕센트럴철도에 접근하기 쉬워 선호하는 지역이 되었다. 그린스트리트의 작은 벽돌집들은 대부분 철거되고 공장과 창고로 바뀌었으며, 산업용으로 용도 변경된 이 지역은 주민 수가 크게 줄어들었다. 20세기 초에 뉴욕시티의 의류 산업이 쇠퇴하자 이 지역도 쇠퇴했으나, 이후 1960년대 무렵부터 저렴한 임대료와 넓은 공간 덕분에 미술관과 예술가에게 인기 있는 곳이 되었다. 1990년대에 보보들이 소호의 예술적 진정성에 매력을 느끼면서 이 지역은 빠르게 고급화하기 시작했고 많은 예술가들이 윌리엄버그 같은 지역으로 밀려났다(나중에 윌리엄버그도 젠트리피케이션의 물결을 경험하게 된다). 오늘날 그린스트리트는 고급 아파트와 상점가의 본거지로, 200년에 걸쳐 한 바퀴를 돌아서 제자리로 돌아왔다.

세대 변화가 도시에 미치는 영향

도심 생활에 대한 수요는 밀레니얼 세대가 성인기에 들어섬과 동시에 증가했다. 그러나 최근 다시 교외로 가는 밀레니얼 세대가 늘어나자 일부 사람들은 이것이 도심의 매력이 서서히 사라지는 신호라고 여겼다. 이것이 왜 그렇지 않은지 알려면, 도시와 생애 단계의 관계를 이해할 필요가 있다.

세상에 대한 호기심이 많고 순간의 경험을 중시하는 많은 젊은 이들은 도시 중심지에 마음이 끌린다. 한 사람의 생애에서 이 시기에는 경제적으로 독립을 이루지만 아직 가족을 위해 더 큰 집이 필요하지는 않다. 이들은 도시가 주는 온갖 흥분에 열광한다. 앞 장에서 잠깐 언급한, 도심이 결혼 시장으로서 하는 역할도 이에 한몫한다. 온라인 데이트의 시대에도, 적어도 처음 몇 차례 만난 후에는 관계를 가상 영역에서만 이끌어가려는 커플은 없다. 그리고 분주한 도심지에서 멀어질수록 좋은 짝을 찾을 가능성이 낮아진다. 독신자가 결혼해 가정을 꾸리면서 더 넓은 공간이 필요해지고 대도시 생활을 즐길 시간은 줄어든다. 그 결과 어린 자녀가 있는 부모는 도시를 벗어난다.

런던 안쪽 자치구를 들고 나는 순인구 이동의 흐름에서 이런 생애 주기 양상을 분명하게 볼 수 있다. 많은 10대가 고등학교를 졸업한 후 대학에 가기 위해 도시를 떠나지만 학위를 마친 후에는 다시 돌아오고, 게다가 전국에서 더 많은 젊은이들을 데리고 온다. 그 결과 20대 초반 성인의 경우 런던 도심으로 들어오는 순 인구 이동이 마이너스에서 플러스로 역전해 20대 중반까지 계속 증가한다. 그 후 점점 줄어들기 시작해 마침내 자식을 낳고 교외와 베드타운으로 떠나면서 다시 마이너스가 된다.[31]

하지만 지난 20년 동안 이 이야기는 두 가지 중요한 방향으로 발전했다. 첫째, 런던 도심으로 들어오는 20대 중반 성인의 순인구 이동량이 거의 3배가 되었다. 둘째, 나가는 수가 들어오는 수보다 더 많아 순인구 이동의 방향이 뒤집히는 연령이 34세에서 44세로 10년 늦어졌다. 그 이유는 인구 통계상의 변화에 있다. 평균 결혼연령이 지난 수십 년 동안 상당히 높아졌다. 1981년 찰스 왕세자와 다이애나가 결혼했을 때 영국 여성의 초혼 평균 연령은 22세였고 남성은 24세였다. 해리 왕자와 메긴 마클이 2018년 결혼했을 때 이 수치는 각각 30세와 32세로 높아졌다.[32] 같은 기간 영국 여성의 평균 출산 연령은 27세에서 31세가 되었다.[33] 젊은 사람들이 짝을 이루고 가정을 꾸리는 시기가 늦어지면서 도시 생활의 매력은 더 오래 유지된다. 그리고 현재 런던 같은 도시에서 감당할 수 없는 집값이 많은 젊은 사람들을 밀어내고 있지만, 많은 이들이 오히려 남고자 할 것이다.

젠트리피케이션과 출퇴근하는 빈곤층

이런 대반전은 사회에서 가장 소외된 사람들에게 엄청난 타격을 주었다. 부유한 사람들이 도심으로 들어오면서 살고 있던 가난한 주민들은 밀려난다. 고급화하는 지역에 부동산을 소유한 사람들에게, 이 과정은 뜻밖의 횡재를 안겨주었다. 안타깝게도 이런 지역에서 가장 소외된 사람들은 대부분 임차인이어서, 이들의 주거비는 급상승한다. 문제의 지역이 한때 산업용 및 상업용 부동산으로 이루어진 경우에는 젠트리피케이션의 영향이 좀 약할 수는 있지만 뉴욕, 시카고, 런던 같은 곳에서 이런 부동산 매물이 빠르게 소진되고 있다. 그 결과 뉴욕의 브롱크스나 시카고의 잉글우드 같은 소수의 도심에 불이익이 집중되면서 대체로 가난한 사람들이 교외로 이동하게 되었다.

대개 젠트리피케이션으로 밀려난 사람들은 결국 준교외 지역으로 가게 된다. 준교외 지역은 부동산은 저렴하지만 일자리는 드물고 도심으로의 출퇴근은 고되다. 특히 자동차를 살 여유가 없어 대중교통을 이용하는 사람들에게 말이다. 공중 보건 분야 종사자인 실라 제임스는 집값 때문에 샌프란시스코에서 멀어졌고, 출근을 위해 새벽 2시 15분에 집을 나서야 한다고 〈뉴욕타임스〉 인터뷰에서 밝혔다.[34] 미국에서 2000~2015년에 빈곤율이 20퍼센트 이상인 준교외 지역이 2배 이상 늘었다.[35] 게다가 미국의 출퇴근 시간이 전반적으로 늘어나는 추세라지만 흑인과 히스패닉 노동자의 경우에는 훨씬 빠르게 늘고 있다.[36] 취약계층이 이전에는 가난한 도심에 갇혔으나, 이제는 점점 도시 주변부의 저밀도 지역에 갇히고 있다.

교육받은 전문직 종사자들이 도심을 장악하면서 큰 대가를 치렀으나, 다른 대안이 더 매력적인지는 분명치 않다. 앞 장에서 이야기한 대로 도시가 오늘날 경제에서 성공하려면 고숙련 지식 노동자를 끌어들일 수 있어야 한다. 게다가 이들 노동자는 이제 30대 후반을 넘어서까지 도심에서 살고 싶어 한다. 디트로이트와 클리블랜드같이 어려움을 겪는 도시에서 젠트리피케이션이 더디게 진행되거나 찾아볼 수 없는 것은 우연이 아니다.

공정한 도시를 만드는 3개의 기둥

오늘날 도시가 운 좋은 소수뿐 아니라 모든 주민에게 좋은 곳이 되려면 공정한 교육, 공정한 주택, 공정한 대중교통이라는 세 가지 기둥이 필요하다. 교육부터 보자면, 학생들이 사회경제적 배경과 상관없이 비교적 균등한 결과를 얻는 부유한 나라들을 살펴보는 것은 유익한 일이다. 일본의 교육제도는 엄청난 학습량으로 유명하지만 세계에서 가장 평등한 제도의 하나이기도 하다.[37]

교육에 대한 일본의 접근법은 많은 교훈을 준다. 첫째, 지역의 세입원에서 학교 재원을 분리하고 있다. 미국에서는 학교 재원의 거의 절반이 지역 정부의 세입에서 나온다. 따라서 지역이 얼마나 부유한지에 따라 지원이 크게 달라진다.[38] 반면 일본에서는 교사 월급, 학교 건물, 그리고 다른 비용에 쓰이는 자금이 주로 중앙정부와 현縣 정부에서 나온다.[39] 일본에서는 사립학교에 다니는 초등학생과 중학생이 거의 없는데, 이는 이 중요한 시기에 모두가 균등한 교육을 받는다는 뜻이기도 하다.

일본의 교육제도에서 배울 수 있는 두 번째 교훈은 학교가 교사를 직접 고용하지 않도록 해야 한다는 것이다. 일본의 교사는 미국의 주州와 비슷한 현에서 고용하고, 일반적으로 교사로 일하는 동안에는, 특히 초기에는 여러 학교를 돌아가며 근무한다. 그래서 교사의 자질이 학생의 사회경제적 배경에 따른 학업 성취도를 한층 더 벌리는 기제로 작용하지 않는다. 또한 정부는 우수한 교사를 소외 지역으로 보낼 수 있다.[40]

교육 불평등을 줄이기 위한 발상은 많다. 어떤 것은 쉽고, 또 어떤 것은 어렵다. 하버드 대학의 롤런드 프라이어Roland Fryer가 진행한 연구는 공립학교 교장을 위한 교육을 늘리기만 해도 학생의 성취도에 유의미한 영향을 미칠 수 있음을 보여주었다.[41] 영국의 교원 노조는 학업 성취도가 높은 학교의 입학 정원 가운데 일정 수를 통학 가능한 거리에 있는 외곽 지역의 소외계층 학생들에게 배정해야 한다고 주장했다.[42] 미국에는 이와 비슷한 개념으로 배경과 상관없이 영재 학생들이 다니는 '마그넷 스쿨magnet school'이 존재한다. 하지만 이것이 중간에 학업을 그만두는 소외계층 학생에게 미치는 영향은 불분명하다. 도시 내 교육 격차를 줄이는 가장 효과적인 방법은 집값 문제를 해결하는 것이다. 감당하기 힘든 집값으로 인해 가난한 가정의 아이들이 부유한 지역의 좋은 학교에 다니지 못하기 때문이다.

20세기 초, 과밀하고 금방이라도 무너질 듯한 도심의 주택에 사는 노동 빈곤층의 삶의 질에 대해 공공의 관심이 높아졌다. 그러면서 많은 부유한 나라들은 이런 지역을 정리하고 사회 주택을 짓기 위해 큰 노력을 기울이기 시작했는데, 이 과정은 제2차 세계대전의 여파로 가속되었다. 특히 영국은 제2차 세계대전의 종전과 1980년대 초 사이에 400만 채 넘는 사회 수택을 건설했다.[43] 이 계획에 대해 비판이 없지는 않았다. 예를 들어 도시계획 전문가인 제인 제이콥스는 1960년대에 뉴욕시티의 일반적인 접근법에 강하게 반대했다. 뉴욕시티는 빈민가를 불도저로 밀어버리고는 활기 없고 부실하게 설계된 데다 지역 공동체를 약화하는 공영주택단지로 대체했다.[44] 하지만 사회 주택은 모든 주민이 주거에 대한 기본 욕구를 충족할 수 있게 해 도시의 불평등을 줄이는 역할을 했다. 도시 전역에 산재하는 경우 주민들이 사회경제 지위에 따라 분리되는 것을 막는 데도 도움이 되었다. 예를 들어 런던에서는 제2차 세계대전 이후에 첼시나 프림로즈힐 같은 부유한 지역에도 사회 주택이 들어서서 소외계층이 부유한 이웃과 같은 학교에 다닐 수 있었다.

이후 사회 주택은 많은 나라에서 인기가 떨어졌다. 마거릿 대처는 1980년대에 영국의 많은 사회 주택을 세입자에게 매각했다. 곧 프랑스와 독일이 전례를 따랐다.[45] 경제학자들은 가난한 가정에 주택 바우처 형태로 직접 재정을 지원하는 시장 친화적 모델을 옹호하기 시작했다. 저소득 가구들이 집세가 저렴한 가난한 지역에 모여들면서, 이것은 많은 도시의 사회경제 지위에 따른 분리를 가져왔다. 최근 몇 년 동안 영국은 새로 건설하는 일정 규모 이상의 주거 단지에 시장 시세 이하로 임대하는 주택도 짓게 함으로써 이 문제를 해결하고자 했다. 하지만 이런 주택을 포함하더라도, 영국의 사회 주택 및 할인 주택의 총공급량은 1980년대 이래 꾸준히 줄어들고 있다.[46]

빈 같은 도시는 대안을 보여준다. 이 도시 주민의 60퍼센트 이상이 보조금을 받는 임대주택에 산다(이에 비해 런던은 20퍼센트, 뉴욕은 5퍼센트에 지나지 않는다). 이 임대주택의 절반이 지방자치 정부의 소유이고 또 절반은 보조금을 받는 비영리 조합의 소유이다.[47, 48, 49] 빈에서 보조금을 받을 자격이 되는 가계소득의 상한선은 독신자의 경우 4만 5500유로 또는 4만 7000달러, 부부의 경우 6만 8000유로 또는 7만 달러로 비교적 관대하다. 이는 사회경제 지위가 광범위한 사람들이 이들 주택단지에 모여 있음을 뜻한다.

주요 도시에서 집값이 급상승해서 많은 사람들이 주택을 소유하기가(그리고 주택 소유가 가져다주는 부의 창출이) 더 어려워졌다. 런던, 파리, 샌프란시스코, 시드니 같은 도시의 집값은 최근 수십 년 동안 중위 소득보다 훨씬 빠르게 올라 내 집을 사는 데 필요한 돈을 모으기가 어려워졌다. 이 책을 쓰고 있는 시점에 진행 중인 집값의 조정은 이런 상황을 장기적으로 변화시키기에 충분치 않을 것이다. 주택 구입 능력의 하락에는 두 가지 주요 원인이 있다. 첫 번째는 수년간의 저금리인데, 이로 인해 최근까지 이자가 비정상적으로 낮았다. 그래서 이미 집세 보증금을 낼 초기 자본이 있는 사람들은 자신이 사용하기 위해서건 아니면 임대를 위해서건 주택 구입에 많은 돈을 쓸 수 있었다. 이것이 집값을 밀어 올렸고, 보증금이 없는 사람들은 부동산 사다리를 오르기가 더 어려워졌다. 두 번째 주요 원인은 장기적으로 주택 건설이 줄기 때문이다. 부유한 나라들은 인구 규모를 감안해서 현재 1970년의 절반에도 못 미치는 수의 주택을 짓고 있다.[50] 문제는 특히 도심에서 심각하다. 건설 활동이 기존 주택을 재생하는 쪽으로 쏠리면서, 최근 수십 년 동안 많은 도심의 주택 공급량이 거의 늘지 않았다. 2010년과 2019년 사이에 뉴욕시티 5개 자치구의 총주택 수는 6퍼센트 증가하는 데 그쳤는데, 이에 비해 일자리는 21퍼센트 늘었다.[51]

도시는 성장을 멈추고 밀도를 높여야 한다. 이것이 끝없는 고층 건물 건설과 문화유산의 파괴를 의미하지는 않는다. 중층 개발을 더 활용하고 이전 산업 공간의 개조를 통해 많은 것을 해낼 수 있다. 부유한 나라의 인구가 노령화하고 혼자 사는 젊은이들이 늘어남에 따라, 가족 단위 주택을 1인 가구용으로 개조하는 것도 좋은 방안이 될 수 있다.

공정한 도시를 위한 마지막 기둥은 공정한 대중교통이다. 값싼 대중교통은 오랫동안 도시 소외계층의 출퇴근 수단이었다는 점에서 아주 중요했다. 하지만 많은 주요 도시의 대중교통 체계는 대개 한 세기 이상 전에 설계되었으며 당시의 빈곤 지형은 지금과 매우 달랐다. 도심이 고급화하고 빈곤이 외곽으로 이동함에 따라 런던이나 샌프란시스코 같은 도시의 교통 체계가 엉뚱한 사람들에게 보조금을 지급하게 되는 위험이 있다. 예를 들어 런던에서 매달 교통비가 가장 많이 드는 것은 외곽 지역에서 도심으로 출퇴근해야 하는 사람들인데, 외곽 지역은 빈곤이 가장 빠르게 증가하는 곳이다.[52]

대중교통의 재정 문제에 대해서도 답해야 한다. 런던의 경우 승차권 판매가 대중교통 수입의 70퍼센트 이상을 차지하는데, 이는 파리의 2배다.[53] 그 결과 대략 도심 자치구에 해당하는 1~3구역 거주자의 매달 교통비는 이 책을 쓰고 있는 시점에 174파운드(207달러)이다.[54] 이에 비해 파리는 비슷한 거리를 이동하는 모든 구역의 지하철 승차권이 75유로(78달러)에 지나지 않는다.[55] 일반 세금보다 승차권 판매 수입에 더 의지하는 런던과 같은 대중교통 체계는 도시의 최빈곤층에게 더 큰 경제적 부담을 지워서 그들이 침체된 지역 안에 갇힐 위험을 높인다. 이런 결함이 있는데도 런던의 대중교통 체계는 로스앤젤레스나 애틀랜타 같은 자동차 중심의 미국 도시들보다 훨씬 우수하다. 이들 도시에는 대중교통 수단이 현저히 부족해 자동차를 살 여유가 없는 주민에게는 빈곤의 덫이 되고 있다.

다음 장에서는 코로나바이러스의 대유행 이후 원격 근무가 급증한 결과 이런 상황이 어떻게 달라질지 살펴본다. 우리는 부유한 노동자들이 도심을 떠나 푸른 목초지로 가는 새로운 순환 과정의 시작점에 있는 걸까?

AGE OF THE CITY

5

원격 근무는 위협인가 기회인가

원격 근무에 대한 열광은 새로운 게 아니다. 현대에서 최초로 그 가능성을 체계적으로 탐구한 사람은 미국의 물리학자 잭 닐스 Jack Nilles였다. 그는 1976년 《통신-운송 거래The Telecommunications–Transportation Tradeoff》라는 책을 출간했다.[1] 이 책이 쓰이던 당시는 유가가 치솟고 개인용컴퓨터에 대한 흥분이 높아지던 때로, 닐스는 사회가 임계점에 다가가고 있다고 주장했다. 통신 장비 비용이 출퇴근 비용 밑으로 떨어지면(그는 곧 그렇게 되리라고 예측했다) 중앙에 집중된 사무실은 과거의 유물이 될 것이었다. 몇 년 후, 유명한 미래학자 앨빈 토플러는 1980년 출간한 《제3의 물결》에서 똑같은 예측을 했다.[2] 노동자의 집에서 옷감을 짜던 산업화 이전의 가내공업으로 되돌아가, 집이 일의 중심지가 되는 '전자 기기를 완비한 주택'을 상상했다.

1990년대에 인터넷이 보급되면서 원격 근무로 대전환이 이루어지리라는 믿음을 더욱 부채질했다. 1993년 경영 전문가 피터 드러커는 이렇게 말했다. "19세기에는 할 수 없었던 일, 즉 정보와 사무실 업무를 사람들이 있는 곳으로 옮겨오는 일을 이제 대단히 쉽고 값싸며 빠르게 할 수 있다."[3] 통신이 순식간에 이루어지고 자유로우며 세계의 모든 정보를 클릭 한 번으로 얻을 수 있다면, 사무실이 무슨 필요가 있을까? 그리고 지식 경제에서 사무실이 필요 없다면 도시가 무슨 필요가 있을까?

이후 수십 년 동안 원격 근무의 증가세는 예상보다 훨씬 완만했다. 2019년 미국 노동자들은 집에서 일하는 시간이 5퍼센트에 지나지 않았다.[4] 그리고 대부분 사람들에게 '집에서 일하는 것'은 사무실에서 퇴근해 집으로 돌아와 밤에 이메일이나 서류 작업을 더 하는 것이었다. 근무 형태에 대한 근본적인 변화보다는 개인 시간의 침해를 뜻했다.

하지만 2020년 초 몇 달 사이에, 코로나19의 대유행으로 인해 전국 봉쇄 조치가 내려진 결과 침실과 주방 식탁에서 일하는 미국 노동자의 비율이 60퍼센트로 급등했다.[5] 다른 부유한 나라들도 비슷했다. 봉쇄 조치 동안 일선 서비스 및 운영 업무를 담당하는 필수 인력은 계속해서 출근한 반면, 최근 수십 년 동안 이루어진 기술 발전 덕분에 화이트칼라 노동자들은 사무실에 출근하지 않고 일하는 게 가능해졌다.

전염병이 지나가고 전 세계의 사무실들이 다시 문을 연 지금, 중요한 것은 이 경험이 원격 근무로의 영구 전환을 촉진할지, 아니면 점차 예전으로 돌아갈 것인지 하는 문제이다. 사이버 공간이 인간의 일터로서 도시를 대체할까? 노동자는 대면 회의 대신에 화상회의에 적응했고 관리자는 팀원을 신뢰하며 사무실에서 보내는 시간보다 결과에 집중하는 법을 배웠다. 원격 근무를 예언한 이들이 그야말로 시대를 앞서간 것일까?

그 답은 우리의 지식 기반 경제에서 도시 집적에 깊은 영향을 미칠 것이다. 3장에서 이야기한 대로 지식 노동자는 오늘날 부유한 나라에 있는 주요 도시들의 경제적 기반이다. 4장에서 이야기한 대로 그들이 점점 더 도심을 지배하고 있다. 원격 근무가 사무직 업무의 대부분을 차지하게 된다면, 우리는 도시의 경제 지형에서 또 다른 반전을 보게 될까? 그리고 어쩌면 도시의 쇠퇴마저 보게 되는 걸까?

지난 몇 년 동안 원격 근무의 미래에 대한 많은 논의가 있었다. 대부분의 회사는 이제 일부 시간은 사무실에서, 또 일부 시간은 집에서 일하는 '혼합' 방식에 안착했으나 그 비율은 상당히 다양하다. 노동자는 비슷하게 나뉜다. 2021년의 한 세계 조사에서, 노동자의 4분의 1이 다시 사무실에 나가고 싶어 하지 않는 반면 또 4분의 1은 집에서 일하고 싶어 하지 않았다. 나머지 절반은 절충

안을 선호했다.[6]

시간이 지나면서 직원 경험* 및 회사 성과에서 원격 근무가 갖는 불리한 면 때문에 많은 회사가 직원이 사무실에 출근하는 일수를 늘릴 것으로 예상된다. 이것이 이들 노동자가 얼마나 멀리 이사할 수 있는지를 결정할 것이다. 그리고 그럴 수 있는 경제력을 가진 많은 지식 노동자가 계속 도심에 사는 쪽을 택하고 있다. 짧은 출퇴근 거리가 더 이상 이점이 아닌데도 말이다. 4장에서 이야기한 대로 문화 다양성과 폭넓은 서비스에 쉽게 접근할 수 있는 생활양식은 도심이 가진 주요 매력이다.

마찬가지로 도시는 안주할 이유가 없다. 지식 노동자들의 도심 이탈이 정점에 달했을지 모르지만, 혼합 근무 방식으로의 전환이 사무실, 대중교통 체계, 시의 재정에 상당한 영향을 미칠 것이다. 도시를 위한 해답은 이러한 추세를 무시하는 것이 아니라, 더욱 공정하고 살기 좋은 곳으로 만들기 위해 도시를 구성하는 방식을 다시 생각해보는 기회로 삼는 것이다.

---

* 직원이 입사부터 퇴사 혹은 퇴사 후까지 소속 기업에 관해 경험하고 느끼는 모든 것을 아우르는 말.

편리함 뒤에 숨겨진 비용

출퇴근은 사람들이 가장 싫어하는 일 가운데 하나이다. 영국인의 경우 출퇴근은 가사 노동보다 순위가 훨씬 낮다.[7] 교외화로 도시 인구가 도심에서 점점 멀리 밀려나면서, 전 세계의 출퇴근 시간은 최근 수년 동안 증가해왔다. 재택근무는 많은 사람들에게 주유비나 교통비를 절약할 수 있음은 물론이고 가족과 시간을 더 보내고 더 많이 쉴 수 있음을 뜻한다. 또 집과 직장을 오가면서 배출하는 배기가스가 줄어든다는 뜻이기도 하다. 2022년 8월 미국에서 재택근무는 일주일 동안 집과 직장을 오가는 60억 마일(96억 5610만 킬로미터)의 거리를 절약할 수 있는 것으로 추산되었다.[8]

하지만 출퇴근은 일과 개인 생활의 심리적 장벽으로서, 그 역할이 과소평가되고 있다. 전염병이 대유행하던 시기 재택근무는 불안과 우울증이 급증한 중요한 원인이었다. 2021년 미국 노동자를 대상으로 한 조사에서, 응답자의 45퍼센트가 재택근무가 정신건강에 부정적인 영향을 미치는 것 같다고 말했다.[9] 2020년에 이루어진 영국의 한 여론조사에서는 그 수치가 80퍼센트였다.[10] 주거 공간에서 일하다 보면 일과 생활이 분리되기 어렵다.

또 직장은 사람들의 사회생활에서 중요한 한 기둥을 이룬다. 다른 전통적 사회 기관이 쇠퇴하면서 이 말은 점점 더 사실이 되고 있다. 6장에서 이 문제를 다시 다룬다. 전 세계 3분의 1 이상의 노동자가 '동료와의 좋은 관계'를 직장의 중요한 세 가지 요소 중 하나로 꼽았다.[11] 많은 사람들이 봉쇄 기간 동료애와 직장 생활의 유대를 놓쳤다. 우리 모두가 〈오피스〉*나 〈공원과 여가〉**를 연상시키는 환경에서 일하는 건 아니겠지만, 직장은 외로움과 싸우는 데 극히 중요한 역할을 하고 점점 고립되는 소셜 버블*** 사이를 연결하는 데 도움이 된다. 그리고 원격으로 기업의 공동체 의식을 갖게 하기란 매우 어려운 일이다.

또 원격 근무가 장기로는 회사의 생산성을 해칠 것이라고 믿을 만한 이유가 있다. 전염병이 유행하기 시작한 이후 이루어진 여러 설문 조사에서 재택근무가 생산성에 미치는 영향을 평가해 달라고 노동자들에게 요청했다. 이런 추정은 신중하게 받아들여야 한다. 많은 응답자가 출퇴근을 하지 않아 남는 시간 덕분에 생산성이 향상되었다고 보았다. 일반적으로 출퇴근을 하는 데 쓰던 시간을 계획을 세우거나 이메일을 처리하는 데 사용한다면 노동자가 하루에 일을 더 많이 할지는 모르지만, 이것은 생산성 향상

---

* The Office, 2001년 영국에서 제작된 모큐멘터리 형식의 시트콤으로 BBC에서 워넘 호그라는 제지 회사의 슬라우 지점에서 다큐멘터리를 찍는다는 설정이다.

** Parks and Recreation, 〈오피스〉와 마찬가지로 모큐멘터리 형식을 취한 시트콤으로 인디애나주의 가상 도시 포니시를 배경으로 시청의 '공원과 여가 부서'에서 일어나는 일을 다룬다.

*** social bubble, 소수의 사람들을 '버블'(방울)로 묶어 버블 밖의 사람들과는 사회적 거리를 엄격히 유지하되 버블 안 아주 가까운 사람들끼리는 사회적 상호작용을 할 수 있게 하자는 의도에서 도입한 개념.

이 아니라 추가 노동이다.

전염병의 대유행 전후에 아시아에 있는 한 기술 기업의 숙련된 전문 인력 1만 명을 대상으로 한 심층 연구는 이 문제에 대한 풍부한 통찰을 준다.[12] 원격 근무자들은 더 많은 시간을 투입했지만, 이 회사가 노동자의 생산량을 추적하기 위해 사용한 측정치(예를 들어 소프트웨어 기술자의 경우에는 완성한 코드 세그먼트)는 줄어들었다. 이는 시간당 생산량이 상당히 낮아졌다고 해석되는데, 최고 측정 치에서 거의 20퍼센트 감소한 것이었다.

이 회사에서 직원을 추적 관찰하기 위해 사용한 소프트웨어는 소셜미디어 둘러보기와 같이 일과 상관없는 시간은 걸러냈으므로, 생산성 저하가 단순히 게으름을 부린 결과는 아니다. 연구자들은 생산성 저하가 두 가지 요인 탓이라고 보았다. 첫째, 회의를 하고 이메일을 보내는 데 쓰는 시간이 많아졌다. 동료들과 사무실에 함께 있으면 비교적 의사소통이 빨라진다. 빠른 소통이 회의를 불필요하게 만들 수 있다. 짧은 대화가 시간 소모가 큰 이메일 교환을 없앨 수 있다. 연구 결과는 이런 형태의 상호작용을 원격으로 하기는 어렵다는 사실을 말해준다.

우버Uber는 전염병이 대유행하고 직원들이 원격 근무를 시작한 후 회의가 40퍼센트 늘었으며 각 회의의 평균 참석자 수가 45퍼센트 많아졌다고 밝혔다.[13] 재택근무가 노동자에게 방해 없이 개별 업무에 집중할 시간을 더 많이 주지만, 실제로는 넘쳐나는 일정표와 받은편지함이 이를 방해한다.

저자들이 밝힌 생산성 저하의 두 번째 요인은 원격 근무로 전환한 후 노동자들의 의사소통망이 축소된 탓이었다. 정보는 현대 기업의 윤활유이다. 바퀴를 계속 돌리려면, 업무 전반에 걸친 많은 비공식 연결고리를 통해 정보가 흘러야 한다. 사무실에서 함께 일하면 이런 연결고리가 유지된다. MIT 경영학 교수인 토머스 앨런은 1977년 출간한《기술 흐름의 관리Managing the Flow of Technology》에서 두 개인 사이의 의사소통 빈도가 사무실에서 앉는 자리가 멀어질수록 기하급수적으로 줄어든다는 사실을 보여주었다. 이 관계는 앨런 곡선으로 알려져 있다.[14] 특히 놀라운 것은 그 후 이루어진 통신의 발전에도 불구하고 이 연구 결과가 유효하다는 점이다. 연구는 우리가 이메일을 보낼 가능성이 가장 큰 동료는 자주 대면해서 소통하는 이들임을 말해준다.[15] 사무실에서 우연히 마주치는 일이 없다면 조직 내 비공식 연결고리를 통한 의사소통은 줄어든다.

틀에 박힌 사무 업무라면 이런 부정적 영향을 어느 정도 피해갈 수 있다. 예를 들어 중국의 콜센터 노동자 1만 6000명에 대한 한 연구는 노동자가 재택근무하는 경우 분당 통화가 4퍼센트 늘었다고 밝혔다.[16] 연구자들은 이런 생산성 향상이 사무실에 비해 조용한 가정의 환경 덕분이라고 보았으나 아이나 다른 부양가족이 있는 노동자는 이에 이의를 제기할 것이다.

이와 정반대로 창의성이 필요한 일은 직접 만나지 않으면 주고 받기 어려운 아이디어 교류에 크게 의존한다. 스티브 잡스는 분명 사무실에서 이루어지는 우연한 만남의 가치를 열렬히 믿었다. 1986년 픽사Pixar 사무실을 설계할 때 중앙의 아트리움에 온갖 편의 시설(카페와 우편함만이 아니라 욕실까지)을 두어 이런 소통을 독려했다.[17]

오늘날 대부분의 사무 업무는 이 두 극단 사이에 있다. 하지만 시간이 지나면서 틀에 박힌 사무 업무가 계속 자동화되어 더 많은 업무가 서로 가까이 있을 때 잘해내는 유형의 일로 바뀌게 될 것이다. 잭 닐스가 1970년대에 선구적인 연구를 하던 당시의 전형적인 화이트칼라 노동자는 오늘날의 지식 전문직과 매우 달랐다.

원격 근무의 숨겨진 비용은 막 경력을 시작하는 젊은 노동자에게 더 큰 부담이 될 것이다. 도제 하면 수공업을 떠올릴지 모르지만, 사실 현대의 지식 노동 대부분은 지속적인 비공식 훈련에 크게 의존한다. 원격 근무를 하면 회의 후 격의 없는 피드백이나 질문을 하기가 어렵고, 이는 특히 신입 직원이 일을 배워 성장하는 데 방해가 된다. 게다가 수년 동안 한 회사에 있었던 직원은 이미 많은 대면 및 비공식 소통을 통해 동료들과 관계를 맺고 신뢰를 쌓았다. 신입 직원은 경력이 어느 정도 있더라도 의지할 수 있는 이런 관계망이 부족하다. 원격 회의는 대체로 더 공식적인 경향이 있어서 후배가 선배와 친밀한 관계를 쌓기가 어려운데, 이런 관계는 일을 배워 잘하게 되는 데 꼭 필요하다. 원격 근무는 직원들을 분리한다. 이를 극복하지 못하면 근무 환경은 위계적으로 변하고 만다. 이런 역학 관계가 원격 근무자의 승진 가능성이 낮다는 사실도 설명한다.[18] 스탠퍼드 대학의 경제학 교수인 닉 블룸 Nick Bloom은 이렇게 말했다. "기본적으로 잊히게 된다. 눈에서 멀어지면 마음에서도 멀어진다."[19]

원격 근무가 가진 또 다른 문제는 우리가 이용할 수 있는 기술이 여전히 물리적 근접성을 제대로 재현하지 못한다는 점이다. 효과적인 소통에서 몸짓 언어와 눈 맞춤이 중요하다는 사실은 오래전부터 알려졌다. 화상회의는 비언어적 메시지를 전달하는 데 부분적인 효과가 있을 뿐이며, 이메일은 더 제한적이다. 우리는 우리가 직접 만나 시로에게 보내는 신호가 얼마나 미묘하고 뜻깊은지 이제 막 이해하기 시작했다. 유니버시티 칼리지 런던의 연구자들은 한 놀라운 연구에서 연애하는 남녀가 서로 옆에서 잠잘 때 관찰되는 것과 비슷하게, 라이브 공연 동안 관객의 심장박동이 동기화된다는 사실을 발견했다.[20] 인간은 서로 만나 교류하면서 관계를 발전시키도록 진화했다. 아직은 이를 가상으로 재현할 수 없다. 분명히 많은 기업들이 노력하고 있다. 기술 스타트업인 포틀PORTL은 사람의 실물 크기 입체 이미지를 정확하게 재현하는 홀로그램 스크린을 개발했다. 하지만 대당 가격이 6만 달러여서 일반 용도로는 엄두도 못 낼 정도로 비싸다. 언젠가는 원격 근무의 문제점을 기술로 해결할 수 있을지 모르지만, 현재로서는 원격 소통 방식이 대면 상호작용을 대체하기보다 보완하리라 여겨진다.

물론 이 말이 노동자가 주 5일을 사무실에 있어야 한다는 뜻은 아니다. 일부 노동자와 회사는 완전한 원격 또는 완전한 대면이라는 이분법적 극단을 선택했지만, 기업이 원격 근무의 장점과 단점 사이에서 적절한 균형을 찾으려 할 때 혼합 근무 방식이 선호될 것이다. 이것은 도시에 어떤 의미를 가질까?

출퇴근과 도시 재정의 상관관계

코로나19 바이러스가 유행하던 초기 몇 달 동안 많은 직장인들이 교외로 떠났다. 논평가들은 혼합 근무로 전환되면서 사람들이 교외 및 준교외 지역을 선호해 도심에서 벗어나리라고 예측했다. 일주일에 며칠만 사무실에 나가면 되는 경우 출퇴근에 따른 비용과 불편이 도시에서 멀어질수록 집값이 싸져 절약되는 비용과 균형을 이루는 최적 거리가 있는데, 그 균형점은 교외에 유리하다는 이론이다. 하지만 코로나19의 대유행이 시작된 이후 교외의 집값이 도시의 집값 이상으로 오르기는 했으나 그 영향이 점점 줄어드는 것 같다. 투자은행 UBS의 분석은 코로나19가 대유행한 시기 미국에서 교외나 농촌으로 이주하는 인구가 급증했다가 2021년 말 점차 줄어들었음을 보여준다.[21] 레드핀•이 빈번하게 내놓는 집값 데이터는 이런 연구 결과를 뒷받침해준다. 코로나19가 대유행하면서 도심과 저밀도 지역의 집값 상승률에 격차가 생겼으나 2022년 중반에는 없어졌다.[22]

코로나19가 유행한 이후 도시의 대중교통 이용 변화를 살펴보면 무슨 일이 일어났는지를 알 수 있다. 2022년 2월 런던 지하철 이용 횟수는 코로나19 유행 이전의 약 60퍼센트 수준이었다.[23] 하지만 주말 이용 횟수는 이전 수준의 약 80퍼센트로 돌아왔으며 평일 오전 10시부터 11시 사이의 이용 횟수는 거의 회복되었다.[24] 미국의 사무실 점유율은 2022년 6월 여전히 코로나19 유행 이전의 절반 수준을 밑돌지만 오픈네이블OpenTable 플랫폼을 통한 저녁 식사 예약은 코로나19 유행 이전의 90퍼센트 수준을 회복했다.[25] 샌프란시스코 같은 도시의, 한때 변화하던 업무 지구는 여전히 코로나19 유행 이전보다 훨씬 더 조용하지만 이들 도시의 사교 생활은 빠르게 활기를 되찾고 있다.

도심에서 누리는 생활양식 때문에 대부분의 화이트칼라 노동자가 도심을 벗어나지 못하고 있으며, 도심이 가진 매력은 여전

• Redfin, 2004년 미국 시애틀에서 만들어진 부동산 플랫폼.

하다. 도시 주변부로 옮겨가 일시적인 집값 격차를 초래한 사람들은 아마도 이미 교외화가 일어나기 시작하는 연령대의 사람들일 것이다. 코로나19의 유행이 이들의 이동 시기를 앞당겼겠지만, 장기적으로 도심 생활을 누리고자 하는 사람들은 사라지지 않을 것이다.

하지만 사무실과 관련해서는, 혼합 근무로 인해 상당한 혼란이 지속되리라고 예상된다. 원격 근무하는 미국 노동인구의 비율이 코로나19로 봉쇄가 최고조에 달했을 때보다는 줄어들었으나 여전히 유행 이전보다 훨씬 높으며, 그 수준을 유지할 것으로 보인다. 2022년 8월 현재, 거의 30퍼센트의 노동자가 적어도 일주일에 하루 원격 근무를 하고 있었다.[26] 일부 회사는 자산 포트폴리오를 다시 짜고 있다. 또 다른 회사들은 사무실을 유지하면서 변화시키는 데 투자하고 있다. 협력에 더 중점을 두기 위해 공간을 재설계하거나 사무실로 돌아오기를 꺼리는 노동자들을 끌어들이기 위해 사무실을 더 매력적으로 만들려는 것이다.

또 많은 회사가 환경 발자국을 줄이는 사무실로 바꾸고 있다. 구글의 모회사인 알파벳은 10억 달러를 들여 런던 중심부에 있는 현재의 사무실을 사들였는데, 이를 개조해서 곧 완공될 새로운 런던 본사와 나란히 사용할 계획이다.[27] 두 건물은 직원들의 혁신과 창의성 발휘를 위해 유연한 업무 공간으로 꾸며질 예정이다. 이 조치는 2021년 코로나19의 대유행이 절정에 이른 시기에 20억 달러가 넘는 맨해튼의 사무실 건물을 구매하기로 한 결정에 뒤따른 것이다.[28] 시티그룹도 런던의 커네리워프*에 있는 EMEA** 본사를 협력과 기술 통합이 가능한 공간으로 대대적으로 재단장했다.[29] 한편 세일즈포스***는 샌프란시스코에 있는 본사를 줄줄이 놓은 책상 대신 협력적인 '커뮤니티 허브'로 재설계하고 있다.[30]

세련된 디자인, 훌륭한 시설, 친환경 인증을 자랑하는 최고급 사무실과 노후화한 사무실의 격차가 급속도로 벌어지고 있다. 이런 사실은 점점 양분되는 사무실 임대료 및 매매 가격에 반영되어 있다.[31] 기업들은 사람들이 직장에 복귀하도록 장려하고 인재 확보 전쟁에서 이기기 위해 사무 공간을 개선하고 있다. 현재 많은 사무실에서 사내 바리스타를 두고 있으며 훌륭한 음식은 물론 저녁에는 수제 맥주까지 제공한다. 구글의 새로운 런던 사무실에는 옥상에 수영장과 달리기 트랙을 설치할 예정이다. 시간이 지나면서 사무실은 책상이 있는 곳보다는 서로 연결되고 어울리는

---

* 런던 템스강 도크랜즈에 위치한 신도시로, 현재 영국의 대다수 초고층 건물이 이곳에 위치해 있으며 런던 금융의 중심지 역할을 하고 있다.

** Europe, the Middle East and Africa의 줄임말로 정부, 마케팅, 비즈니스 등에서 유럽, 중동, 아프리카 지역을 아울러 지칭하는 용어이다.

*** Salesforce, 고객 관계 관리 솔루션을 중심으로 한 클라우드 컴퓨팅 서비스를 제공하는 기업으로, 기업들의 매출 증대와 원활한 업무 진행을 위해 사업에 도움이 되는 다양한 소프트웨어를 제공하고 있다.

곳이 될지 모른다. 줌Zoom은 사무실이 "일을 잘하기 위한 곳이라기보다 일을 잘할 수 있도록 만들고, 협력을 이끌어내며, 동료애를 느끼게 하는 곳"이라고 주장한다. 이제 사무실은 사무실이 아닌 것 같다.[32]

코로나19가 유행하던 초기에, 일부 사람들은 직원의 집과 가까운 위치에 위성 사무실을 두는 '허브 앤 스포크' 방식이 새로운 표준이 될 것이라고 말했다.[33] 점점 더 노동자의 집은 '바큇살spoke'이 되고 그 중심hub은 도시의 주요 위치에 있는 최첨단 사무실 건물이 될 것으로 보인다.[34] 다양한 팀의 직원들이 모이는 이런 공간에서 회사의 활력에 꼭 필요한 교류가 일어날 것이다. 중심가에서 멀리 떨어진 위성 사무실은 재택근무의 편리성도, 중앙 사무실의 다양한 교류 가능성도 주지 못하기 때문에 오히려 가치가 떨어질 것이다.

그 결과 필요한 사무실의 면적은 줄어들고 '고급 선호 현상'이 나타나, 낡고 오래된 건물에서 최근에 지어진 고급 건물로 수요가 옮겨갈 가능성이 높다. 특히 앞으로 몇 년 안에 더 엄격한 환경 규제가 시행됨에 따라, 사무실 임대인들은 '좀비' 건물로 이러지도 저러지도 못하는 상황을 피하기 위해 건물을 개조하거나 보수해야 할 것이다.

혼합 근무 방식으로 전환되면 대중교통 이용량 역시, 출퇴근 시간에는 당분간 코로나19가 유행하기 이전보다 낮게 유지될 것이다. 사무실 주변의 소매 지출은 계속해서 줄어들 것이다. 그 결과 식당부터 세탁소까지 중심 상업 지구에 있는 소상공업의 생태계에 나타나는 영향을 과소평가해서는 안 된다. 공공 서비스의 지속 가능성에 미치는 부정적 영향도 과소평가해서는 안 된다. 미국의 도시들은 자체 세입의 약 60퍼센트를 조달한다.[35] 혼합 근무 방식으로 바뀔 경우 도시들이 의존하는 주요 세입 원천인 재산세, 판매세, 소득세는 큰 영향을 받을 것이다. 승차권 판매로 자금을 조달하건 지방세로 자금을 조달하건, 대중교통의 생존을 위한 재정도 해결해야 할 것이다. 하지만 마찬가지로 우리는 기회를 찾을 수도 있다.

일자리에 맞게 도시를 재구성하라

런던의 커네리워프는 시간을 보내기에 썩 좋은 곳은 아니라고 여겨진다. 은행 등 금융기관들이 있는 고층 건물이 풍경을 압도한다. 코로나19가 유행하기 이전에는 정장을 입은 많은 사람들이 매일 지하철역에서 줄줄이 밀려 나왔다가 밀려 들어가곤 했다. 그래서 이 지역은 대략 오후 7시 이후에는 활기가 없고 주말에는 사람을 볼 수가 없었다. 이는 도시계획자들이 말하는 단일용도 지역의 전형적인 예다. 커네리워프는 약 5킬로미터 떨어진, 좀 더 활기가 도는 쇼어디치와 극명한 대조를 이룬다. 쇼어디치는 도시계획자들이 말하는 복합용도 지역으로 주거 생활, 떠들썩한 밤, 번창하는 기술 클러스터가 공존한다.

4장에서 이야기한 대로 20세기를 사로잡은 도시계획의 일반적인 철학은 도시의 다양한 지역을 서로 다른 기능상의 용도로 나누는 것이었다. 이런 식의 분리는 혼합 근무 방식의 세상에서는 지지받지 못할 것이다. 특히 상업 지구는 사무실 중심이 아닌 직장 생활에 맞춰서 재구성되어야 한다. 예를 들어 커네리워프는 건물을 유연한 업무 공간으로 개조하고 세계 최대 규모의 상업적 연구소를 설립 중이다. 뿐만 아니라 복합용도 지역으로 만들기 위해 수천 채의 아파트를 건설하고 있다.[36, 37] 이것이 최근 수십 년 동안 주택 수요가 건축 속도를 훨씬 앞지른 도심의 집값 부담을 던다는 점을 감안하면, 이런 노력은 적극 권장되어야 한다.

사무용 건물을 아파트로 탈바꿈시키는 움직임은 이미 탄력을 받고 있다. 2021년 미국에서 개조된 아파트의 41퍼센트가 이전에는 사무실이었다.[38] 이런 개조가 간단한 일은 아니다(많은 사무용 건물이 주거 용도로 쓰기에는 자연 채광이 부족하다). 하지만 개발업자들은 영리한 차선책을 찾아내고 있다. 미국의 금융 지구에서는 이러한 개조가 이미 상당히 진행되고 있다.[39]

삭막한 상업 지구를 활기 넘치는 복합용도 지역으로 전환하려면 장기간의 노력이 필요하다. 애리조나주의 주도이자 최대 도시인 피닉스는 수십 년 동안 중심 상업 지구를 사무 공간과 주거 및 문화생활을 결합한 번화가로 바꾸기 위해 노력했지만 진행은 더디다. 2000년대에 주민들(과 그들의 지갑)을 이 지역으로 끌어들이려는 노력에서 세워진 고급 아파트는 기대만큼의 효과를 보지 못하고 있다.[40] 경전철 건설과 애리조나 주립 대학의 도심 캠퍼스 개발에 힘입어서, 노력이 이제 결실을 거두기 시작하고 있다. 멋진 카페와 식당과 번창하는 상점이 뒷받침되어 주민 수가 늘고 있다.[41] 변화는 가능하다. 하지만 주민들이 도시를 여가 생활이 아니라 일과 연관시키도록 이미지를 재설정하려면 다년간에 걸친 노력과 투자가 필요하다.

혼합 근무 방식으로의 전환은 도시 사람들을 교외 지역으로 다시 끌어들일 기회이다. 전문직 종사자들이 중심 상업 지구에서 보내는 시간이 줄고 자신이 사는 지역에서 보내는 시간이 늘어나면서 인기 있는 식당, 멋진 체육관과 같은 서비스에 대한 수요가 늘었다. 지금은 이런 곳들은 고급화한 도심에 많지만, 일부 교외 지역은 이미 다른 모습을 보여주기 시작했다. 교외 지역에 새로 생긴, 활기 넘치는 복합용도 지구를 이르는 '힙스터비아'*라는 말이 최근에 생겼다.[42] 만약 변화를 이뤄낼 수 있다면 교외는 고액

---

*   hipsturbia, '최신 유행을 따르는 사람'을 뜻하는 'hipster'와 '교외' 또는 '교외 거주자의 생활양식'을 뜻하는 'suburbia'의 합성어.

연봉자 외에는 감당할 수 없게 된 도심의 압력을 덜어줄 것이다.

오랫동안 교외의 생활양식을 상징하던 쇼핑몰의 재탄생은 무엇이 가능한지 보여주는 실례이다. 미국 최초의 실내 쇼핑몰인 사우스데일센터는 1956년 미네소타주에 문을 열었다. 설계자인 빅터 그루엔Victor Gruen은 이곳을 단순한 쇼핑 장소를 넘어 교외 지역 주민들이 모이는 지역사회 공간으로 생각했고 한동안은 그런 역할을 했다.[43] 하지만 쇼핑몰의 획일성과 지나친 물질주의는 4장에서 이야기한 보보의 감수성에 맞지 않다. 더욱이 온라인 상거래는 많은 상점의 문을 닫게 했다. 그 결과 교외 생활의 중심지인 쇼핑몰이 급격히 쇠퇴했으며 많은 쇼핑몰이 방치되었다.

변화하는 생활양식에 맞춰 이런 공간을 재구성할 수 있음을 선구적인 노력들이 보여주고 있다. 덴버의 교외 지역인 레이크우드에 있는 재개발 지역 벨머가 그 실례다. 2001년 문을 닫은 드넓은 빌라이탈리아 쇼핑몰 부지에 만들어진 이 복합용도의 개발 지역에는 번창하는 카페와 식당, 주거지와 사무 공간이 모여 있으며, 이곳은 레이크우드가 다시 주목받게 하는 데 일조했다. 이 카운티의 집값은 지난 10년 동안 80퍼센트 이상 올랐다.[44] 이런 재개발은 집에서 일하는 직장인이 살고 싶은 지역에서 살 수 있게 해준다.

교외에 기업 클러스터가 형성되어 중심 상업 지구에 대한 압력을 덜 수 있을지는 또 다른 문제이다. 벨머 같은 개발 지역은 기업 임차인을 유치하기는 했으나 사무실 공간의 대부분을 3장에서 말한 병원, 법률사무소, 부동산중개소 같은 비교역재인 서비스가 차지한다. 최근 수십 년 동안의 추세는 교외 지역의 복합 상업 지구에서 벗어나는 것이었다. 제너럴일렉트릭과 맥도널드 같은 회사는 교외에 있던 본사를 각각 보스턴과 시카고의 도심으로 다시 이전했다.[45]

혼합 근무 방식의 경우 고객 및 공급업체와의 소통을 많은 부분 원격으로 할 수 있다. 그래서 기업이 비즈니스 클러스터와의 근접성이라는 이점을 놓치지 않으면서 사업 범위를 넓히는 데 도움이 된다. 게다가 주민들이 교외에서 도시의 생활양식을 누릴 수 있다면 기업이 지식 전문직 종사자를 끌어들이기에 좋을 것이다. 워싱턴시 대도시권의 교외 지역인 알링턴은 이것이 몽상이 아님을 보여준다. 알링턴은 내셔널랜딩 같은 복합용도 지역을 중심으로 클라우드 컴퓨팅, 인공지능, 사이버 보안의 지식 허브로 자리매김해 광역 경제권의 핵심으로 떠오르고 있다.[46]

이를 위해서는 교통수단에 대한 새로운 사고방식이 필요하다. 경제활동을 하는 사람들이 방사형 체계에 따라 하나의 중심 경제 구역 안팎을 들고 나는 것이 아니라 광역 대도시권 전역에 경제활동을 분산시키려면 더 복잡한 연결망이 필요하다. 따라서 우리가 4장에서 추천한 접근성의 분산과 일맥상통하는 도시의 경제지형에 맞춰서 대중교통 체계를 재구성해야 한다.

또한 원격 근무의 증가는 지식 전문 인력이 부족한 도시에 새로운 기회를 준다. 혼합 근무 방식의 노동자는 기존의 지식 허브에서 완전히 분리될 수는 없지만, 전적으로 원격 근무를 하는 노동자는 훨씬 더 자유를 갖게 될 것이다. 이런 노동자 가운데 일부는 런던이나 샌프란시스코 같은 도시에서 누릴 수 있는 생활양식 때문에 이들 도시에 머무는 쪽을 택하겠지만, 나머지 노동자들은 다른 곳을 찾을 것이다. 이들은 어디로 갈까? 하와이나 콘월같이 멋진 해변과 자연이 있는 곳이 인기를 끌고 있다. 오스틴 같은 도시는 매력적인 생활양식과 이미 자리 잡은 고숙련 노동자들의 커뮤니티 덕분에 특히 성공을 거두었다. 아마도 이는 원격 근무자가 일주일에 며칠만 출근해야 하는 일자리를 얻을 기회를 완전히 놓치게 될 곳으로는 이사하고 싶어 하지 않기 때문일 것이다. 오스틴의 집값이 2020년 1월부터 2022년 1월 사이에 65퍼센트 오른 사실은 주목할 만하다. 하지만 문화생활은 즐길 수 있지만 고숙련 일자리가 많지 않은 산타페의 집값은 28퍼센트밖에 오르지 않았는데, 이는 전국 평균인 31퍼센트보다 낮다.[47]

원격 근무의 부상은, 부분적이기는 하지만 경제활동이 지나치게 중앙에 집중되고 부가 몇몇 도시의 중심지에 집중되는 것을 막는다. 원격 근무의 부상은 실제 세계에서 사이버 공간으로 이동하는 비중이 높아지는 양상과 맞아떨어진다. 다음 장에서는 이것이 우리 사회의 유대에 어떤 영향을 미치는지, 우리 사이에 커지는 균열을 메우려면 도시가 어떤 역할을 해야 하는지 살펴본다.

AGE OF THE CITY

6

사이버 공간과 개인화된 도시의 운명

역사를 통틀어 도시는 사람들이 모여 정체성을 만들어내는 데 중요한 역할을 했다. 우루크나 아테네 같은 도시는 시민들이 거래하고 대화하며 공동체를 만들 수 있는 공공장소를 제공했다.

만약 기술이 세계적 규모로 이런 근접성을 만들어낼 수 있다면 어떻게 될까? 온 인류가 하나의 소통·정보망에 들어갈 수 있다면 어떻게 될까? 이런 기술이 고대에 도시가 공동체의 장소로서 했던 역할을 불필요하게 만들고, 사람들이 모여 '우리'와 '그들'이라는 관점에서 세계를 정의하는 일을 멈추게 할 수 있을까?

얼마 전까지만 해도 많은 사람들이 인터넷에 대해 이런 유토피아적인 희망을 품었다. 하워드 라인골드는 1993년 출간한 《가상의 공동체The Virtual Community》에서 '전 지구의 전기적 연결Whole Earth

'Lectronic Link'의 준말인 웰WELL의 등장에 대해 열정적으로 말했다. 웰은 인터넷을 통해 연결된 회원들이 관심사를 공유하는 그룹을 만들 수 있는 초기 형태의 소셜네트워크였다. 1996년 저널리스트이자 사이버 낙관론자인 존 페리 바로우John Perry Barlow는 《가상 공간의 독립 선언Declaration of the Independence of Cyberspace》에서 "모두가 인종, 경제력, 군사력, 또는 출생지에 따른 특혜나 편견 없이 들어올 수 있는 세상"인 인터넷에 대해 자신의 비전을 이야기했다. "……그곳에서는 누구든, 어디서든, 아무리 이상하더라도, 침묵이나 복종을 강요당할 걱정 없이 자신의 믿음을 표현할 수 있을 것이다."[1] 웰을 만든 스튜어트 브랜드가 1960년대에 평등주의와 보편주의 정신을 가진 반문화 운동의 중심인물이기도 하다는 사실은 지나치게 유토피아적인 이 이야기를 설명하는 데 도움이 된다.

사회가 더 가까워지기는커녕 지난 수십 년 동안 분열되고 있다. 종합사회조사가 지속적인 추적 데이터를 제공하는 미국에서, 대부분의 사람을 신뢰할 수 있다는 데 동의하는 성인의 비율이 1970년대 약 50퍼센트에서 오늘날 30퍼센트 정도로 낮아졌다.[2] 그리고 1960년에는 공화당 지지자의 5퍼센트, 민주당 지지자의 4퍼센트만이 자녀가 상대 정당 사람과 결혼하면 불행할 것이라고 답한 반면 2010년에는 그 수치가 각각 49퍼센트와 33퍼센트였다.[3] 우파의 음모론과 좌파의 '조리돌림'[*]은 건설적인 대화를 불가능하게 만든다. 그리고 미국이 분열의 극단적인 예일 수 있지만 영국, 프랑스 등 많은 다른 나라들도 점점 분열되고 있다.

이런 추세에 대한 책임을 모두 인터넷과 소셜미디어로 돌릴 수는 없다. 페이스북, 트위터, 레딧이 생겨나던 2000년에, 사회학자 로버트 퍼트넘은 획기적인 저서《나 홀로 볼링》을 출간했다. 이 책에서는 역사상 각계각층의 시민 사이에 신뢰를 쌓는 데 중요한 역할을 하던 자발적 단체의 참여자가 줄어드는 현상을 추적했다.[4] 텔레비전 앞에서 너무 많은 시간을 보내고 도시 팽창의 결과 출퇴근 시간이 늘어났으니, 이런 감소의 주범은 인터넷이 아니었다.[5] 게다가 1990년대 중반 뉴트 깅리치가 하원의장직을 맡아 정치 논쟁의 분위기를 바꿔놓은 이래 미국의 정파성이 심화되고 있다.[6]

인터넷은 그 불길에 기름을 끼얹었다. 소셜미디어는 사람들이 무엇을 볼지 누구와 소통할지 걸러낼 수 있게 함으로써, 건강한 사회에 필요한 경험 공유와 상호 이해라는 다리를 점점 무너뜨렸다. 불평등과 현 상황에 대한 환멸이 커지는 결과는 매우 위험하다. 인터넷은 1990년대에 희망한 대로 사람들을 연결하고 서로 공통점을 찾게 하기는커녕 더 큰 분열을 가져오고 있다.

---

* cancel culture, 유명인이나 공적 지위에 있는 사람이 논쟁이 될 만한 행동이나 발언을 했을 때 SNS 등을 통해 대중의 공격을 받고 지위나 직업을 박탈하려는 캠페인의 대상이 되는 것을 말한다.

우리는 이 장에서 인터넷으로 인한 분열을 극복하기 위해 그 어느 때보다 도시가 중요해지고 있다고 주장한다. 하지만 도시가 이런 잠재력을 발휘하려면 진화해야 한다.

새로운 기술과 사회 통합

사이버 낙관론자들은 통신 기술의 진보로 인류가 화합할 수 있으리라 전망했다. 이런 전망이 처음은 아니었다. 1960년대에 철학자 마셜 매클루언은 점점 발전하는 전자 통신을 통해 세상이 연결되어서 결국 모두가 집단 정체성을 공유하는 '지구촌'이 탄생할 것이라고 예측했다.[7] 1881년 대중 과학 잡지 〈사이언티픽 아메리칸〉은 전신 같은 기술이 "과학이 인간의 생각과 관심을 엮고 통합해서 인류애가 어쩌다 솟아나는 감정이 아니라 지속적이고 통제 가능한 것이 될 날"의 전조를 보여준다고 전망했다.[8]

하지만 통신 기술의 변화는 사회를 예기치 못한 방식으로 바꿔놓기도 한다. 인쇄기가 유럽에서 처음 도입되었을 때, 가톨릭교회는 권위 있는 하나의 성경 판본을 빠르고 정확하게 복제해서 그리스도교 세계를 통합할 것이라고 기대했다.[9] 하지만 실제로는 사보나롤라처럼 우상 숭배를 배격해야 한다고 주장하는 사상가들이 교회의 권위에 도전하게 했다. 이것은 종교적 열광 속에서 책과 예술품을 불태운 '허영의 소각'*으로 이어졌다. 결국 인쇄기는 개신교의 발흥에 불을 지펴 그리스도교를 둘로 쪼개놓았다. 새로운 기술 덕분에 사람들은 라틴어가 아닌 자국어로 된 성경을 읽을 수 있게 되었고 루터의 설교가 빠르게 전파될 수 있었다. 루터가 자신의 생애 동안 출판한 저서는 가톨릭교의 반대자들이 출판한 저서를 모두 합친 것의 5배가 넘었다.[10] 나중에 계몽주의 이후 종교 신념이 약해지고, 출판업자들이 각 나라의 언어로 저작물을 펴내고, 신문들이 영토 경계에 따라 정의되는 하나의 국민이라는 의식을 불어넣으면서, 결국 인쇄기는 유럽인들이 민족 정체성을 중심으로 재편되도록 도왔다.[11]

라디오와 텔레비전은 광범위하게 콘텐츠를 방송함으로써 민족 정체성이 한층 더 강화되게 했다. 라디오가 출현하면서 수백만 명의 사람들이 같은 오락물에 귀를 기울여 미국의 〈에이머스 앤 앤디〉**나 영국의 〈아처가 사람들〉***뿐 아니라 전국 뉴스 방송을 들었다. 텔레비전은 〈오지와 해리엇의 모험The Adventures of Ozzie

---

* Bonfire of the Vanities, 1497년 '사보나롤라의 소년들'이라 불리던 10대 소년단이 세상을 정화한다는 목적에서 피렌체에 남아 있던 경건치 못한 모든 사치품을 꺼내와 한자리에서 불태운 행사로, 이때 화장품, 장신구, 의상, 오락 기구, 그리고 즐거움을 주는 책과 예술품이 불 속으로 던져졌다.

** Amos 'n' Andy, 흑인들이 등장하는 라디오 시트콤으로, 처음에는 시카고, 나중에는 뉴욕의 할렘 지역을 배경으로 한다.

*** The Archers, 1951년부터 시작해서 현재까지 방송되고 있는 라디오 연속극으로 '농촌 사람들의 일상 이야기'로 유명하다.

and Harriet〉 같은 프로그램으로 미국인의 '평범한' 삶에 대해 공통된 생각을 만들어냈다. 또 주요 채널의 밤 뉴스는 전 국민이 마치 매일의 의식인 듯 챙겨 보게 되었다. 1970년 세 개의 방송사와 그 계열사가 미국 전체 시청률의 80퍼센트를 차지했다.[12]

이 예들은 우리의 생각을 전파하는 기술의 발전이 다양한 상황에서 매우 다른 영향을 미침을 말해준다. 이런 기술의 발전 덕분에 많은 사람들이 공통된 이야기를 받아들여 베네딕트 앤더슨이 말한 '상상된 공동체'를 만들 수가 있다. 또 한편으로는 좋건 나쁘건 대안 서사의 발판이 마련되었다.

물론 인터넷이 단순히 우리의 생각을 세상에 전달하기 위한 것은 아니다. 다른 사람들과 대화에 참여하기 위한 도구이기도 하다. 또 인터넷이 이를 위한 최초의 기술도 아니다. 19세기 말과 20세기 초에 전화가 등장해 즉각적이고 생생한 의사소통이 가능해졌다. 이에 따라 인간관계가 크게 바뀌리라는 예측도 있었다.[13] 그러나 현실은 그렇지 않았다. 전화는 새로운 관계를 만들기보다 같은 사람들과 더 자주 대화하고 멀리 떨어져 있는 친구 및 가족과의 관계를 더 돈독하게 해주었을 뿐이다.[14]

인터넷과 특히 소셜미디어는 텔레비전과 전화 모두의 특징을 갖는다. 노트북이나 스마트폰을 가진 사람이라면 누구나 자기 생각을 즉시 전송할 수 있고, 누구든 이에 응답하거나 이를 전달할 수 있다. 하지만 동시에 자신이 원하는 네트워크에만 귀를 기울일 수도 있다. 이는 분열된 세계에서 위험한 촉매제가 된다.

사이버발칸화

여론과는 달리 소셜미디어가 '현실'의 관계를 약화시킨다는 증거는 없다. 소셜미디어의 사용은 사실 친한 개인 관계망의 크기와 양의 상관관계를 갖는다.[15] 이는 아마도 사교성 있는 사람들이 더 적극적으로 소셜미디어 속 친구들의 근황을 살피고 기술을 이용해 만남을 계획하기 때문이다. 끊임없이 남과 자신의 삶이 비교되는 소셜미디어가 10대의 불안과 우울의 원인이라는 증거가 늘어나고 있다.[16] 하지만 이는 기술 자체를 비난하는 게 아니라 연령 제한을 두자는 주장이다.

그렇지만 부유한 나라들에서 소셜미디어가 민주주의를 좀먹는 것은 분명해지고 있다. 왜 이런 일이 벌어지는지 이해하려면, 로버트 퍼트넘이 말한 '결속형' 사회적 자본과 '연계형' 사회적 자본을 구분해야 한다. 전자는 한 사회집단 내 유대의 힘을, 후자는 다른 사회집단들 간의 연결을 말한다. 소셜미디어는 사람들이 그들의 네트워크 안에서 자주 소통하고 연결되어 있는 사람들의 삶에서 일어나는 크고 작은 일들을 지켜볼 수 있게 함으로써 결속을 촉진한다. 더욱이 생각이 같아서 쉽게 친해지기 쉬운 개인들이 커뮤니티를 만들고 유지하게 해준다.

  기존의 네트워크에 도달하고 사람들을 연결하는 데 꼭 필요한 연계의 끈*bridging tie*에 소셜미디어가 미치는 영향에서 문제가 비롯된다. 인터넷에 대해 낙관하던 시기인 1990년대에도 일부 논평가들은 이를 예견했다. 1997년 MIT의 에릭 브린욜프슨과 보스턴 대학의 마셜 밴 앨스타인은 '사이버발칸화'라는 말을 만들어서 인터넷에 대해 낙관주의와는 다른 비전을 이야기했다.* 사용자가 좁고 고립된 하위 커뮤니티에 틀어박혀서 다른 사람들과는 접촉하지 않으리라는 것이었다.[17] 하버드 대학의 캐스 선스타인은 이 개념을 기반 삼아, 인터넷상의 접촉과 정보원情報源을 스스로 선택할 때 사용자가 가진 신념을 계속 강화하는 '정보 보호막information cocoon'이 어떻게 만들어지는지 이야기했다.[18] 두 예측 모두 적중했다. 영국의 시인이자 뮤지션인 케이트 템페스트는 이렇게 말했다. "인터넷은 비슷한 사람들이 서로를 찾아낼 수 있게 하며, 이는 대단히 중요하다. 하지만 비슷하지 않은 사람들은 서로 더 만나기 어렵게 만든다."[19]

  소셜미디어가 사회에 미치는 영향에 대한 증거가 가진 미묘한 차이를 아는 게 중요하다. 분명 인터넷에 욕설과 괴롭힘이 널리

---

* 발칸화는 어떤 나라나 지역이 서로 적대적이거나 비협조적인 여러 개로 쪼개지는 현상을 일컫는 지정학적 용어로, 사이버발칸화는 사이버 공간이 그렇게 될 수 있음을 뜻한다.

퍼져 있으며 정치 토론과 관련해서는 특히 그렇다.[20] 하지만 이것이 꼭 인터넷이 우리를 거칠게 만든다는 뜻은 아니다. 그보다는 소셜미디어에서 정치 논쟁에 적극적인 사람들은 극단적인 정치 견해와 전투적 성향을 가졌을 확률이 더 높은 선택 효과를 암시한다.[21, 22] 애덤 그랜트의 말로 하자면 "인터넷이 사람들을 트롤로 만드는 게 아니다. 그들의 트롤링이 더 눈에 띄게 만들 뿐이다."[23]

비슷한 맥락에서 2014~2020년에 네덜란드 소셜미디어 사용자들을 추적한 한 연구는 소셜미디어 사용의 증가가 정치 양극화의 원인이기보다 그 반대일 가능성이 큼을 보여준다.[24] 또 다른 실험에서는 유튜브의 정치 콘텐츠에 많이 노출될수록 더 정파적이 되고 다른 정당을 지지하는 사람들에 대한 부정적 감정이 커진다는 사실을 밝혀냈다.[25] 앞서 말한 대로 사회 양극화는 오늘날의 소셜미디어가 등장하기 훨씬 전에 진행 중이었다. 하지만 우리가 본 콘텐츠에 기반해 다음 콘텐츠를 추천하는 알고리즘이 우리의 기존 신념을 강화해 문제를 악화시킨다.

여기서 온라인 소통의 상업화도 문제이다. 도시의 광장에는 자체의 의제가 없었으나 소셜미디어 플랫폼은 그렇지 않다. 다른 정당에 대한 부정적 발언이 담긴 페이스북 및 트위터 게시물은 계속 접속을 유도한다.[26] 이 플랫폼들은 사용자의 관심을 끌수록 더 많은 광고 수익을 낼 수 있다. 이는 이들 기업과 이들이 속해 있는 사회가 보상 면에서 충돌하는 상황을 연출한다.

이제 소셜미디어를 개혁해야 할 때이다. 합리적 규정으로 사람들을 의미 있게 연결하면서도 경제성을 유지하고 온라인 토론을 규제할 수 있다. 콘텐츠를 복사해서 새로운 게시물에 붙여넣기 전에 재공유할 수 있는 사용자의 수를 제한하면 유해 콘텐츠의 확산을 막는 데 도움이 된다. 이 합리적 제안을 한 것은 페이스북의 공익 신고자 프랜시스 호건이다.[27] 소셜미디어 플랫폼이 사용자를 검증하는 것도 필요할 것이다. 이는 봇을 제거하는 데 도움이 될뿐더러 살해 협박과 혐오 발언 같은 온라인 폭력을 막을 것이다.[28] 소셜미디어와 온라인 콘텐츠 플랫폼이 콘텐츠 게시자와 마찬가지로 법적 책임을 지게 한다면 가짜 뉴스와 혐오 발언을 막는 확실한 방법이 될 것이다.

인터넷과 소셜미디어의 개혁은 꼭 필요하고 벌써 이루어졌어야 했다. 개혁이 악화를 늦추는 데 도움은 되겠지만 회복시키지는 못할 것이다. 분열된 공동체들을 가로지르는 다리를 어떻게 놓을 것인가 하는 문제는 여전히 남아 있다. 어떤 사람들은 우리 삶의 많은 부분을 가상 세계로 옮기는 데 답이 있다고 생각한다.

메타버스가 공동체를 살릴 수 있을까

메타버스란 가상 세계들이 서로 연결된 것으로, 여기서 사람들은 업무뿐만 아니라 게임과 쇼핑을 하고 콘서트에 가는 등의 일도 할 수 있다. 이 개념은 대형 인터넷 기업의 대규모 투자 덕분에 급부상했다. 가장 주목할 만한 기업은 메타(전 페이스북)이다. 메타는 자사를 소셜미디어 회사가 아니라 메타버스를 개발하는 회사로 재정의하려 하고 있다.

낙관론자들은 현재 소셜미디어 플랫폼이 반향실 효과*를 일으키는 것과 달리, 메타버스는 여러 맥락에 걸쳐 연결을 구축하는 능력 덕분에 사회를 하나로 묶을 수 있다고 믿는다. 첨예하게 대립하는 정치 견해를 갖고 있거나 다른 사회경제적 배경을 가진 사람들이, 예를 들어 같은 비디오 게임이나 음악을 즐기는 데서 공통점을 찾을 수 있다. 이런 방식으로 메타버스는 사회학자 레이 올든버그가 말한 '제3의 장소'(가정과 직장 밖의 상황)를 개발할 수 있다. 제3의 장소는 서로 다른 세계의 사람들을 공동체로 모은다.[29] 게다가 현실 세계와 달리 메타버스의 공간은 무한하다.

메타버스에서의 삶을 상상하는 것은 우리를 곧바로 공상과학소설의 영역으로 데려간다. 실제로 메타버스라는 용어는 공상과학소설에서 처음 생겨났다. 닐 스티븐슨의 1992년 소설《스노 크래시》는 자유 시장이 삶의 모든 영역에서 득세해 대부분이 궁핍해지며, 기술을 사용할 수 있는 노동자들은 메타버스의 대안 현

---

* 특정한 정보에 갇혀 새로운 정보를 받아들이지 못하는 현상.

실로 사라짐으로써 음울한 삶에서 벗어나는 디스토피아 세상을 그린다.

우리는 이 장에서 새로운 기술이 사회에 미치는 영향을 예측하는 일이 헛수고임을 보여주었다. 메타버스가 낙관론자들의 비전에 부응할지, 심지어 견인력을 얻게 될 것인지는 시간만이 말해줄 것이다. 위험한 점은 사회가 새로 만들어낸 가상 세계를, 사회 문제에 정면으로 맞서기보다 회피하기 위해 이용한다는 것이다. 현실 세계에 살고 있는 물리적 존재인 우리는 결코 오지 않을 디지털 유토피아를 기다리며 현실 세계가 붕괴하도록 내버려둘 수만은 없다. 우리의 유대감 회복이라는 가장 큰 희망을 찾을 곳은 가상현실이 아니라 도시이다.

고립과 결속의 갈림길에 선 도시

현대 도시는 우루크나 아테네와 매우 다르다. 이들 도시는 오늘날 기준에서 보면 그냥 마을에 지나지 않는다. 인구가 100만, 1000만 또는 그보다 훨씬 더 많은 도시의 주민은 이웃에 살면서 매일 지나치는 사람들 가운데 극히 일부를 알 뿐이다. 마크 트웨인은 언젠가 뉴욕이 "화려한 사막, 불운하고 첨예한 고독"이라고 했다. "이곳에서 낯선 사람은 100만 명의 자기 종족 속에서 고독하다."[30] 도시는 너무 많은 사람들을 깊이 고립시킨다. 그렇지만 현대 도시가 결속의 동력이 될 잠재력은 엄청나다.

오랫동안 사회학자들 사이의 통념은 도시가 긴밀한 공동체의 대척점이라는 것이었다. 1938년 사회학자 루이스 워스Louis Wirth가 커다란 영향을 미친 〈삶의 방식으로서의 도시 생활Urbanism as a way of life〉이라는 글에서 이런 생각을 최초로 공식화했다.[31] 워스는 인간 사회가 도시로 이행하면서 인간관계가 '대체로 익명에, 피상적이고, 일시적'인 것으로 바뀌고 개인이 "통합된 사회에 살 때 따라오는 참여의식"을 잃게 될 위험이 있다고 주장했다.[32]

1980년대가 되어서야 도시가 공동체의 유대에 해롭다는 이런 믿음은 중대한 도전을 받았다. 사회학자 클로드 피셔Claude Fischer 의 1982년 책 《친구들 사이에서 살기To Dwell Among Friends》는 대도시가 현대사회의 연결을 만들어내는 데 대한 새롭고도 긍정적인 포문을 열었다.[33] 피셔는 이른바 도시 생활에 대한 하위문화 이론을 발전시켰다. 이 이론은 도시의 규모 덕분에 개인이 자신과 비슷한 사람들을 더 잘 찾고 깊은 관계를 맺을 수 있다는 데 중점을 두었다. 도시의 진정한 마법은 오직 도시만이 만들 수 있는 우연한 만남과 경험의 공유를 통해 이 하위 집단들을 전체로 엮는 능력에서 비롯된다.

또 고밀도 지역의 주민들은 다양한 하위문화에 계속 노출되면서 자신과 다른 사람들의 가치관과 관습에 관대해진다. 처음 마주했을 때는 낯설고 위협적이어도 자주 보다 보면 평범하게 느껴진다. 이는 시간이 지나면서 다양한 삶을 풍성하게 엮어나가는 기회가 되기도 한다.

모든 도시가 이런 이상을 이룰 수 있는 것은 아니다. 특히 교외의 팽창은 도시의 연결에 도전장을 내민다. 루이스 멈퍼드는 언젠가 교외화가 "개인 생활을 하려는 집단의 시도"라고 말했다.[34] 교외 거주자는 근접성 대신 공간을, 우연한 연결 대신 프라이버시를 택한다. 게다가 출퇴근에 드는 시간이 공동체에 참여할 기회를 잃게 한다. 출퇴근하는 데 드는 시간이 10분 늘수록 공동체에 참여하는 정도가 평균 10퍼센트 줄어든다.[35] 그렇기 때문에 5장에서 논의한 대로 도시 곳곳에 복합용도 개발을 확대하는 것이 지역사회의 유대를 회복하는 데 꼭 필요하다. 사람들이 집과 직장만 오가는 세상은 새로운 연결을 만들어낼 여지를 주지 않는다.

지역사회 구성원들이 만날 수 있는 공간을 만드는 것도 꼭 필요하다. 동네 공원과 놀이터부터 지역 문화센터와 보행자 전용 거리까지 다양한 차원의 공간이 있다. 인도를 넓혀서 카페와 식당이 노천 좌석을 만들 수 있게만 해도 도움이 된다. 실내 좌석이 금지되었던 코로나19 유행 동안 많은 지역이 변화했다. 이는 좋은 출발점이지만 앞으로 훨씬 더 많은 일을 해야 한다.

마찬가지로 동질감을 가진 사람들이 잘 연결되어 있는 커뮤니티도 이 장에서 이야기하는 문제를 해결하는 데 도움이 되지 않는다. 도시는 부유한 사람들과 가난한 사람들이 서로 어울려 살도록 유도해야 한다. 그러려면 교육, 주택, 그리고 접근성을 높이는 교통수단의 개혁이 필요하며, 또 많은 주민이 빈곤 지역에 갇혀 있는 침체된 도시에 대한 투자가 필요하다. 역사적으로 자발적 단체들이 도시 내외의 다양한 배경을 가진 사람들을 연결하는 중요한 역할을 했다. 이 자발적 단체들을 재건하고 현대화하려면 정부 지원이 필요하다.

마지막으로 도시는 서로 마주칠 일이 없을 사람들을 연결하기 위해 기술을 이용해야 한다. 모든 소셜미디어 플랫폼이 똑같지는 않다. 공통의 취미에 기초해서 사람들을 연결하는 미트업Meetup이나 이웃 주민들을 위한 사회 관계망이자 정보 허브 역할을 하는 넥스트도어Nextdoor 같은 서비스는 사회집단을 한데 묶는 기술의 힘을 보여준다. 한 연구는 이런 애플리케이션이 지역사회와 연결되어 있다고 느끼는 주민의 비율을 70퍼센트 증가시킴을 밝혀냈다.[36] 도시는 이런 서비스와 협력해야 한다.

희망을 가져도 좋을 만한 이유들이 있다. 파리의 한 구역에서는 '슈퍼 이웃 공화국République des Hyper Voisins'이라는 단체가 도시의 공동체 의식을 회복하려 노력하고 있다. 2017년 어느 날, 이 단체는 지역의 거리에 648개의 의자가 있는 216미터의 탁자를 놓고 이웃들이 그냥 와서 함께 식사를 하자고 했다(먹을 것을 함께 나누는 것은 공동체임을 확인하는 가장 오래된 의식이다).[37] 그 후 이 단체는 계속해서 지역 행사를 조직해 다양한 배경을 가진 수천 명의 주민을 한자리에 모았다. 이렇게 하더라도 도시의 팽창이나 사회경제 지위에 따른 분리라는 구조상의 문제를 해결하지는 못할 것이다. 하지만 이것은 사이버 공간에서는 불가능한 것으로, 우리가 주변 사람들과 연결되고 싶어 하는 열망을 잃지 않았음을 보여준다.

많은 부유한 나라들이 수십 년 동안 사회 분열에 시달렸다. 손쉬운 해결책은 없으며, 이 문제는 하룻밤에 해결되지 않는다. 하지만 도시는 공동의 약속과 올바른 투자로 우리에게 절실한 치유 과정에 중요한 역할을 할 수 있다.

AGE OF THE CITY

7

발전 없이 비대해진 도시들

1950년 방글라데시의 다카는 인구가 30만 명에 지나지 않는 도시였다. 당시에 찍힌 사진에는 나무가 늘어선 조용한 거리, 넓게 트인 공간, 개발되지 않은 강변이 보인다.[1] 현재 이 도시는 인구가 2000만 명이 넘는 거대도시로, 매년 주민이 100만 명 가까이 늘어나고 있다.[2] 다카는 인구밀도가 높을뿐더러 계속 팽창하면서 주변 농촌을 도시로 끌어들이고 있다.

개발도상국 도시의 성장 규모와 속도는 역사상 유례가 없으며 부유한 나라들의 그것을 훨씬 넘어서고 있다. 런던 인구는 1890대에 매년 10만 명 증가했고, 뉴욕은 1920년대에 매년 20만 명가량 증가했다.[3] 오늘날 개발도상국에 있는 30개가 넘는 도시들의 인구가 매년 그 이상 늘어나고 있다.[4] 라고스(나이지리아의 옛 수도)에서 라호르(파키스탄 동북부의 도시)와 선전, 상파울로까지, 개발도상국의 도시들은 급성장하고 있다. 한 세기 전에는 세계의 도시 거주자 네 명 가운데 한 명만이 가난한 나라에 살았는데,[5] 현재는 네 명 가운데 세 명이 그렇다.[6] 개발도상국의 도시는 이제 부유한 나라의 도시를 왜소해 보이게 만들 지경이다.

그 이유의 하나는 인구 증가이다. 부유한 나라의 인구가 지난 100년 동안 대략 2배 증가한 반면 가난한 나라에서는 거의 6배 증가했다.[7] 기대수명이 높아진 것이 중요한 원인이었는데, 현대 의학과 개선된 공중 보건이 홍역, 말라리아, 콜레라 같은 질병을 막았기 때문이다. 수명이 늘어나기도 했지만, 유아 사망률이 급격히 낮아진 점이 가장 큰 원인이었다. 1920년 인도의 평균 수명은 놀랍게도 25년으로 매우 낮았는데, 당시 영국의 절반도 되지 않았다. 오늘날 인도의 평균 수명은 70세에 가깝다.[8] 콩고 같은 매우 가난한 나라도 기대수명이 빠르게 늘어나고 있다. 그리고 가난한 나라들, 특히 세계의 인구 증가를 주도하고 있는 나이지리아, 에티오피아, 콩고, 파키스탄을 포함한 몇몇 나라에서 출산율이 낮아지고 있기는 하지만 기대수명의 빠른 증가를 상쇄할 정도는 아니다.

하지만 가난한 나라들에서 도시가 극적으로 부상한 것은 인구 증가 때문만은 아니다. 지난 세기 동안 도시에 거주하는 개발도상국 인구의 비율은 거의 10배 증가해서 현재 50퍼센트가 넘는 데,[9] 산업화 동안 부유한 나라들에서 일어났던 이동의 속도를 급격히 앞지른다. 미국의 도시화 수준이 20퍼센트에서 50퍼센트가 되는 데는 대략 60년이 걸렸다. 중남미 나라들은 도시화 비율이 2배로 되는 데 약 50년이 걸렸다. 마찬가지로 중국이 2배로 되는 데는 30년 정도가 걸렸다.[10]

200년 전, 세계에서 가장 경외감을 불러일으키는 도시를 찾으려는 여행자는 중국, 특히 그 수도인 베이징에서 시작했을 것이다. 《레미제라블》의 작가 빅토르 위고는 유럽 바깥으로 나가본 적이 없었으나 베이징에 있는 여름 궁전의 명성에 대해 글을 썼다.

> 대리석, 옥, 청동, 도자기로 꿈을 만들고, 삼나무로 틀을 지어, 보석으로 덮고, 비단으로 둘러, 여기에 성역을, 저기에 하렘을, 다른 곳에는 성채를 만들어, 거기에 신과 괴물을 두고, 광택을 내고, 유약을 입히고, 금박을 입히고, 칠을 하며, 시인인 건축가에게 1001일 밤의 1001가지 꿈을 짓게 해서 정원, 작은 연못, 솟구치는 물과 거품, 백조, 따오기, 공작새를 더한, 한마디로 사원과 궁전의 모습을 한, 인간의 환상을 보여주는 일종의 황홀한 동굴을 생각해보라, 그것이 바로 이 건축물이다.[11]

1860년 제2차 아편전쟁 동안 이 여름 궁전은 영국과 프랑스에 무참히 약탈당했다. 이때쯤 세계 도시의 무게중심이 이동하기 시작했으며 유럽과 북아메리카의 도시들이 산업화의 결과로 고속 성장했다. 1900년 세계에서 가장 큰 10개의 도시 가운데 9개가 유럽이나 미국에 있었는데, 1세기 전에는 4개에 지나지 않았다.[12] 현재는 이 목록을 작성하는 사람이 없다.[13] 다시 한번 세계에서 도시 인구가 가장 많아진 중국은 인구 100만 명 이상인 도시가 적어도 160개여서 미국의 도시 거주자 수의 3배 이상이다.[14]

도시는 경제 발전의 중심에 있으며, 지금까지 도시화 없이 부유해진 나라는 없었다. 도시만이 많은 인구를 최저생활 수준에서 끌어올릴 일자리를 만들어낼 수 있다. 그리고 부유한 나라들은 교육, 보건과 같은 서비스와 사회 기반 시설을 먼 지역까지 확대할 여유가 있지만, 가난한 나라들은 그렇지가 않다. 경제가 번영하려면 많은 인구가 도시로 이동해야 한다. 한 나라의 도시화 수준과 평균 소득 사이에 양의 상관관계가 있음을 많은 연구가 보여준다.[15]

하지만 이 장에서 보여주겠지만, 여기에는 미묘한 차이가 있다. 경제 발전은 도시화를 요구하지만 도시화는 경제 발전 없이 일어날 수 있고 또 일어나고 있어서, 그 결과 도시 빈곤이 대량 발생한다. 우리는 도시 빈곤에서 못 벗어나고 있는 가난한 나라들을 지원하기 위해 무엇을 해야 하는지 살펴보려 한다.

일본, 중국, 한국의 도시화와 경제 발전

산업혁명 이후 경제 발전의 가장 큰 성공 사례는 동아시아의 많은 지역이 빈곤에서 벗어난 것임에 틀림없다. 이 지역의 주요 3개국인 일본, 한국, 중국은 모두 급속히 발전했는데 그 과정에서 도시화가 중요한 역할을 했다.

먼저 일본을 보자. 19세기 후반에 경제 현대화가 시작되었으나, 1930년대의 일본은 여전히 농촌 경제가 주를 이루었으며, 당시 1인당 GDP는 미국과 영국의 40퍼센트 정도에 지나지 않았다.[16] 하지만 일본은 제2차 세계대전으로 황폐해진 후 급속한 산업 발전 과정에 착수해, 1990년에는 소득 수준이 미국의 80퍼센트, 영국의 115퍼센트로 높아졌고, 부유한 나라들에서 전형적으로 나타나는 도시화 비율을 보였다.[17] 1980년대 말, 경제학자들은 경외심에 찬 목소리로 '일본의 기적'에 대해 이야기했다.

일본이 이룩한 발전의 핵심은 앞선 기술로 기계, 자동차, 가전제품을 제조해서 부유한 나라들에 수출하는 것이었다. 일본 정부는 처음에 이들 제품 생산의 엔진실로서 3개의 주요 도시인 도쿄, 오사카, 나고야의 개발에 주력했는데, 이 세 도시는 태평양벨트지역Pacific Belt Zone이라 불렸다.[18] 세 도시 모두 제2차 세계대전으로 심각한 파괴와 끔찍한 인명 손실이 발생했다. 하지만 일본은 재건 원조를 받아 현대적인 인프라 위에 이 세 도시를 재건했으며,

이는 일본 경제가 순조로운 출발을 하게 했다. 이후 세계 최고의 운송 인프라에 대한 투자, 그리고 3장에서 이야기한 대로 지역 개발을 위한 일본 정부의 수십 년에 걸친 노력 덕분에 이 세 도시 외의 제조업 중심지가 발전하기 시작했다.

일본의 경제 발전은 사회 정책에서 일어난 많은 변화와 관련이 있었다. 일본 정부는 전쟁 이전 시기에 피임을 금지하고 가정생활에 충실한 여성이라는 전통 개념을 옹호하면서 인구를 늘리기 위해 적극 노력했다. 하지만 전쟁 이후 수십 년 동안 이런 입장은 뒤바뀌었다. 높은 인구 증가율이 국가 발전에 미치는 영향을, 일본 정부가 점점 경계하게 되었기 때문이다. 1948년 비록 조건부이기는 했지만 낙태가 합법화되었고 가족계획을 장려하는 전국 운동이 시작되었다.[19, 20] 그 결과 출산율이 1930년 여성 1인당 약 다섯 명에서 1960년 약 두 명으로 급격히 낮아져 인구 증가 속도가 두드러지게 줄어들었다.[21] 인구 증가가 둔화되면서 노동력이 부족해지자 급속히 발전하는 제조업 중심의 도시는 임금을 올려 더 많은 농촌 인구를 도시로 끌어들였다. 동시에 기계화에 힘입어 농업 생산성이 계속해서 향상되었다. 그 결과 불과 몇십 년 만에 일본은 부유한 나라들과 견줄 만한 생활수준을 가진 선진화하고 도시화한 경제로 이행했다.

한국의 경우에는 이런 이행이 훨씬 더 인상적이었다. 한국은 오늘날 에스파냐보다 더 부유하지만 1960년에는 1인당 소득이 현재

서반구에서 가장 가난한 나라인 아이티보다 낮았다.[22] 1945년 일본의 점령이 끝나면서 한반도가 분할되어 남한은 북한의 풍부한 천연자원으로부터 사실상 차단되었다.[23] 한국전쟁이 끝난 이후에 한국은 외국 원조에 크게 의존했다.[24] 1960년대 초, 미국이 원조 중단을 계획하면서 한국의 경제 전망은 암울해 보였다.

1961년 군사 쿠데타로 정권을 잡은 한국 정부는 일본에서 큰 성공을 거둔 수출 주도 산업화 모델을 모방하기 시작했다. 값싼 노동력이 풍부하다는 점을 고려해서, 처음에는 직물 같은 경공업에 중점을 두었다. 이미 필요한 인구와 기본 인프라를 보유한 서울은 빠르게 이들 산업의 중심지로 떠올랐는데, 정부가 만든 구로공단 같은 산업 단지들이 제조업 성장에 박차를 가했다.[25]

하지만 곧 문제가 나타나기 시작했다. 서울의 제조업 일자리는 크게 증가하고 있었으나 인구가 훨씬 빠른 속도로 늘어 대량 도시 빈곤으로 이어졌다.[26] 1970년 한국의 출산율은 여전히 여성 1인당 다섯 명 정도였다. 기대수명이 빠르게 늘어난 결과 인구 증가율이 매우 높았다. 농업 수확량이 늘기는 했으나 농촌에서 폭증하는 인구를 먹여 살리기에는 부족해 많은 사람들이 절박한 심정으로 서울로 이주하게 되었다.

1970년대에 한국 정부는 이런 문제를 고려해 발전 전략을 변경했다. 곡물의 품종을 개량하고 화학비료를 사용하는 등 농업을 현대화했다. 1980년 1헥타르당 쌀 생산량이 일본을 따라잡아 농촌 탈출로 인한 도시 빈곤의 증가를 막는 데 도움이 되었다. 더욱이 한국 정부는 평지가 많고 항구 건설이 용이한 남동부 지역의 여러 도시에 철강, 석유화학, 조선 같은 중공업을 장려해서 서울로부터 생산을 분산시켰다.[27] 서울은 단연코 한국 최대의 도시였으나, 지리적으로 더 넓어진 취업 기회는 수도의 과밀을 덜어주었다. 이렇게 좀 더 자본집약적인 제조업으로 전환하면서, 한국은 무역에서 경쟁 우위였던 값싼 노동력에 의존하는 데서 벗어날 수 있었다. 이것은 인구 증가가 둔화되기 시작하자 더 중요해졌다. 2000년 한국은 도시화율이 미국과 유럽의 주요 국가들보다 높아졌으며, 고소득 국가이자 세계의 제조업 강국으로서 입지를 굳혔다. 이 책을 쓰는 현재 한국은 출산율이 여성 1인당 0.9명으로 세계에서 가장 낮다.

두 나라 모두 발전 과정이 순조롭지는 않았다. 한국에서는 대규모 철거가 흔했다. 두 나라는 급속한 인프라 개발과 자본 축적을 위해 과도하게 부채에 의존한 결과 1990년대에 심각한 금융위기가 발생했다. 급격한 출산율 감소로 두 나라 모두 인구 고령화 문제도 보이고 있다. 하지만 높은 수준의 번영이 불과 50년 만에 이루어졌으며, 이는 도시의 발전에 기반을 둔 변화였다.

중국의 경험은 훨씬 더 인상적이다. 지난 40년 동안 중국에서 8억 명 이상의 사람들이 극심한 빈곤에서 벗어났으며, 이것만으로도 전 세계 극빈자 수가 75퍼센트 줄었다.[28] 2020년대 어느 시점에, 중국은 아마도 세계은행의 고소득 국가 기준을 넘을 것이다. 1950년 중국이 세계 최빈국 20위 안에 들었던 점을 감안하면, 이는 놀라운 반전이다.[29] 다른 나라들에서와 마찬가지로 도시가 이 발전의 엔진 역할을 했다. 이렇게 많은 사람들이 이렇듯 짧은 시간에 농촌에서 도시로 이동한 적은 없었다. 2030년 세계의 도시 거주자 다섯 명 가운데 한 명이 중국인일 것이다.

중국의 경제 현대화는 덩샤오핑의 지휘 아래 1970년대 말 본격적으로 시작되었다. 첫 개혁 분야는 농업으로, 토지를 집단 경영에서 제외하고 '가족 단위 농업 생산 책임제'를 도입해 손익에 대한 책임을 농민에게 넘겼다. 이것이 농민들이 더 효율적으로 농사짓도록 만들어 곡물 수확량을 늘릴 토대를 만들았다. 그다음은 산업이었다. 중국 지도부는 경제를 외국의 영향에 한꺼번에 개방하기보다 4개 해안 도시인 선전, 산터우, 주하이, 샤먼에 '경제특구'를 만들었다. 이를 통해 외국의 다국적기업에 세금 혜택과 기업 친화적인 경영 환경을 제공하고 그 대가로 생산 시설을 세우게 했다. 이 초기 실험은 빠르게 성공을 거두었고, 이것이 1984년 여러 '개방형 해안 도시'의 지정으로 이어져서 중국이 세계 공급망에 속하게 되었다.

일본, 한국과 마찬가지로 중국의 급속한 인구 증가는 번영하는 도시 사회로의 전환에 잠재적 장애가 되었다. 1970년대 말 결연한 정부의 대중매체 캠페인과 중국 자체의 피임약 개발 덕분에 출산율이 이미 여성 1인당 세 명 정도로 떨어졌다.[30] 하지만 사망률이 급감하면서 1980년의 인구가 이미 10억 명에 이르러, 1949년 공산당 집권 이후 거의 2배가 되었다. 인구가 계속해서 빠르게 증가하리라는 전망에 놀란 중국 지도부는 1980년 출생률을 낮추기 위해 과감하게 '한 자녀 정책'을 도입했다.

초기의 급속한 경제 발전은 해안을 따라 늘어선 도시들에 집중되었으나 곧 청두, 우한, 충칭 같은 내륙으로 확산되어 이들 도시가 제조업 중심지로 변모했다. 이 도시들은 점점 더 많은 농촌 인구를 흡수했다. 현재 세계 최대 규모인 고속철도망의 개발은 중국 내륙 도시가 성장하고 해안의 항구와 연결될 수 있게 한 중요한 요인이었다.

오늘날 중국은 팽창하는 도시망을 19개 '대도시권 클러스터'로 통합하는 과정에 있다. 이 가운데 가장 큰 주강 삼각주 클러스터는 서론에서 이야기했다. 상하이를 중심으로 하는 양쯔강 삼각주 클러스터와 베이징-톈진-허베이 클러스터는 규모가 비슷할 것이다. 이 19개 클러스터는 2030년 중국 GDP의 80퍼센트를 차지할 것으로 예상된다.[31] 중국의 계획자들은 육지와 물이 결합된 2개의 수평 및 3개의 수직 '회랑지대'를 만들어 이들 도시 클러스터를 연결하려고 구상 중이다.[32]

해안 도시와 내륙 도시 사이의 생활수준이 벌어지지 않도록 하는 것은 중국 지도자들의 영원한 과제였다. 역사적으로 보면 보조금과 인프라에 대한 정부 투자로 내륙 도시의 산업 기반을 구축하는 데 중점을 두었다. 하지만 최근에는 선전과 상하이 같은 항구도시가 혁신 허브로 발전하면서 해안과 내륙 도시 간 격차가 좁혀지지 않고 있다. 이로 인해 중국 정부도 내륙 도시를 최신 기술 허브로 전환하는 데 중점을 두게 되었다.[33] 새로운 보조금은 내륙 도시의 기술 기업을 지원하는 데 중점을 두고 있으며, 5G 같은 인프라 구축에 투자를 늘렸다. 내륙 도시들은 또한 오락, 레저 센터를 지원하고 의료 및 교육 같은 서비스를 개선함으로써 젊은 지식 노동자들을 끌어들이기 위해 노력하고 있다.

중국은 호적제로 인한 생활수준의 지리적 격차를 줄이기 위해 애쓰고 있다. 이 제도에서는 각 가구가 출신지에 등록되어 다른 곳에서 사회보장, 교육, 의료 같은 기본권에 접근할 수가 없다. 일하기 위해 이주하면, 기본적인 보호 없이 불안정한 고용 상태에 놓이는 경우가 흔하다. 이로 인해 도시에서 일하는 농촌 이주자들은 큰 어려움을 겪었으며 도시의 불평등은 심화되었다. 또 노동 연령의 성인은 일하러 도시로 떠나고 아이들과 노부모는 농촌에 남게 되어 가족의 고통스러운 이별을 초래했다. 300만 명 미만의 도시에서 호적 취득 제한을 폐지하려는 최근의 움직임은 합당하다. 하지만 이것이 모든 도시로 확대되어 사람들이 기회가 있는 곳이면 중국 어디든 가족과 함께 이주할 수 있어야 한다.

발전 없는 도시화

일본, 한국, 중국에서 보이는 도시화와 경제 발전의 긴밀한 연관성이 다른 개발도상국에 그대로 적용되지는 않는다. 콩고를 보자. 콩고의 도시화율은 46퍼센트로, 도시에 사는 인구 비율이 콩고보다 약 6배 부유한 이집트보다 더 높다.[34] 사실 산업화가 진행되는 동안 부유한 나라들이 경험한 것과 비교할 때, 1950년 이래 대부분 가난한 나라들은 소득 증가 속도보다 훨씬 빠르게 도시화되었다.[35]

중국 당국은 도시 성장 계획에서 강력한 역할을 한 반면 다른 나라에서의 도시화 과정은 좀 무질서한 경향이 있다. 예를 들어 인도에서는 도시들이 행정상의 경계를 훨씬 넘어 팽창하고 성장은 무계획적이어서 사람들은 어디든 빈 땅에 정착했다. 공기 오염이 세계 최악인 30개 도시 가운데 22개가 빠르게 성장하는 인도에 있다.[36]

개발도상국들에서 발전 없는 도시화는 심각한 빈곤으로 이어진다. 흔히 빈민가라 일컫는 비공식 주거지에 사는 개발도상국의 도시 인구 비율이 높다는 사실이 이런 슬픈 현실을 잘 말해준다. 런던과 뉴욕에는 19세기에 이런 주거지가 있었으나, 오늘날 가난한 나라들에서는 그 규모가 훨씬 더 크다. 콩고의 도시 인구 가운데 대략 80퍼센트가 이런 지역에 살고 있다.[37] 비공식 주거지에 살고 있는 뭄바이 인구는 700만 명이 넘을 것으로 추산되는데, 이는 덴마크의 인구보다 많다.[38] 영화 〈슬럼독 밀리어네어〉에 나오는 다라비는 이런 지역 가운데 하나이다. 평일에 1인당 면적이 약 160제곱피트(15제곱미터)인 맨해튼이 혼잡하다고 생각한다면, 다라비의 1인당 주거 면적이 30제곱피트(3제곱미터 미만)에 지나지 않음을 떠올려보라.[39]

이 비공식 주거지의 생활환경은 매우 열악하다. 대부분의 주민이 화장실이 없고, 공동변소나 심지어 공터를 이용한다.[40] 많은 경우 쓰레기 수거 서비스가 없으며, 이는 쓰레기를 길가에 버리거나 집 근처에서 불태운다는 뜻이다. 조명, 요리, 난방을 등유, 숯, 양초 같은 전통 연료원에 의존해 화재 위험이 높은데, 이는 높은 인구밀도와 소방 서비스의 부재로 악화된다. 깨끗한 물도 부족해 많은 가정이 공동 수도를 이용한다. 독점기업이나 폭력 조직은 비공식 주거지에 사는 주민들이 기본 서비스를 이용할 때 공정한 시장 가격보다 훨씬 비싼 가격을 내도록 강요한다.

이런 주거지의 증가를 주도하는 국내 이주는 농촌 지역의 생활환경이 더 열악하다는 암울한 현실을 반영한다. 나이지리아의 주요 도시인 라고스는 극빈층 비율이 농촌의 절반에 못 미친다.[41] 그리고 라고스 주민의 대략 25퍼센트가 깨끗한 식수를 먹지 못하지만, 놀랍게도 농촌에서는 그 수치가 70퍼센트이다.[42] 많은 가난한 나라에서 농촌 주민은 생존의 위기에 처해 있는데, 영양실조와 빈곤의 악순환을 깰 수 있는 일자리 또는 교육에 대한 접근성이 부족한 점이 특징이다. 콩고 같은 가난한 나라의 농촌 주민들은 내전 중에 도시로 피신해서 이미 과밀한 비공식 주거지에서 피난처를 찾아야 했다. 9장에서 좀 더 깊이 살펴보겠지만, 기후변화가 이 문제를 악화시키고 있다.

비공식 주거지에 사는 많은 사람들이 미니밴 택시를 타고 가거나 복잡한 도로를 따라 걸어가 청소 또는 가사 노동 같은 일자리를 얻는다. 또 다른 많은 사람들은 정규 일자리가 없어 비공식 경제에서 근근이 생계를 이어간다. 길거리에서 음식을 팔고 쓰레기를 수거하고 옷을 수선하는 등 분주히 돌아가는 지역 경제에 기여하는 다양한 방법으로 말이다.

이런 보호받지 못하는 비정규직이 개발도상국들의 모든 도시 고용의 50퍼센트 이상을 차지한다.[43] 인도 콜카타 같은 도시에서는 80퍼센트가 넘는다.[44] 비공식 경제는 남녀 모두에게 주요 생계 수단이지만, 여성들이 이런 일자리 대다수를 차지한다.

비공식 경제에서의 삶은 위태롭다. 안타깝게도 일부 사람들은 절박감에서 매춘이나 범죄에 내몰린다. 예를 들어 리우데자네이루의 빈민가는 이 도시의 높은 살인율을 주도하는 마약 갱단의 본거지이다. 1960년대에 비공식 주거지를 눈에 띄지 않는 도시 주변부로 이전해 많은 일자리와 멀어지게 만든 브라질 정부의 정책이 낳은 결과다.[45] 2002년 영화 〈시티 오브 갓〉은 이런 빈민가에 사는 주민들의 폭력적인 세계를 생생하게 그렸다.

비공식 주거지에 대한 '현대화' 이론은 이런 곳들이 경제 발전 과정에서 자연스럽고 일시적인 현상이라고 말한다. 소득이 증가하면서 도로, 하수도, 수도, 전기 등 인프라와 개발 계획에 의해 가건물이 대체된다. 하지만 오늘날 많은 가난한 나라들의 비공식 주거지에는 큰 변화가 없다. 방글라데시 같은 나라에서는 비공식 주거지가 계속 넓어지고 있으며, 브라질같이 제법 번영한 나라들에서도 그 규모가 수십 년 동안 변함없이 유지되고 있다. 이런 비공식 주거지에 사는 몇몇은 이곳을 벗어날 수 있을 만큼 돈을 벌지만, 대부분은 그렇지 못하다. 그들은 수십 년 동안 같은 자리에 갇혀서 자녀가 자신과 같은 환경에서 자라는 것을 본다. 실제로 이런 곳은 열악한 의료 및 교육이 아이들의 가능성을 짓밟아버리기 때문에 여러 세대에 걸쳐 가난이 대물림된다.[46]

그 결과 일부 나라는 비공식 주거지를 뿌리 뽑는 일을 정부의 우선 과제로 삼았다. 예를 들어 2016년 이집트 정부는 5개년 계획을 시작해서 약 85만 명의 사람들을 보조금을 받는 공공 주택으로 이주시키는 데 성공했다. 한 걸음 더 나아가 2030년까지 모든 비공식 주거지를 없애겠다는 야심 찬 계획을 세웠다.[47, 48] 방대한 철거와 재개발이 이루어져야 하는 이 계획은 수많은 문제를 낳기도 했다. 새로운 주거 지역이 생활환경과 의료 및 교육 같은 기본 서비스에서는 한 단계 향상되었을지 모른다. 하지만 많은 이주민들이 살던 지역사회 및 지원 단체와 단절되고 비공식 경제 또는 근처 직장을 통해 이어가던 생계가 끊기고 말았다.[49] 이주민들이 일자리를 찾지 못하면 새롭게 개발된 주택단지가 빈민가로 빠르게 전락할 위험이 있다. 이런 빈민가 철거가 개인에게 주는 고통이 로힌턴 미스트리의《적절한 균형》에 가슴 뭉클하게 묘사되어 있다.

다른 접근법은 비공식 주거지를 개선하는 데 중점을 두는 방법이다. 일부 경제학자 사이에 인기를 얻고 있는 한 가지 방식은 부동산 시장이 좀 더 효율적으로 작동하게 만드는 것이다. 페루 경제학자 에르난도 데 소토가 이끄는 이 학파는 비공식 주거지에 사는 사람들은 소유권이 없고 철거될 위험이 높기 때문에 자신의 집과 동네를 개선하는 데 투자할 동기나 돈이 없다는 점의 관찰에서 시작한다.[50] 토지 소유권을 주는 것이 해결책으로 보인다. 그러면 그곳에 사는 사람들이 자기 집을 고치기 위해 돈을 쓸뿐더러 대출을 받아서 작은 사업을 시작하거나 아이들을 교육시킬 수 있다.

일부 사람들은 토지 소유권을 인정해주는 계획을 마법의 해결책으로 보았다. 그러나 결과는 실망스러워서 기대했던 만병통치약이 아니었음을 보여주었다.[51] 비공식 주거지 문제의 빠른 해결책이란 없다. 의료 및 교육과 함께 깨끗한 물, 위생 시설과 전기 같은 기본 서비스에 접근할 수 있게 하는 것이 꼭 필요하지만, 재정이 나쁜 정부에게는 쉽지 않은 일이다. 주민들이 가난에서 벗어날 수 있게 하는, 괜찮은 임금을 주는 일자리를 만들어내는 일이 훨씬 더 중요하다. 그러려면 발전 없는 도시화의 근본 원인을 이해하고 해결해야 한다.

인구 수가 문제일까?

4장에서 산업혁명 초기 단계에 도시의 생활환경이 얼마나 끔찍했는지 이야기했다. 이런 과밀한 도시에 끊임없이 전염병이 도는 것이 특히 문제였다. 이후 이런 질병과의 싸움에서 급진전이 이루어졌는데, 다음 장에서 그 여정을 자세히 살펴볼 예정이다. 나중에 도시화한 가난한 나라들은 영국과 미국 같은 나라에서 일군 토대에서 혜택을 얻어 비슷한 소득 수준에서 훨씬 낮은 사망률을 보였다.

의심을 피하기 위해 말해두자면 우리는 아동 사망률이 낮아지고 노년까지 사는 사람들이 많아지는 것이 축하할 일이라고 생각한다. 가난한 나라들에서 공중 보건을 개선하려는 기관 및 개인의 지칠 줄 모르는 노력은 고무적이다. 그렇지만 가난한 나라들에서 사망률이 감소하자 인구가 극적으로 팽창했다. 유아 사망률이 떨어지면 여성은 자녀를 덜 낳는 경향이 있다. 문제는 출산율 감소의 효과가 지연되어 나타난다는 점이다. 그래서 많은 경우에 농촌의 생계 공동체는 먹여 살릴 입이 더 많아져 고군분투했고 그 결과 필사적으로 도시로 탈출했다.

동아시아의 주요 국가들에서는 앞서 말한 정부 정책에 의해 폭발적인 인구 증가세가 수그러들었다. 하지만 예를 들어 인도에서는 출산율이 꺾이는 속도가 느렸다. 현재는 출산율이 대략 기존 인구를 대체하는 수준으로 떨어졌으나, 높은 출산율과 유아 사망률 감소로 인해 앞으로 수십 년 동안 인구수를 계속 늘릴 젊은층이 급증했다. 기후변화로 인해 악화된 빈곤이 농촌 탈출의 한 원인이 되고 있다.

도시화 자체가 출산율을 낮추는 중요한 요인일 수 있다. 모든 개발도상국에서 도시 여성의 자녀 수가 농촌 여성보다 평균 1.5명 적다.[52] 도시의 여성은 보통 가임 기간 가운데 많은 시간을 교육에 쓰고, 집 밖에서 일할 가능성이 높으며, 대개 사회안전망과 노령연금 덕분에 자녀에게 덜 의존한다. 농촌에서는 어린아이들이 가축이나 농작물을 돌보며 가족을 부양하는 일이 흔하다. 도시의 일부 아이들도 상황에 따라 일을 하지만, 이들이 학교에서 보내는 시간이 농촌 아이들보다 훨씬 많으며, 이는 대가족의 경제적 근거를 약화시킨다. 피임과 다른 가족계획법에 대한 인식 및 접근성도 도시 지역이 더 높다.

그 결과 개발도상국에서 세대 간 출산율이 극적으로 달라질 수 있다. 고탐 아다니*의 부모는 농촌인 구자라트의 작은 마을 출신이었으나 더 나은 삶을 위해 여덟 명의 아이들을 데리고 아메다바드라는 주요 도시로 이주했다.[53, 54] 고탐의 아버지는 섬유 회사를 세워 크게 성공해 자녀 교육비를 댈 수 있었으며 어머니는 집에서 아이들을 돌보았다. 인도 최고의 부자 가운데 한 사람이 될 아다니는 치과의사와 결혼해 자녀를 둘만 두었다.

하지만 사하라사막 이남의 여러 아프리카 국가에서는 출산율이 여전히 매우 높다. 예를 들어 나이지리아는 현재 출산율이 여성 1인당 약 다섯 명이고 유아 사망률이 1000명당 55명을 약간 웃돈다.[55] 인도가 나이지리아와 유아 사망률이 같았을 때 출산율은 여성 1인당 약 세 명이었다.[56] 사하라사막 이남의 여러 아프리카 국가에서 피임약 복용 비율이 낮은 것이 한 가지 요인이다. 또한 사회에서, 특히 사하라사막 바로 아래에 있는 사헬 지역에서 여성의 역할을 제한하는 시선도 중요하다. 이런 억압적인 신념이 많은 여성이 일자리를 얻지 못하게 하고, 여자아이의 교육을 가로막으며, 가정 내 남성의 지배력을 강화한다. 그리고 이 모든 것이 출산율을 높인다. 케냐와 에티오피아 같은 사하라사막 이남의 여러 나라에서 출산율이 떨어지고 있기는 하지만, 나이지리아와

---

* 인도의 항구 개발 및 운영에 관여하는 다국적 대기업인 아다니 그룹의 창립자이자 회장.

콩고 같은 다른 나라에서는 그 속도가 더디다.[57]

많은 가난한 나라에서 농업 현대화가 지연된 것도 도시화를 가속했다. 농업 생산성과 도시화의 연관성은 미묘하다. 인구 증가를 넘어서는 농업 생산량의 급속한 증가는 도시화의 동력이 될 수 있다. 인구 증가로 인해 토지를 경작해야 할 필요에서 벗어나기 때문이다. 이는 미국 같은 나라에서 산업화 전반에 걸쳐 일반적으로 나타나는 양상이다. 하지만 급속한 인구 증가를 경험하고 있는 우간다 같은 개발도상국에서는 너무 적은 농업 생산량이 도시화를 주도할 수도 있다. 사람들이 기아를 피해 일자리를 찾을 수 있는 도시로 이주하기 때문이다. 오늘날 식량 공급과 무역은 세계화되어 있고, 이는 도시화 속도가 더 이상 한 나라 자체의 농업 잉여에 영향받지 않음을 뜻한다.

많은 가난한 나라에서 농업 생산성이 좋아지는 속도가 더딘 이유에 대해서는 상당한 논쟁이 있다. 한 가지 설명은 제2차 세계대전 직후 수십 년 동안 여러 개발도상국에서(라틴아메리카에서 가장 열렬했으나 남아시아와 사하라사막 이남 아프리카에서도) 채택한 '수입 대체 산업화'라는 발전 전략에 있다. 동아시아에서 따랐던 수출 지향 발전 모델과 달리, 이 접근법은 자국 산업을 외국 경쟁으로부터 보호함으로써 수입하는 외국 제품을 국내산으로 대체하는 데 중점을 두었다. 문제는 이들 나라의 국내 시장이 작아서 보호받는 산업의 규모가 독자 생존하기에 부족했다는 점이다.[58] 이러한 산업을 유지하는 데 상당한 공적 자금이 투입되다 보니 현대적 관개 시스템 같은 필수적인 농업 부문에 투자할 공적 자금이 거의 남지 않았다. 또 종종 농산물 가격을 시장 가격 이하로 제한해 제조업 노동자의 임금을 간접적으로 보조했는데, 이로 인해 농민의 수익이 줄어들었다.[59]

이후 수입 대체 모델은 전 세계에서 인기를 잃었으며, 최근 수십 년 동안 많은 가난한 나라들은 농업의 현대화로 이익을 얻었다. 하지만 사하라사막 이남 아프리카에서는 농업 생산량이 여전히 세계의 다른 지역보다 훨씬 낮다. 나이지리아의 헥타르당 곡물 생산량은 중국의 4분의 1에 지나지 않는다.[60] 이는 척박한 토양에 기후변화, 가뭄, 기상이변이 더해진 결과이다. 9장에서 이 문제를 좀 더 자세히 다룬다. 하지만 이는 부분적인 설명에 지나지 않는다. 많은 지역의 농업이 무기질 비료 및 화학제품, 현대적 기계와 개량종자의 부족으로 과거에 머물고 있다. 낮은 농업 생산성과 높은 인구 증가율의 상호작용이 개발도상국에서 도시로의 급속한 이주와 비공식 주거지의 증가가 계속되는 이유를 설명하는 데 큰 도움이 된다.

지금까지 우리는 많은 가난한 나라에서 도시가 조기 성장하는 원인에 초점을 두었다. 마찬가지로 발전 없는 도시화에서 중요한 것은 지연된 산업화다. 제조업은 도시의 가난한 사람들을 대량 고용함으로써 잘살게 해주는 중요한 디딤돌이었다.

가난한 나라들이 왜 산업화에 실패하는지는 단 하나로 설명이 불가능하며 완벽히 설명해내는 것이 이 책의 초점도 아니다. 하지만 몇 가지 두드러지는 점은 언급할 만하다. 첫째는 기업 환경이 중요하다는 점이다. 빠르게 산업화를 이루려면 일반적으로 정부의 적극적인 역할이 필요하다는 점을, 앞서 이야기한 동아시아 3국은 분명하게 보여준다. 하지만 부패하고 비효율적인 정부가 과도하게 간섭하면 시장이 자본과 인력을 생산성이 높은 기업들에 효율적으로 분배하지 못하게 된다.

많은 가난한 나라들에서 내전이 산업화를 가로막기도 한다. 특히 식민 지배를 거치며 임의로 분할된 나라들은 국가 정체성이 없는 민족 집단 사이에 충돌이 거듭되고 있다. 내전은 산업화에 꼭 필요한 인프라를 파괴하고 국내외 투자를 약화시킨다. 1960년 이후 내전이 지속된 기간은 평균 8년이었으며 분쟁 이전 수준으로 소득이 회복되는 데는 14년이 걸려서, 발전을 상당히 지연시켰다.[61] 내전을 겪은 나라들은 높은 실업률과 제 기능을 못 하는 국가 기관 때문에 주기적으로 내부 폭동이 일어나고, 이는 산업화를 가로막는다.

천연자원 수출에 대한 지나친 의존도 산업화를 방해할 수 있다. 가난한 나라에서 석유나 금이 나는 것이 행운 같겠지만, 경제학자들은 이를 '자원의 저주'라 말한다. 이런 자원을 해외에 팔 때 구매국은 거래를 위해 그 나라의 통화를 구매해야 하고, 이는 수출국의 환율을 높인다. 문제는 환율이 높아지면 외국 구매자가 그 나라로부터 공산품 등의 제품을 구매할 때 가격이 비싸져 그 나라의 산업화에 제동을 건다는 점이다. 또한 외국인이 그 나라를 방문할 때 비용이 더 들어 관광업을 억누른다.

천연자원에 대한 과도한 의존은 또한 과도한 도시화를 불러올 수 있다. 오늘날 자원 채취는 자본 집약적 성격을 띠어서 그로부터 발생하는 대부분의 가치가 소수 부유한 엘리트의 손으로 흘러가는데, 이들 대다수가 그 나라의 주요 도시에 거주한다.[62] 이것이 방대한 광물 매장량을 가진 콩고 같은 나라가 의미 있는 산업화를 못 이룬 채 고도로 도시화된 이유를 설명한다. 이런 양상은 라틴아메리카와 동남아시아의 여러 국가뿐만 아니라 자원이 풍부한 아프리카의 많은 나라에서도 분명하게 나타난다. 엘리트들의 요구에 부응하면 도시 빈민에게 일자리를 제공할 수는 있지만, 이는 모두가 잘살게 되는 길은 아니다. 이러한 경제 모델은 세계 상품 가격의 등락에 따른 국민 생활수준의 불안정과 심한 불평등을 낳는다. 급속히 진행되는 도시화와 불완전한 산업화가 합쳐지면 경제적인 성공은 어렵다. 이것이 앞서 이야기한 동아시아 3국의 경험이 전형이기보다 예외인 이유이다. 앞으로 문제는 다른 가난한 나라들이 저 선구자들이 개척한 길을 따를 수 있을지, 아니면 기술 변화가 경제 발전 과정을 돌이킬 수 없을 정도로 바꾸어놓을지이다.

경제 발전의 사다리를 오르는 법

노동력은 풍부하지만 물적, 인적 자본이 부족할 때 노동 집약적 활동으로 시작해서, 투자가 많아지고 인프라가 발전함에 따라 자본 집약적 활동으로 넘어가며, 마침내 교육을 받은 값비싼 노동력으로 (신기술 개발과 글로벌 기업의 경영 같은) 지식 집약적 활동으로 이행하는 것이 정형화된 경제 발전의 사다리다. 우리는 현재 동아시아에서 이 마지막 단계를 보고 있다. 일본은 로봇 생산 부문에서 세계를 이끌고 있고, 한국은 GDP 대비 R&D 비율이 세계에서 이스라엘 다음으로 높다.[63] 불과 수십 년 전만 해도 저렴한 노동력에 크게 의존하던 중국은 점점 기술 강국으로 떠오르고 있다.

하지만 3장에서 언급한 대로 부유한 나라들에서 제조업이 자동화하면서 생산의 노동 집약도가 이전보다 훨씬 덜해졌다. 기술이 비숙련 노동력의 필요를 줄이면서, 여전히 산업화의 초기 단계에 있는 나라들이 경쟁 우위로 삼을 만한 원천이 무엇일지는 불분명하다. 방글라데시는 풍부하고 저렴한 노동력 덕분에 노동 집약적인 의류 산업의 주요 생산지로 자리를 잡았다.[64] 하지만 바느질을 할 수 있는 로봇이 곧 방글라데시의 제조 부문의 발목을 잡을 수도 있다.[65] 아직 산업화 여정을 시작하지도 않은 가난한 나라들은 더 암울하다. 많은 부유한 나라들이 유권자를 만족시키고 세계 공급망에 대한 의존도를 줄이기 위해 제조업을 다시 본국으로 가져오려고 적극 노력하고 있기 때문에 문제는 더 커질 것이다.

전통적인 산업화 경로가 없는 가운데, 다른 어떤 경제 발전을 이룰 수 있을까? 멋진 풍광 또는 온화한 기후의 축복을 받은 가난한 나라들은 관광업으로 계속 돈을 벌 것이다. 하지만 관광업의 일자리는 비교적 임금이 낮으며, 많은 가난한 나라들은 태국의 해변이나 탄자니아의 야생동물을 갖고 있지 않다. 또 다른 선택지는 비용이 저렴한 콜센터나 회계 같은 사무 서비스를 제공하는 것이다. 하지만 이렇게 대단히 일상화된 일들은 이미 자동화되고 있으며, 최근 생성형 인공지능의 발전으로 대체 위험성이 높아지고 있다.

이주에 대한 합의가 일부 해결책이 될 수 있다. 세계의 많은 가난한 나라들은 앞으로 수십 년 동안 급속한 인구 증가를 경험하겠지만, 많은 부유한 나라들(과 칠레 같은 일부 중간 소득 국가들)은 급속한 노령화를 겪으며 앞으로 수십 년 동안 인구가 줄 것이다. 일본은 이미 이런 추세를 보여준다. 일본 인구는 2011년 이후 줄어들고 있으며 2050년에는 현재 인구의 거의 4분의 1인 3000만 명이 될 것이다. 급속한 노령화와 출산율 저하를 겪는 다른 나라들처럼, 일본에서는 줄어드는 노동 연령 인구가 점점 늘어나는 은퇴 노인층을 부양해야 한다. 자동화하기 어려운 (자택 요양이나 접객 같은 분야의) 저숙련 일자리를 채우기가 훨씬 어려워져서 만성적인 일손 부족으로 이어질 것이다. 개발도상국의 수십억 인구가 절실히 일자리를 구하고 있는 상황에 이런 일이 일어난다면 터무니없을 것이다. 최근 몇 년 사이에 부유한 나라들에서 이민자들이 좋은 일자리를 훔치고 있다는 이유로 악마화되고 있지만, 중산층의 공동화는 이들 탓이 아니다. 합리적 해결책을 찾기 위해 정치적 용기가 필요하다. 틀림없이 이민자가 더 많이 필요할 것이다. 우리는 단순히 국경 개방을 주장하는 게 아니다. 이민자는 서류로 입증되어야 한다. 세금을 확실히 내게 하고 그들을 착취로부터 보호하기도 위해서라도 말이다. 그리고 이러한 통제는 이민자들이 그 사회에 잘 스며들도록 하는 노력으로 이어져야 한다. 이는 사회적 합의를 위해서도 꼭 필요하다. 이런 조건들이 마련된다면 이민의 증가는 모두에게 유리할 수 있다. 부유한 나라들이 인구 문제를 극복하는 데 도움이 되는 동시에 절실히 일자리를 구하는 수백만 명의 사람들에게 생명선이 되어 전 세계의 빈곤을 줄일 수 있다. 마찬가지로 가난한 나라의 인구는 부유한 나라의 5배 이상으로, 이는 세계 빈곤 문제를 해결하는 데 가장 큰 몫은 개발도상국에 있다는 것을 의미한다.

일부 사람들은 가난한 나라들이 도시를 지식 노동과 혁신의 허브로 변화시켜 발전의 사다리 꼭대기로 올라갈 수 있다는 희망을 버리지 않는다. 그 유망한 사례가 인도의 벵갈루루이다. 이 도시는 IT 아웃소싱 중심지로서의 오랜 역사와 역량 있는 대학 덕분에 많은 선진국의 지식 허브에 맞설 숙련된 인재들의 생태계를 만들었다. 현재 이 도시에는 아마존, 마이크로소프트, 메타, 구글의 역외 R&D 센터가 있으며, 연간 1300억 달러의 수출을 이루어내고 있다.[66] 벵갈루루는 재능 있는 기술자들을 베를린과 같은 벤처 자본 투자 풀pool과 연결해 전자상거래 회사 플립카트Flipkart부터 차량 공유 서비스 기업인 올가Ola까지 다수의 국내 디지털 챔피언을 탄생시켰다.[67]

다른 가난한 나라들도 이와 비슷한 성과를 내려 노력하고 있다. 예를 들어 라고스의 야바 지구(지역민들은 '야바콘 계곡'이라고 부른다)는 아프리카에서 디지털 인재의 중심지로 부상했다. 하지만 대부분의 이런 클러스터들처럼 여전히 규모가 작다. 이를 변화시키려면 고등교육에 대한 대대적인 투자가 필요하며, 여기에 신뢰할 만한 통신 인프라와 많은 벤처 자본이 뒷받침되어야 한다.

오늘날 가난한 나라들이 어떻게 번영을 이룰 것인가 하는 것은 어렵고도 시급한 문제이다. 답을 찾지 못한다면 많은 개발도상국의 도시들이 계속해서 빈곤 지역으로 전락할 위험이 있다. 이는 개발도상국 주민들에게 비극일뿐더러 다음 장에서 보게 될 것처럼 인류의 존재를 위협하기도 한다.

AGE OF THE CITY

8

어떤 도시가 전염병으로부터 안전할까

1348년 베네치아는 유럽에서 가장 번영하는 도시이자 최대의 도시였다. 이 도시는 유럽 대륙과의 교역을 위한 관문으로, 세계 곳곳에서 온 상인들로 가득해서 독특한 국제적 분위기가 났다. 또한 농촌 이주민들을 끌어들이고 있었는데, 농민들은 몇 년간의 기근에서 벗어날 곳을 찾고 있었다.

1348년은 흑사병이 배를 타고 베네치아에 도착한 해이기도 했다. 1352년 이 전염병이 베네치아 주민 약 60퍼센트의 목숨을 앗아갔다.[1] 높은 인구밀도는 흑사병이 급속히 퍼지기에 아주 적당했다. 또 이 도시의 번영은 전 세계적 연결에 의존하고 있었기 때문에 흑사병에 걸린 여행자들의 유입을 막기가 어려웠다. 베네치아가 최초로 격리(격리를 뜻하는 영어 단어 '쿼런틴quarantine'은 40일을 뜻하는 이탈리아어 '콰란타 지오르니quaranta giorni'에서 유래했다)를 도입하기까지는 30년 이상이 걸렸다. 이 도시국가는 전염병이 도는 항구에서 오는 모든 선박이 상륙하기 전 40일 동안 정박하게 했다.[2]

흑사병(또는 가래톳페스트)이 지중해 무역 중심지에 퍼지자 도시를 오가는 여행자를 통해 유럽 전역으로 들불처럼 번져나갔다. 결국 흑사병으로 유럽 인구의 40퍼센트가 사망한 것으로 추산된다.[3] 흑사병이 도는 피렌체에서 살아남은 이탈리아 작가 조반니 보카치오는 그 참상을 글로 남겼다. "구석구석 시체로 가득했다…… 형제가 형제를 버리고…… 부모는 마치 자신의 자녀가 아닌 듯 자녀를 보고 돌보기를 거부했다."[4]

전염병은 오랫동안 역사의 중요한 와일드카드였다. 일부 역사가들은 서기 2세기에 로마를 마비시킨 안토니우스 역병[*]이 로마 제국이 쇠퇴한 주요 요인이었다고 생각한다.[5] 비슷하게 서기 6세기에 콘스탄티노플을 휩쓴 유스티니아누스 역병은 로마를 재정복해서 옛 제국의 동쪽과 서쪽을 다시 통일하려던 비잔틴제국 황제 유스티니아누스의 꿈을 끝장냈다.[6] 흑사병으로 유럽에서 발생한 처참한 인명 손실이 봉건제가 무너진 주요 요인이었다. 이는 교회의 정통성을 약화하는 데도 일조했다.[7] 유럽인을 통해 아

---

[*] 당시 로마 황제의 이름에서 딴 명칭으로 로마-파르티아 전쟁에 참가했다가 복귀한 군인들에 의해 로마 전역에 퍼졌으며 일부 학자들은 천연두 혹은 홍역으로 생각하지만 실제 원인은 밝혀지지 않았다.

메리카로 간 천연두 같은 전염병이 급속히 퍼지면서 그 지역의 문명을 약화시켜 침략자들이 남북 아메리카를 다 쉽게 정복할 수 있었다.[8] 이런 일이 없었다면 그 세계가 오늘날과 매우 달랐을 것이다.

고립된 농촌에서 전 세계와 연결된 도시로의 전환이 어떻게 인류 발전에 중추 역할을 했는지 2장에서 살펴보았다. 하지만 그러면서 치른 대가가 없지 않았다. 서로 간의 연결이 한정적인 작은 공동체는 전염병이 잘 퍼지지 않는다. 반면에 인구밀도가 높고 교통이 발달된 도시는 질병이 쉽게 확산하고 변이가 일어난다.

문명의 여명기부터 최근까지, 최대의 인구 억제책은 기근이나 전쟁이 아니라 전염병의 위협이었다.[9] 가래톳페스트 같은 새로운 질병이 주기적으로 발병해 도시를 연결하는 수송 경로를 통해 빠르게 퍼져나갔고, 곧 걷잡을 수 없어져 단기간에 많은 목숨을 앗아갔다. 어떤 경우에는 숙주가 바닥나 전염병이 수그러들었다. 천연두는 말라리아와 홍역과 같은 다른 풍토병과 힘을 합쳐 인간의 치명적인 고통과 죽음의 원인이 되었다.

20세기에 전염병 퇴치에 주목할 만한 진전이 있었다. 현대 도시의 위생 시설이 콜레라나 장티푸스 같은 수인성 질병의 전염을 줄였다. 백신으로 천연두를 퇴치하고 소아마비와 홍역 같은 바이러스성 질병을 막을 수 있었다. 항생제는 결핵이나 심지어 가래톳페스트 같은 전염병을 일으키는 박테리아를 억제시켰다.

1987년 이런 승리에 힘입어 미국의 공중 보건국장 윌리엄 스튜어트는 과감히 "질병과의 전쟁에서 이겼다"고 선언했다.[10] 전염병으로 인한 사망률이 여전히 높은 가난한 나라들에서도 엄청난 진전이 있었다. 전염병은 패배한 것처럼 보였다.

코로나19 유행은 이런 순진한 생각을 산산이 깨부수었다. 코로나19의 세계적 유행은 2000만 명이 넘는 인명 손실로 이어졌는데, 이는 제1차 세계대전의 사망자 수와 비슷하다.[11] 대부분의 사망자가 가난한 나라에서 발생했으나 부유한 나라들도 예외가 아니어서 미국에서만 100만 명이 넘게 사망했다. 많은 독자들이 사랑하는 사람을 잃었을 것이다. 특히 백신이 나오기 전 첫해에, 코로나19에 취약한 노인, 의료진, 필수 노동자의 사망률이 매우 높았다. 또 많은 사람들이 '만성 코로나19증후군'으로 고통을 겪을 것이다. 우리는 그 지속적인 영향에 대해 이제 막 이해하기 시작했을 뿐이다.

코로나19의 영향은 인명 손실에 그치지 않았다.[12] 이 전염병의 확산과 보건 체계의 붕괴를 막기 위해 꼭 필요했던 봉쇄는 극심한 세계경제의 침체를 불러왔다. 부유한 나라들의 정부는 세계 금융 위기 동안 시행했던 경제 부양책이 왜소해 보일 정도의 부양책으로 개입했다. 이는 봉쇄가 불러온 경제적 타격을 상당히 줄였지만 이미 공공 재정이 한계에 이르고 경제성장은 부진한 시기에 정부 부채라는 오래갈 유산을 남길 것이다.[13] 재원이 없는 가난한 나라들은 이런 지원은 엄두도 못 내, 많은 사람들이 일을 그만두고 생계에 어려움을 겪거나 감염의 위험을 감수하면서 일을 계속했다. 여행이 금지되면서 특히 가난한 나라의 대다수 사람들에게 생명선이 되어주는 관광산업, 접객 산업, 오락 산업의 일자리가 사라졌다. 2020년에는 전 세계에서 거의 1억 명이 코로나19 대유행 이전보다 더 극심한 빈곤 속에 살고 있다.[14] 정부 부양책으로 경제를 되살릴 수 없는 가난한 나라들에서 회복이 더뎌 전 세계 빈곤에 미치는 파괴적인 영향이 길 것이다.[15] 러시아가 우크라이나를 침공하면서 불러온 식량 및 에너지 위기는 빈곤을 더욱 악화시켰다. 현재 전 세계 2억 명이 넘는 사람들이 코로나19가 유행하기 이전보다 심각한 식량 불안에 직면해 있다.[16]

코로나19의 대유행은 경제적 영향을 넘어 다른 방식으로도 피해를 입혔다. 미국에서 불안과 우울증을 호소하는 사람의 비율이 2020년 약 6배 증가했으며 청년층이 가장 큰 타격을 입었다.[17] 사람들은 대부분 사회적 소통이 단절되면 잘 대처하지 못한다. 많은 청년들이 취업이나 결혼 같은 인생의 주요 단계를 미룰 수밖에 없었다는 점도 이 불행의 한 원인이다.

현재 학교에 다니는 아이들 세대는 코로나19의 대유행이 남긴 여파를 수십 년 동안 느끼게 될 것이다. 코로나19의 유행이 시작되고 2년 동안 전 세계 학교들은 평균 20주 동안 문을 닫았고, 열더라도 부분적이었다.[18] 부유한 나라들에서 특권층의 아이들은 적절한 기술과 지원을 아끼지 않는 가정환경 덕분에 그렇지 못한 가정의 아이들보다 상황이 훨씬 나았다. 영국에서 소외 지역 중등학교의 학습 손실은 50퍼센트 더 컸다.[19] 학교에 다니지 못한 시간이 미친 영향은 단연코 가난한 나라들에서 더욱 컸다. 필리핀의 아이들은 7개월 동안 어떤 교육도 받지 못했다.[20] 코로나19가 대유행한 결과, 가난한 나라들에서 간단한 이야기도 읽지 못하는 10세 아동의 비율이 57퍼센트에서 70퍼센트로 높아졌다. 세계은행은 전 세계를 통틀어 이 세대 학생들의 평생 소득 손실이 20조 달러 이상이라고 추산했다.[21]

이 재난에 대한 기억이 희미해지도록 내버려두면서 100년에 한 번 일어날 일로 일축한다면 끔찍한 실수가 될 것이다. 인류는 재앙과도 같은 전염병으로 많은 이들이 인식하는 것보다 훨씬 더 큰 위험에 처해 있다. 인류와 전염병 간의 역사는 일련의 전염병학적 전환으로 요약할 수 있다. 첫 번째 시기에, 인류의 인구밀도와 상호 연결성이 커지면서 문명의 탄생과 함께 병원균이 증가했다. 두 번째 시기에는, 이들 병원균 이면의 메커니즘을 밝혀낸 덕분에 지난 2세기 동안 전염병이 감소했다. 일부 전염병학자들은 이제 전염병의 출현이 통제할 수 없게 가속화되는 세 번째 전환기에 들어섰다고 생각한다.[22] 코로나바이러스는 파괴적이었으나 여전히 다가올 사태의 전조에 불과할 수도 있다.

이언이 2014년에 출간한 《위험한 나비효과》는 세계가 얼마나 전염병 같은 위험에 취약해지고 있는지 탐구했다. 도시는 세계를 연결함으로써 여기에 중요한 역할을 했다. 뉴욕 지하철의 객차 한 대에는 약 250명이 탈 수 있는데, 이는 중세 시대 전형적인 마을의 인구 규모보다 더 크다.[23] 코로나바이러스가 대유행하기 이전인 2019년에 전 세계 항공 산업은 45억 명의 승객을 실어 날랐는데, 거의 모든 출발과 도착이 도시에서 이루어졌다.[24] 도시를 통해서만, 중국 중부 지역에서 발생한 신종 질병이 몇 주 만에 전 세계에 유행할 수가 있다.

도시의 전염병 사망률이 더 높은 이유

우리의 옛 조상이 사냥 및 채집에서 농업으로 전환하면서 전염병과 우리의 관계를 영원히 바꿔놓았다. 인구밀도가 높아지면서 미생물이 여러 숙주에 기생하기가 쉬워졌다. 가축과 반려동물에 많이 노출되면서 전염병이 동물에서 인간으로 옮겨가기 쉬워졌다. 그리고 정착지의 인간 배설물과 쓰레기가 질병을 퍼뜨리는 벌레와 설치류를 끌어들였다.

농업 정착지는 규모가 작고 비교적 고립되어 있어서 병원균이 대규모로 확산될 가능성이 적었다. 작은 마을에서 가축으로부터 인간에게 질병이 옮더라도 그 지역을 넘어 퍼지기는 어려웠다.

게다가 감염성 미생물이 한 개체군에 풍토화하려면 연이어 감염 시킬 수 있는 새로운 숙주가 필요하다. 고립된 마을에서는 숙주가 계속해서 제공되지 않을 것이다. 인구 규모가 크고 서로가 연결되는 도시가 나타고서야 병원균이 퍼지고 변이되어 사회가 속수무책이 되는 상황이 발생했다.

전염병에 많이 노출되면서, 도시 거주자는 평균적으로 더 잘사는데도 역사를 통틀어 농촌 거주자보다 사망률이 높다.[25] 실제로 질병의 증가는 역사적으로 도시 규모를 제한하는 요인의 하나였다. 도시의 물리적 범위가 도보 거리로 제한되던 시대에 인구가 팽창하면 인구밀도가 높아져서 감염으로 인한 사망률도 높아졌다.

바로 이런 일이 산업혁명 초기에 일어났다. 빠르게 성장하는 도시에서는 인구가 증가한 결과 전염병이 창궐했다. 급증하는 인구를 감당할 위생 시설이 제대로 갖춰지지 않아 콜레라와 장티푸스같이 오염된 상수도를 통해 전염되는 질병이 자주 발생했다. 또 점점 혼잡해지는 생활환경으로 인해 독감과 결핵 같은 질병도 돌았다. 그 결과 빈곤한 농촌 인구가 급속히 이주한 까닭에 팽창하기만 하던 산업혁명 초기의 도시들은 그 주민들에게 죽음의 덫이 되었다.

런던의 콜레라 지도

　전염병 통제는 현대의 위대한 성공 사례의 하나이다. 자식을 묻는 부모의 슬픔만큼 큰 슬픔은 없다. 다행히도 오늘날 영국 아동 1000명 가운데 네 명만이 5세 이전에 사망한다. 하지만 1800년에는 그 수치가 10명 가운데 세 명이었으며, 그 대다수가 전염병 때문이었다.[26]

　이렇듯 짧은 기간에 얼마나 많은 발전이 이루어졌는지 이해하려면 최근 몇 세기 동안 의학에 대한 우리의 이해가 얼마나 발전했는지 생각해보아야 한다. 이제 박테리아, 바이러스, 기생충과 같은 미생물이 전염병의 원인이라는 사실이 알려져 있다. 하지만 19세기 후반까지 나쁜 공기 또는 '독기'가 원인이라는 것이 통념이었는데, 이는 고대 그리스의 히포크라테스한테서 유래한 생각이었다.

　영국의 전염병학자인 존 스노[John Snow]는 이 이론이 설득력 없다고 본 몇몇 선구적인 사상가 가운데 한 사람이었다. 1854년 스노는 런던 웨스트엔드에서 콜레라 환자가 발생한 위치를 지도로 만들었는데 소호의 브로드 스트리트에 있는 한 물 펌프 주변에 발병 사례가 몰려 있었다. 그는 콜레라의 발생 원인이 오염된 상수도임을 알아차렸다. 제대로 된 하수도 체계가 없어 그 지역의 콜레라 질환자의 배설물이 우물로 다시 스며들고 있기 때문이었다.

스노는 지역 당국에 펌프 손잡이를 떼어내자고 했지만, 이후 의회에서 수시로 발생하는 콜레라의 원인이 유해한 공기가 아니라 오염된 상수도임을 설득하는 데 실패했다.[27]

존 스노가 조사하던 당시 영국의 위생 분야에서 가장 영향력이 큰 인물은 사회개혁가인 에드윈 채드윅이었다. 1842년 채드윅은 영국 노동인구의 위생 상태에 관한 보고서를 발표했다. 여기서 질병 발생을 줄이기 위해 런던을 청소해야 한다고 강력히 주장했다. 하지만 독기 이론을 열렬히 믿는 채드윅의 해결책은 런던의 오물통을 닫고 인간의 배설물을 배관망을 통해 템스강으로 내보냄으로써 유해하다고 추정되는 공기를 집에서 제거하는 것이었다. 템스강이 런던 시민의 식수원이었기에 채드윅의 해결책은 문제를 악화시켰을 뿐이다.[28]

1858년 4장에서 말한 '어마어마한 악취' 사건이 일어나고서야 의회는 템스강을 정화하는 단호한 조치를 취하기로 결정했다. 그래서 런던의 하수도 체계를 개선하는 주요 계획이 시작되었다. 취수구의 하류로 폐기물을 퍼내 바다로 흘려보내서 주기적인 콜레라 발병으로부터 런던을 해방시켰다.[29]

마침내 세균이 질병을 일으킨다는 이론이 독기 이론을 대체하는데, 루이 파스퇴르와 로베르트 코흐의 부지런한 과학적 노력이 지대한 역할을 했다. 이들의 발견으로 전 세계 도시들은 상수도를 정화하는 노력을 기울였으며 전염병을 예방하는 데 중요한,

지금은 당연시되는 손 씻기나 의료 기구 소독 같은 기본적인 위생 관행이 채택되었다.

또한 우리가 현재 사용하는 다양한 백신은 세균 이론 뒤에 있는 선구적 사상가들에게 빚지고 있다. 천연두 예방접종은 19세기 초 영국의 시골 의사인 에드워드 제너가 환자를 약하게 우두에 감염시키면 천연두에 대한 면역력이 생겨난다는 사실을 발견한 이후 유럽에서 일반화되었다. 하지만 19세기 후반이 되어서야 루이 파스퇴르가 세균 이론을 적용하여 박테리아와 바이러스를 다양한 질병의 접종에 적합하게 개발할 수 있었다.

마찬가지로 알렉산더 플레밍의 항생제 발견은 세균 이론 없이는 불가능했다. 항생제가 없다면 가래톳페스트는 여전히 전 세계에 큰 위험이 되었을 것이며 콜레라, 발진티푸스, 결핵의 감염은 오늘날보다 훨씬 더 치명적이었을 것이다.

전염병의 근본 원인에 대한 우리의 이해가 발전하면서 병원체에 맞서 형세를 역전시키고 도시 생활의 치명적 불이익을 없앨 수 있었다. 이는 차례로 세계 인구뿐 아니라 도시 주거민의 급증으로 이어져 전염병의 부활을 위한 장을 마련했다. 질병과의 많은 싸움은 큰 성공으로 끝났으나 병원균과의 전쟁은 끝나지 않았다.

전염병의 시대가 온다

코로나19가 발생하기 수십 년 전부터 전염병이 증가할 것이라는 경고 신호가 번쩍거리기 시작했다. 1980년대의 사람면역결핍바이러스[HIV], 1990년대의 조류독감, 2000년대의 사스[SARS]는 모두 이전에 인간에게서 관찰되지 않았던 위험한 질병이었다. 실제로 20세기 중반 이후로 전염병 빈도가 증가하고 인간에게 영향을 미치는 병원체의 수가 급증했다.[30, 31]

이런 새로운 전염병의 4분의 3이 전염병학자들이 '인수공통감염병'이라고 하는 것으로, 동물에서 인간으로 전염되었다.[32] 이 장의 앞부분에서 언급한 대로 농업과 더불어 시작된 동물의 가축화로 독감 같은 다양한 질병이 인간에게 옮겨가게 되었다. 훨씬 규모가 크고 부유한 인구를 충족시키기 위해 세계의 가축량이 급증하면서 지난 세기 이런 과정이 가속화되었다. 고기를 비용 대비 효율적으로 생산하려는 노력으로 많은 동물이 좁은 공간에 모여 있게 되었다. 유럽연합[EU]의 규정이 허용하는 밀도는 1제곱미터당 닭 16마리 정도이다. 규제가 덜 엄격한 세계의 다른 곳, 특히 가난한 나라들에서는 밀도가 훨씬 높을 수 있다. 이런 여건은 가축 간 전염병을 급속히 퍼뜨리고 장거리 생축 운송* 증가로 인한

---

*   주로 도살을 위해 가축을 산 채로 운송한다는 뜻.

전염병 통제를 어렵게 했다.[33]

인간의 발길이 닿는 곳이 넓어지면서 야생 서식지가 파괴된 것도 인수공통감염병이 증가하는 한 원인이다. 1998년 말레이시아에서 최초로 치명적인 니파Nipah 바이러스가 나타났다. 이 질병은 감염된 돼지를 통해 인간에게 퍼졌으나, 원래는 삼림 벌채로 쫓겨난 큰박쥐를 통해 돼지에게 전염되었다.[34] 우리가 매년 전 세계 1000만 헥타르의 숲을 개간하는 한 이런 전염은 계속 일어날 것이다.[35] 이런 일이 대부분 개발도상국에서 일어나며 인도네시아, 브라질, 말레이시아 같은 나라들은 콩, 커피, 야자유 등의 수출 작물에서 국민소득의 상당 부분을 얻고 있다.

유인원, 쥐, 박쥐, 천산갑 같은 '야생동물 고기'의 소비는 인수공통감염병 증가의 또 다른 요인이다. 적은 양의 야생동물 고기는 별미로 먹지만, 대부분의 소비는 대체할 고기가 없기 때문에 일어난다. HIV와 에볼라는 이 관행을 통해 인간에게 전파된 것으로 보인다.[36] 콩고 분지에서만 매년 500만 톤의 야생동물을 잡아먹고 있는 것으로 추산된다.[37] 기억에 남아 있는 주요 인수공통감염병 대부분이 개발도상국에서 나타났으며, 앞에서 언급한 이유로 인해 계속 그럴 가능성이 크다. 가난한 도시에 많은 사람들이 몰려 살면 국경 안팎으로 전염병이 퍼지기 쉽다. 코로나19 대유행의 진원지일 가능성이 큰 우한의 한 동물 시장이 이 점을 분명하게 보여준다.[38] 콩고의 수도인 킨샤사에서 기록된 최초의 사

람면역결핍바이러스 발생 사례도 역시 그렇다.[39]

앞으로 수십 년 동안 인류는 도시에서 더욱더 긴밀하게 연결될 것이며, 이들 도시는 우리의 생태 발자국 확대로 나타나는 새로운 질병의 촉매제가 될 것이다. 그 결과 코로나19 같은 세계적 유행병이 100년에 한 번이나 한 세대에 한 번 일어나는 사건으로 그칠 것 같지는 않다. 실제로 한 연구는 앞으로 25년 안에 치명적인 전염병이 유행할 가능성이 약 50퍼센트라고 보았다.[40] 더 치명적인 바이러스가 나타날 가능성이 있다. 예를 들어 파라믹소바이러스 계열에는 전염성이 매우 높은 홍역 같은 병원체뿐 아니라 높은 사망률을 보이는 니파바이러스 같은 병원체가 포함되어 있다.[41] 따라서 일부 전염병학자들은 이 계열이 두 가지 특성을 결합한 바이러스를 만들어낼 수 있다고 우려한다.[42] 만일 막지 못한다면 이런 질병으로 인한 사망자 수는 상상을 초월할 것이다.

백신에 대한 반대 또한 전염병의 위험을 높이고 있다. 1998년 당시 런던의 의사였던 앤드류 웨이크필드는 의학 학술지 〈랜싯 Lancet〉에 MMR(홍역, 볼거리, 풍진) 백신과 아동 자폐증의 연관성을 시사하는 기사를 실었다. 이후로 수많은 연구들이 그 연관성을 테스트해 반박했고 기사는 철회되었으며 저자는 직업상 위법 행위로 자격을 박탈당했다.[43] 그런데도 웨이크필드의 연구는 많은 나라에서 백신 반대 운동을 부채질했다. 홍역 발병의 수는 미미했고 대부분은 예방접종을 받지 않은 아동에게서 발생했으나, 더 큰 문제는 질병 예방에 중요한 이 도구에 대한 신뢰를 잃은 것이다. 세대에 걸쳐 집단면역을 유지하려면 예방접종이 꼭 필요하며, 그렇지 않으면 주기적으로 전염병이 발생할 수밖에 없다. 이렇게 전염병이 발생하면 바이러스가 퍼질 기회를 주어 백신이 소용없는 새로운 변종이 나타날 가능성이 높다. 더 큰 문제는 홍역은 비교적 변이 능력이 약한 바이러스이지만 다른 전염병들은 그렇지가 않다는 점이다.[44]

또 다른 우려는 항생제에 대한 내성이다. 페니실린은 1929년에 발견되어 1941년에 인간에게 본격적으로 사용되기 시작했다. 1942년에 이미 페니실린에 내성을 가진 포도상구균 박테리아가 나타났다.[45] 최근 수십 년 동안 항생제는 남용으로 인해 점점 효과가 떨어졌다.[46] 의사의 과잉 처방이 한 요인이기도 하지만, 대부분은 축산 농장 및 양어장에서 동물의 성장을 위해 항생제를 사용하는 것과 관련이 있다.●[47] 이미 항생제 내성 병원균이 매년 100만 명이 넘는 목숨을 앗아가고 있으며 풍토화한 박테리아성 질병을 치료하는 우리의 능력을 제한하고 있다.[48] 앞으로 몇 년 내에 페스트균Yersinia pestis 같은 전염성 강한 박테리아가 항생제에 내성을 갖고 나타날 가능성이 있다. 실제로 2007년 여덟 가지 다른 항생제에 내성을 가진 페스트균의 변종이 확인되었다.[49]

● 　항생제 사용이 비만을 높인다는 연구 결과가 있다.

마지막으로 생명공학 발전이 악의적인 행위자에 의해 이용될 위험성이 커지고 있다. 유전자 염기서열분석기는 최근 수십 년 동안 더욱 발전하고 접근성이 높아졌으며, 크리스퍼[CRISPR] 같은 기술로 인해 유기체를 원하는 방식으로 재설계하는 것이 쉬워지고 있다.[50, 51] 이런 과학의 발전은 엄청난 가능성을 갖고 있다. 코로나19 검사와 백신의 개발 속도는 최근 게놈 서열분석에서의 발전이 없었다면 불가능했을 것이다. 그리고 그들은 모기가 기생충에 저항력을 갖게 함으로써 말라리아나 뎅기열과 같은 질병을 영원히 퇴치할 수 있을지도 모른다.[52] 동시에 이런 기술은 질병을 무기화해서 인간 생명의 손실을 극대화할 가능성을 열어준다. 전세계의 감시로 인해 테러 단체가 핵무기에 필요한 농축우라늄을 확보하기는 지극히 어렵지만, 생물학 무기를 생산하는 데 필요한 장비에 대한 통제는 덜 엄격하다. 이는 주요 도시에 위치한 실험실이 미래에 고의적으로 또는 우연히 전염병의 원천이 될 위험성을 크게 높인다. 전염병의 발생 속도와 심각성이 높아짐에 따라 도시는 전염병이 퍼지거나 멈추게 하는 데 결정적인 역할을 할 것이다. 코로나19는 우리가 이런 역학 관계를 잘 이해하고 앞으로 일어날 일에 대비할 기회를 주었다.

코로나19의 교훈

런던의 히스로 공항과 뉴욕의 JFK 공항은 모두 80개 이상의 국가로 향하는 비행기가 뜨고 내리며 매해 수많은 승객이 이용한다. 두 공항 모두 해당 도시에서 운영되는 여러 국제공항 가운데 하나이다. 따라서 두 도시가 코로나19 유행 초기에 타격을 입었다는 것은 놀라운 일이 아니며, 이들 도시에서의 초기 발생이 이후 국내외에서 전염병이 확산되는 데 결정적 역할을 했다.

전 세계와 더 많이 연결되는 것 외에도, 주요 도시의 인구가 많을수록 전염 속도가 빨라진다. 그렇기 때문에 미국에서 큰 도시일수록 코로나19 감염률이 높았다.[53] 동시에 3장에서 이야기한 대로 주요 도시는 부유한 경향이 있으며, 그래서 또한 위기에 대처할 수 있는 의료 체계가 잘 갖춰져 있다. 부유한 사람들은 높은 사망률의 원인인 비만 같은 문제도 덜 가지고 있다.[54] 이는 코로나19 감염으로 인한 사망률이 뉴욕보다 디트로이트가 20퍼센트 더 높은 이유를 설명해준다.[55] 인구가 노령화하고 가난하다는 점 외에 병상 수가 적다는 점도 미국에서 코로나19로 인한 사망률이 도시보다 농촌이 더 높은 이유이다. 놀랍게도 이는 역사상 일반적으로 나타나던 양상이 반전된 것이다.[56]

코로나19의 대유행은 전염병이 도시에 미치는 불평등한 영향에 대해 중요한 점을 보여주었다. 뉴욕의 퀸스는 인구밀도가 맨해튼의 3분의 1에 지나지 않지만 1인당 전염병 사망자가 50퍼센트 더 많다.[57] 런던과 파리 같은 도시도 마찬가지다. 이 도시들의 가난한 지역 주민들은 대면이 필요한 서비스 직종에서 많이 일한다. 영국에서는 소득분포 하위 절반에 속하는 노동자 10명 가운데 한 명 미만이 원격 근무를 할 수 있는 것으로 추산된다.[58] 그리고 가난한 지역 주민들은 감염률이 높을뿐더러 기존에 건강상 문제가 있어 전염병으로 사망할 가능성이 더 높았다. 도시의 가난한 주민들에게 더 가혹한 것이 오랫동안 전염병의 특징이었다. 런던의 흑사병 당시의 유골들은 영양실조의 지표인 법랑질 저형성증*의 징후를 가진 사람들이 전염병으로 사망할 가능성이 매우 높았음을 보여준다.[59]

가난한 나라들은 어떨까? 검사를 적게 해서 정확한 비교는 어렵지만 코로나19로 인한 사망자 가운데 무려 90퍼센트가 가난한 나라 사람일 확률이 높다.[60] 인도와 남아프리카공화국은 대유행 기간에 1인당 초과 사망자가 영국의 2배, 독일의 3배에 달했다.[61] 백신 부족이 큰 부분을 차지하지만 개발도상국 도시들의 생활환경도 한 원인이었다. 많은 사람들이 방을 함께 쓰는 혼잡한 생활환경에서는 격리가 불가능하며, 이런 곳에서는 전염이 집중적으로 일어난다. 원격 근무를 할 수 있는 직종인 도시 거주자 비율도

---

* 치아의 가장 바깥쪽에 있는 법랑질이 제대로 형성되지 못한 질환을 말한다.

부유한 나라들에 비해 훨씬 낮으며, 혼잡한 대중교통으로 출퇴근해야 하므로 감염 위험이 높아졌다. 정부의 재정 지원이 없었기 때문에 많은 사람들이 생계를 위해 감염의 위험에도 불구하고 일을 하러 갈 수밖에 없었다. 동시에 자원이 부족한 의료 체계는 높은 감염률에 대처하기에 미흡했으며, 이로 인해 감염은 더욱 치명적인 것이 되었다.

또한 코로나19는 개발도상국의 혼잡한 도시에서 일어나는 일이 전 세계의 관심사임을 드러냈다. 전염성 미생물은 숙주를 많이 거칠수록 변종이 나타날 가능성이 커진다. 이런 변종은 전염성이 더 강할뿐더러 백신이나 다른 치료에 대한 저항력도 크다. 코로나19에 직격탄을 입은 입은 개발도상국인 인도와 남아프리카공화국에서 이후 전 세계에 퍼진 주요 변종이 생겨난 것은 우연이 아니다.

대유행을 막기 위한 대책

이제 세계적인 전염병의 위협을 더 심각하게 받아들여야 할 때다. 세계보건기구의 예산은 미국이나 유럽의 대형 병원의 예산보다 적다.[62] 전염병 발생을 탐지해 국제적인 대응을 하려면 더 많은 자원, 새로운 역량, 더 강력한 권한이 절실하다. 빌 게이츠는 앞으로 전염병이 발생하더라도 대유행하기 전에 막기 위해 전염병학자, 유진학자, 신속 대응 인력으로 구성된 세계보건기구 내 새로운 전담 팀을 위한 예산으로 약 10억 달러를 제시했다.[63] 코로나19로 인한 총 경제적 비용이 20조 달러 이상인 상황에서 이는 저렴해 보인다. 필요한 투자 규모도 각국 정부의 매해 국방비에 비하면 미미한 편이다.

애초에 새로운 병원균의 출현을 막을 안전한 식품 체계를 만들기 위한 세계 공조도 필요하다. 과도한 가축 밀도를 낮추고, 생축 운송을 최소화하며, 항생제 남용을 중단하고, 야생동물 고기의 소비를 억제하는 것이 모두 여기에 해당한다. 삼림 벌채를 줄이고 마침내는 종식시키는 것도 꼭 필요하다. 이를 실행하는 데 따르는 부담은 많은 시민들이 생존을 위해 이러한 관행에 의존해온 가난한 나라들에 쏠릴 것이다. 부유한 나라들이 앞으로 발생할 전염병을 줄이고 싶다면 가난한 나라들이 이런 변화에 비용을 지불할 수 있도록 도와야 한다.

전염병이 통제할 수 없을 정도로 급증하는 것을 막으려면 도시를 전염병의 촉매제에서 전염병의 관문으로 전환해야 한다. 봉쇄는 통제되지 않는 전염을 막는 데 꼭 필요하지만, 코로나19의 경험은 봉쇄가 엄청난 어려움과 경제적 피해를 가져온다는 사실을 보여준다. 일부 나라를 제외한 거의 모든 나라에서 처참할 정도로 부족한 것으로 드러난 접촉자 추적 기술은 다음 전염병이 생기기 전에 강화해야 한다. 어떤 상황에서 어떤 자료가 수집되고 그 자료가 어떻게 저장되고 쓰이는지 투명하게 함으로써 사생활 침해에 대한 두려움을 완화할 수 있다. 도시가 치안부터 교통 관리에 이르기까지 시민들에 대한 자료를 수집함에 따라 투명성에 대한 개선은 어쨌든 필요하다. 강화한 접촉자 추적은 어디서나 가능한 신속한 검사로 이어져야 하고, 검사를 빠르게 늘릴 수 있어야 한다. 더 많은 검사와 더 나은 추적을 통해 도시는 봉쇄 기간과 횟수를 줄일 수 있을 것이다. 이런 역량은 정기적인 시뮬레이션을 통해 엄격히 검증해야 하며, 전 세계에 모범 사례를 공유할 채널을 만들어야 한다.

도시는 또한 전염병이 유행하는 동안 불평등이 미치는 영향을 더 잘 인식해야 한다. 가까운 미래에 많은 도시민이 대면이 필요한 일을 하게 될 것이고, 이런 일의 대부분은 저소득층이 맡게 될 것이다. 의료 서비스나 슈퍼마켓 직원을 포함한 노동자의 일부는 전염병이 유행하는 동안에도 계속 일해야 한다. 도시는 이들 노동자에게 제공할 개인 보호 장구를 비축하고, 수시로 검사를 받을 수 있도록 하며, 1순위로 백신을 접종받게 해야 한다. 필수 인력은 아니지만 집에서 일할 수 없는 직종의 사람들은 봉쇄 기간에 재정 지원을 해주어야 한다. 전염병이 발생하기에 앞서 사기와 악용의 가능성을 최소화하고 실행 속도는 높여 지원금을 배부할 방법을 설계해야 한다. 좀 더 폭넓게는 가난한 도시 지역에 사는 사람들이 병원을 이용할 수 있도록 의료 서비스의 지리적 범위를 검토해야 한다.

마지막으로 오늘날 세계는 서로 연결되어 있기에 가난한 나라들의 생활환경을 무시할 수 없다. 킨샤사나 다카에서 발생한 전염병은 빠르게 전 세계를 위협한다. 이들 나라의 의료 체계 개선은 세계적 우선순위에 두어야 한다. 그렇게 되면 이들 나라가 더 나은 위치에서 미래의 전염병을 다룰 수 있다. 그뿐만 아니라 너무나 많은 생명을 앗아가는 말라리아 같은 풍토병을 관리하는 능력도 높인다. 동시에 이들 나라의 근본적인 개발 부족은 도시의 과밀화, 비위생적인 생활환경, 질병 확산으로 이어지는 까닭에, 이 문제를 해결하는 것은 자선 행위가 아니라 국경이 없는 전염병 방어망에 꼭 필요한 연결고리로 보아야 한다.

*

이 장의 앞부분에서 전염병이 어떻게 역사상 여러 주요 변곡점의 원인이 되었는지 언급했다. 마찬가지로 도시가 사람들을 끌어들이는 근본적인 힘은 전염병의 맹공격에도 불구하고 놀라울 정도로 회복력이 있는 것으로 드러났다. 이 장을 시작하면서 이야기한 흑사병으로 14세기 중반 유럽의 도시에 살던 사람들이 대량 사망했다. 하지만 15세기 초에 유럽의 도시 인구는 전염병 이전

수준을 어느 정도 회복했는데, 농촌에서 이주한 많은 사람들이 다시 도시를 채웠다.[64] 하지만 도시의 탄생을 가능하게 했던 원래의 조건, 즉 호모사피엔스에 적합한 기후가 사라진다면 어떻게 될까? 9장에서 이 문제를 다룬다.

AGE OF THE CITY

9

기후 재난, 모든 도시의 위기

2005년 허리케인 카트리나가 뉴올리언스를 덮쳤을 때 안드레는 아내, 아이와 함께 집에 머물기로 결정했다.[1] 이사한 이후 6년 동안 많은 폭풍이 이 도시를 덮쳤지만 튼튼한 벽돌집은 한 번도 물에 잠긴 적이 없었다. 그러나 제방이 무너져 뉴올리언스에 약 2500억 갤런의 물이 넘치자 안드레와 가족은 2층으로 올라가야 했다. 그곳까지 물이 차오르다가 허리 높이에서 멈췄다. 안드레가 발코니로 나가보니 다락방에 갇힌 이웃들의 도움을 요청하는 소리가 들렸다. 다음 날 아침 안드레와 가족은 육교로 이송되어 이틀 밤을 먹지도 마시지도 못한 채 기다렸다가 결국 에어매트리스를 타고 시 외곽에 있는 여동생 집으로 갔다. 안드레와 가족은 집을 잃었으나 목숨은 건졌다. 하지만 다른 많은 뉴올리언스 주민들(모두 1833명)은 그다지 운이 좋지 않았다.

2017년 케이프타운은 정반대의 문제에 직면했다. 심각한 가뭄이 계속돼 물이 고갈될 위기에 처했다.[2] 2019년 크리스마스 연휴 동안 산불이 오스트레일리아를 휩쓸었을 때 시드니는 자욱한 연기로 뒤덮여 대기오염이 위험 수준의 10배 이상에 이르렀다.[3] 같은 해에 캘리포니아에서 발생한 산불로 샌프란시스코는 잠시 지구상에서 가장 오염된 도시가 되었다.[4] 2022년 유럽 전역을 휩쓴 폭염으로 런던은 40도가 넘었는데, 이는 런던의 최고 기온으로 기록됐다.[5] 열기로 철로가 휘고 루턴 공항의 활주로가 녹아버렸다. 대부분의 사람들이 더위를 식히고 수분을 유지하기 위해 필사적으로 집에 머물렀다. 단 3일 만에 영국 전역에서 더위와 관련된 합병증으로 약 1000명이 사망했다.[6] 또 같은 해에 파키스탄은 기록적인 고온에 이어 기록적인 폭우가 내렸고, 이로 인해 국토의 3분의 1이 침수되어 수천 명이 사망하고 전체 인구의 약 15퍼센트에 해당하는 3300만 명이 이재민이 되었다.[7]

이를 비롯한 수많은 사례는 기후변화가 이미 우리에게 닥친 현실임을 증명한다. 확실한 자료와 생생한 경험에 비추어볼 때 이는 부인할 수 없다. 허리케인 카트리나와 같은 재난은 더 이상 이변이 아니다. 해수 온도 상승으로 대기 수증기가 많아져 폭풍이 강해지고 해수면 상승으로 해일이 더욱 심해지고 있다.[8] 기록상 가장 더운 10년 가운데 9년이 모두 지난 10년 동안 발생해서 폭염, 가뭄, 산불을 일으켰다.[9] 그리고 탈탄소 조치가 빠르게 이루어지지 않는 한, 최근에 일어난 일들은 앞으로 닥칠 참화에 비하면 아무것도 아닐 것이다.

세계의 도시들은 기후변화의 영향에 취약하다. 오늘날 도시의 90퍼센트는 해안 지역이어서 폭풍이 심해짐에 따라 많은 도시가 침수될 위험에 처해 있다.[10] 약 8억 명의 사람들이 도시 해안 지역에 살고 있는데, 2050년까지 해수면이 적어도 0.5미터 상승할 것으로 예상된다.[11] 포장도로는 물을 빨리 흐르게 하고 열을 증폭해 도시의 온도를 높인다. 도시는 흔히 분지 지역에 위치하기 때문에 산불이 나면 공중에 떠도는 잔해가 갇히게 된다. 미래는 도시에 홍수, 폭염, 유독한 공기가 더 많이 발생할 것이다.

이 장에서는 도시를 위협하는 기후변화와 시급히 취해야 할 조치를 분명히 할 예정이다. 이미 많은 나라들이 변화하는 기후에 도시를 적응시키기 위한 노력을 하고 있다. 이는 바람직한 방향이지만 훨씬 더 많은 조치가 필요하다. 게다가 빠르게 성장하는 개발도상국들의 도시에서는 자원이 부족해 이용할 수 있는 선택지가 많지 않다. 더 중요한 것은 생활의 붕괴를 막기에 적응만으로는 부족하다는 점이다. 탈탄소화는 미래 세대에 대한 우리의 의무이다. 이미 전 세계 탄소 배출은 대부분 도시에서 일어나며, 전 세계의 도시화 속도가 빨라짐에 따라 그 비율은 더욱 높아질 것이다. 따라서 도시는 우리가 직면한 재난을 피하기 위한 노력의 최전선이자 중심점이 되어야 한다.

기후변화로 붕괴된 도시들

환경을 길들이려는 인류의 노력은 도시에 관한 이야기에서 빼놓을 수 없다. 관개시설과 홍수 예방 시설이 어떻게 도시에 생겨나게 됐는지 2장에서 한 이야기를 떠올려보라. 예측할 수 없는 강우에 대비하는 이런 장치가 없었다면 인류 문명의 발전은 지연되었을 것이다.

하지만 호모사피엔스는 대체로 지구의 환경 앞에 속수무책이었다. 고대 도시인 모헨조다로와 하라파의 본거지인 인더스 계곡 문명은 기후변화로 한 사회가 붕괴한 사실이 기록으로 남은 최초의 사례이다. 기원전 3000년경 이전의 인더스 계곡은 여름 몬순이 심해서 농업에 적합하지 않았다.[12] 이것이 자전축의 세차운동으로 꾸준히 변화하기 시작했다. 이 운동은 주기가 2만 6000년으로, 북반구와 남반구의 계절 대비의 상대적 강도에 영향을 미친다. 홍수의 강도가 줄어들면서 곧 이 지역에서 농업이 가능해졌고, 기원전 2500년경에는 번성하는 문명이 나타났다. 그러나 몬순이 계속 약해지면서 강이 마르고 땅은 건조해져 도시를 먹여 살리기 위한 농업 잉여를 유지할 수 없었다.[13] 기원전 1800년 인더스 계곡의 도시들은 버려졌고 문명은 붕괴되었다.

마야문명이 붕괴한 이야기도 이와 비슷하다. 기원전 400년 마야 사회는 중앙아메리카 전역에 걸쳐 서로 연결된 도시국가망으로 발전했다. 하지만 서기 800년과 1000년 사이 극심한 가뭄이 반복되는 시기에 이 문명은 붕괴되었다.[14] 이 가뭄은 역사적으로 연중 중앙아메리카에 강우를 불러오던 풍계*가 남쪽으로 이동한 까닭이었다. 이 변화의 요인은 다시 한번 자전축의 세차운동이었을 것이다.[15] 재배 환경이 나빠지면서, 이 지역은 이전 수 세기 동안 인구가 크게 팽창한 마야문명을 더 이상 지탱할 수가 없었다. 아마도 도시국가 간 부족한 자원을 두고 벌어진 경쟁이 쇠퇴를 앞당긴 것으로 보인다.[16]

어쩌면 인류 역사상 기후변화로 인한 피해를 가장 극적으로 보여주는 사례는 기원전 1200년 즈음 지중해 동부에서 청동기시대의 여러 문명이 동시에 붕괴한 사건이다. 이에 대해서는 2장에서 잠시 언급했다. 이집트의 신왕국, 아나톨리아의 히타이트 제국, 그리스의 초기 미노아문명과 미케네문명은 모두 한 세기가 조금 넘는 동안에 붕괴했다. 북반구의 기온이 급상승하면서 가뭄이 시작되었고, 이로 인해 지중해 동부에 기근이 덮치자 그 지역 너머

---

* 어떤 넓은 지역에 걸쳐서 일정하게 부는 바람의 계통을 말하며 무역풍, 편서풍, 계절풍, 해륙풍 등이 있다.

로부터 침략군이 들이닥쳤다.[17] 아마도 그들 자신이 악화된 환경 조건에서 도망쳤을지도 모르는 신비로운 '바다 사람들'은 이미 약해진 문명을 황폐화시켰다.[18]

산업화 이후 인류는 기후변화에 유연하게 대응할 수 있었다. 현대의 공학은 이제 강의 흐름을 바꾸고 땅에서 물을 끌어올릴 수가 있다. 기술 혁신으로 식량 총생산량이 극적으로 증가했으며 식량 공급의 세계화가 이루어졌는데, 무역을 통해 한 나라의 부족분을 다른 나라의 잉여 생산물로 메울 수가 있었다. 전 세계의 식량 접근성은 여전히 비극적일 정도로 불평등하지만 한때 문명을 붕괴시켰던 것과 같은 지속적인 부족은 오랫동안 발생하지 않았다.

하지만 지난 2세기 동안 이룬 발전으로, 우리는 인류 역사상 그 어느 때보다 위협적인 기후 상황에 놓이게 되었다. 화석연료는 인류가 농촌에서 풍요로운 도시로 옮겨가는 데 핵심 동력이었다. 그러면서 우리는 훨씬 더 부유해졌으나, 이제는 수천 년 동안 인류의 발전이 의존해온 환경 기반을 약화시키고 있다.

문명의 발상지에서 침수 위험 지대로

도시는 인류의 자연 지배를 보여주는 증거이다. 우리는 콘크리트, 강철, 역청으로 마음대로 물리 환경을 구부리고 모양을 만든다. 하지만 인간 독창성의 기념물인 이것들은 많은 사람들이 알고 있는 것보다 훨씬 취약하다.

마이애미를 생각해보라. 매년 약 2500만 명이 이 놀랍도록 활기찬 도시로 여행을 온다. 하지만 마이애미는 기후변화로 힘든 미래를 마주하고 있다. 이 도시의 해안가는 대부분 해수면 상승으로 물에 잠길 예정이다. 그림3은 지구온난화로 인해 이 도시가 물에 잠기게 되는 과정을 보여준다. 마이애미 시내를 침수시키는 최대만조*가 이미 빈번해지고 있다.[19] 열대성 폭풍이 심해져 이 도시는 허리케인이 발생하는 계절에는 더 위험한 곳이 될 것이다.

상하이는 해수면 상승으로 위협받는 도시의 또 다른 예다. 양쯔강과 동중국해가 만나는 지점에 위치한 이 도시는 오랫동안 중국 무역의 중요한 허브였으나 지금은 홍수의 위험에 처해 있다. 이 도시의 시내 대부분이 두 공항 및 주요 랜드마크와 함께 물에 잠길 위험에 처해 있다.[20]

기후변화로 인해 홍수 위험에 놓인 많은 도시가 이미 보호 조치를 취하고 있다. 마이애미는 방파제를 쌓고 물을 바다로 내보내기 위해 펌프를 설치하고 있다. 상하이는 대규모 배수 시설을 마련했으며 120마일(약 193킬로미터)이 넘는 홍수 방지벽을 건설하

---

* 밀물과 썰물의 높이 차이가 연중 최대인 조수.

그림3 다양한 기온 상승 시나리오에 따른 장기적 해수면 상승

마이애미

뉴욕

코펜하겐

상하이

자카르타

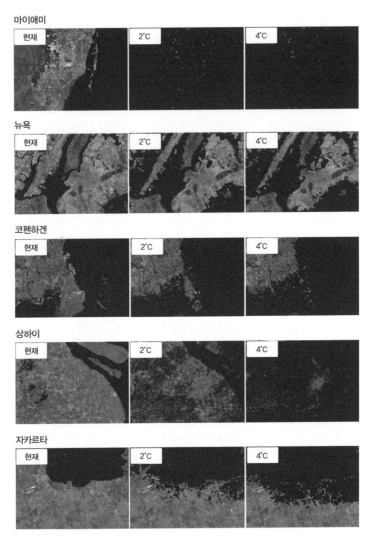

해수면 상승으로 많은 도시가 물에 잠길 것이다.

고 있다.[21] 침수 위험에 처한 또 다른 도시인 로테르담은 수십 년 동안 준비해왔다. 20년 전, 로테르담은 북해로부터 이 도시를 보호하는 마에슬란트케링Maeslantkering으로 알려진 거대한 장벽을 세웠다.[22] 이후 이 도시는 빗물을 흡수해 임시 저장할 수 있는 공원, 광장 등을 건설해왔다.[23]

전 세계 수많은 저지대 해안 도시도 가라앉고 있어 해수면 상승으로 인한 위협이 커지고 있다. 인도네시아의 수도로 1000만 명이 넘는 주민이 살고 있는 자카르타가 그 한 예이다. 이 도시는 자바해 바로 옆에 위치할뿐더러 강들이 산재해 있는 늪지대다. 지역 주민들의 지하수 채수와 급속한 건설로 인해 이 도시는 해안가에 가장 가까운 북부 지역이 연간 25센티미터씩 가라앉고 있다.[24] 2050년에는 이 도시의 3분의 1이 물에 잠길 것으로 추산된다.[25] 그리고 자카르타만이 아니다. 방콕, 마닐라, 호치민 등 많은 도시들이 빠르게 가라앉고 있다. 2장에서 언급한 대로 비옥한 범람원은 역사적으로 대규모 인간 정착지(나중에 이런 정착지가 합쳐져 도시가 되었다)를 자석처럼 끌어들였다. 하지만 들판이 콘크리트로 덮였고, 이런 지리 조건은 자산에서 부채로 바뀌고 있다.

지대가 낮은 네덜란드는 수백 년에 걸쳐 바닷물을 막기 위한 시설을 구축해왔다. 오늘날 기후변화의 속도는 이를 허용치 않는다. 그리고 마이애미 같은 도시는 국가 지원을 충분히 받아 홍수 피해를 줄이기 위한 공사를 할 수 있지만, 가난한 나라들의 도시는 그렇지가 않다. 폭풍해일을 막는 자연적 장벽이 되도록 집을 기둥 위에 올리거나 해안 맹그로브 늪지를 다시 조성하는 것과 같은 저비용 전략이 있기는 하다. 그리고 가라앉고 있는 도시의 경우 믿을 만한 상수도 시설을 건설한다면 지하수 추출 속도를 늦출 수 있다. 하지만 이런 조치만으로는 이들 도시의 주민들이 홍수로 인해 난민이 되는 걸 막을 수 있을 것 같지 않다. 인도네시아 정부가 수도를 자카르타에서 보르네오섬으로 이전하기로 결정한 사실이 그 심각성을 더해준다.

열 스트레스는 도시의 또 다른 주요 문제이다. 런던에서는 역사적으로 더위가 환영을 받았다. 사람들은 아이스크림을 사 먹으며 왁자지껄하게 공원으로 모여들고 이 도시의 전형적인 음울한 날씨에서 잠시나마 벗어나는 것을 즐겁게 받아들인다. 어떤 사람들은 옷을 다 벗어던지고 수영복만 입은 채 선탠을 하기도 한다. 하지만 최근 몇 년 동안 기온이 극단적으로 올라가면서 상황이 바뀌었다.

도시는 열섬 효과에 노출되어 있다. 나무와 식물은 태양복사를 굴절시키는 반면 도로와 건물은 열을 흡수한다. 자동차와 기계에서 발생하는 이른바 폐열은 문제를 더 악화시킨다. 파리 등 주요 도시의 여름은 주변 시골보다 무려 10도가 높을 수 있다.[26]

부유한 나라의 도시 주민들은 에어컨을 켜 숨 막힐 듯한 폭염을 피할 수 있다. 비록 역사적으로 좀 더 시원했던 런던 같은 도시에서는 에어컨을 갖춘 집이 별로 없지만 말이다. 사실 엄청난 환경 비용이 들기는 하지만, 부유한 나라들은 에어컨 덕분에 사막 한가운데에 피닉스나 두바이 같은 도시를 세울 수 있었다. 덥고 습한 싱가포르에서는 에어컨이 보편화되어 있으며 꼭 필요한 것으로 여겨진다. 싱가포르의 국부인 리콴유는 20세기의 가장 중요한 기술 혁신으로 에어컨을 꼽았다.[27]

개발도상국의 도시에서 에어컨은 소수만이 누릴 수 있는 사치품이다. 델리나 라고스 같은 도시의 주민들은 인명 손실 외에도 열 스트레스로 인한 근무 시간 단축으로 경제적 어려움을 겪는다. 많은 노점상과 건설 노동자들은 가장 더운 시간에는 더위를 피할 곳을 찾아야 하고, 이로 인해 재정 상태가 훨씬 위태로워질 것이다.

또한 더위가 심해지면 많은 개발도상국 도시의 대기오염이 심해질 것이다. 전 세계적으로 대기오염은 전쟁, 테러, 살인을 합친 것보다 몇 배나 더 많은 사망자를 내며 사망자 대부분은 가난한 나라에서 발생한다.[28] 이 장 앞부분에서 이야기한 산불은 기후변화의 한 예에 지나지 않는다. 폭염은 다양한 대기오염 물질을 인간에게 특히 해로운 물질인 지표 오존으로 바꾸는 화학반응을 일으킨다. 델리는 오랫동안 위험한 대기 질 문제가 있었는데, 이 도시에서 이로 인한 사망자가 매년 5만 명이 넘는다.[29] 최근 폭염으로 오존 수치가 안전 수준을 넘어서는 일수가 크게 늘고 있다.[30]

우리는 매일 뉴스를 통해 개발도상국의 도시에 사는 사람들 앞에 놓인 고통을 엿볼 수 있다. 다카의 빈민가인 두아리파라에서 남편 그리고 세 아이와 살고 있는 수피아를 보자.[31] 수피아의 임시 양철집은 폭염에 견딜 수가 없다. 천장의 선풍기는 별 도움이 되지 않고 뜨거운 공기를 순환시킬 뿐이며 전기도 자꾸 끊긴다. 수피아가 사는 빈민가가 있는 저지대는 수시로 물에 잠긴다. 그러면 수피아와 가족은 물이 빠질 때까지 침대 위에 앉아 기다려야 한다. 수피아와 같은 사람들에게 기후변화는 이미 위태로운 그들의 생존을 위협한다.

기후위기가 국제관계에 미치는 영향

4500제곱마일(약 1만 1655제곱킬로미터)이 넘는 빙하로 이루어진 히말라야산맥은 때로 지구의 제3극으로도 불린다.[32] 인더스강, 갠지스강, 메콩강, 양쯔강, 황허강은 모두 이 빙하의 영향을 받는다. 거의 20억 명의 사람들이 히말라야에서 발원하는 강 유역에 살고 있다.[33]

기온 상승으로 인해 히말라야의 빙하가 급속히 줄어들고 있다. 기온이 2도 이상 올라가면 적어도 이들 빙하의 3분의 2가 사라질 것이다.[34] 재난의 영향은 두 단계로 나타날 것이다. 첫째, 얼음이 녹으면서 산에서 발원한 강은 자주 범람하고 아시아 전역에서 생명과 생계를 위협할 것이다. 이런 일이 일어나면 빙하가 녹은 물이 강으로 흐르는 일이 중단되면서 물 가용성이 급격히 줄어들 것이다. 그러면 농촌의 자급농들이 기아에 직면하고 다카처럼 이미 팽창한 도시로 몰릴 것이 확실하다. 폭염이 자주 심하게 발생하면 농작물과 가축이 죽고 농부가 일을 할 수 없게 되어 농촌은 더욱 어려워질 것이다.

한편 아프리카에서는 사하라사막과 접해 있는 반건조 지역인 사헬이 사람이 살 수 없게 될 위험에 처해 있다. 가뭄이 심해지고 있으며 우기는 점점 짧아지고 집중호우가 빈번해지고 있다.[35] 주기적인 폭우를 건조한 땅이 흡수할 수 없어서 홍수가 농작물과 가축을 휩쓸어간다.[36] 이미 숨 막힐 듯한 더위가 더욱 심해지고 있다. 앞으로 수십 년 동안 나빠지는 환경으로 인해 수천만 명의 사람들이 나이로비와 라고스 같은 남쪽 도시로 이주해야 할 것이다. 이미 7장에서 이야기한 도시 빈곤에 대처하기 위해 고군분투하는 이들 도시는 기후변화로 인해 반복되는 홍수, 숨이 막힐 듯한 더위, 유독한 공기와 싸워야 할 것이다.

기후변화에 취약한 지역에 사는 사람들이 받는 압력이 세져 긴장이 고조될 것이다. 말리, 니제르 등 사헬 지역의 나라들이 그렇다. 자원 부족이 심해지면 나라 간 갈등도 높아질 것이다. 인더스 강과 그 지류에 대한 접근권은 역사적으로 인도와 파키스탄 간

긴장의 원천이었으며 양국이 분쟁 지역인 북부 카슈미르의 영유권을 주장하는 주요한 이유였다.[37] 물이 부족해지면서 두 나라 사이의 긴장 관계가 더 고조될 수 있다.

환경의 압박과 이에 따른 토지, 물 등 부족한 자원을 둘러싼 갈등은 가난한 나라의 수많은 사람들을 이동시킬 것이다. 그 압도적인 다수는 개발도상국들과 인접한 가난한 나라와 이미 긴장 상태에 있는 도시들로 가게 될 것이다. 일부는 북아메리카나 유럽 등 부유한 지역들로 가서 더 나은 안전한 삶을 추구할 것이다.

많은 부유한 나라들이 더 이상 난민을 받아들이지 않으면 압력은 더 커질 것이다. 수백만 명의 사람들이 자신의 집에 사는 것이 더 이상 선택 사항이 아님이 분명해지기 때문이다. 최근 유럽에서 있었던 시리아 난민에 대한 논쟁을 보면 이 문제는 분열과 독설로 번질 가능성이 크다. 하지만 부유한 나라들은 양심상 동족의 운명을 모른 체할 수 없다. 특히 화석연료를 사용한 그들의 경제성장이 이 문제의 주요 원인이기 때문이다. 오히려 어떻게 더 많은 난민과 이주민을 수용할 수 있을지 그리고 그들을 어떻게 통합해야 하는지에 대한 신중한 논의가 이루어져야 한다.

도시의 해결책

기후변화를 늦추기 위해 탄소 등 온실가스 배출을 낮추는 조치가 시급하다. 도시 인구는 오늘날 세계 인구의 55퍼센트를 조금 넘지만 탄소 배출량은 전체의 70퍼센트를 차지한다.[38] 세계 도시화율이 더욱 높아질 것임을 감안하면 2050년에는 그 비율이 85퍼센트가 될 수 있다. 도시의 탄소 배출량을 줄이는 것이 기후변화와의 싸움에서 중심축이 될 것이다. 전력망을 석탄과 가스에서 태양광, 풍력 등 재생에너지로 전환하는 것이 꼭 필요하지만, 이것이 답의 전부는 아니다.

도시는 두 가지 방식으로 탄소를 배출한다. 첫 번째는 도시에서 일어나는 활동에서 발생하는 직접 배출이다. 여기에는 자동차 운행, 냉난방, 전기 사용 등이 포함된다. 게다가 도시의 공장이 발생시키는 모든 배출도 포함된다. 또한 도시 주민들은 특히 농촌에서 수확한 식품 등 다른 곳에서 만들어진 많은 제품은 물론이고 시멘트, 콘크리트, 강철, 자동차 등 탄소 집약적 제품을 소비한다. 이는 간접 배출로 알려져 있으며 도시가 배출하는 탄소량을 증가시키는 중요한 요소이다.

도시의 탄소 배출량이 전 세계 탄소 배출량에서 월등히 높은 이유는 농촌보다 훨씬 부유하기 때문이다. 일반적으로 생활수준이 높을수록 배출량이 많아진다. 사실 소득을 감안하면 도시가 농촌보다 배출 집약도가 낮아서, 세계 GDP의 80퍼센트를 차지하지만 총배출량의 70퍼센트를 차지하는 데 그친다. 그 결정적 요인은 밀도이며, 특히 운송으로 인해 발생하는 배출물에 미치는 영향이다. 영국의 농촌 주민들은 교통수단으로 인해 1인당 배출량의 1.5배를 발생시킨다.[39] 농촌 인구가 희박한 미국의 경우에는 2~3배에 이른다.[40] 그렇기 때문에 시골로 벗어나는 것이 반드시 환경에 이로운 것만은 아니다.

마찬가지로 도시에는 배출 집약도를 낮추는 동시에 더 살기 좋은 곳으로 만들 여지가 상당하다. 첫 번째는 팽창을 줄이는 것이다. 교외(또는 준교외 지역)에 사는 경우 출근할 때만이 아니라 상점, 식당 등 어딜 가더라도 자동차를 몰고 간다. 그래서 도심에 비해 탄소 배출량이 많다.[41, 42] 이것이 애틀랜타나 휴스턴 같은 미국의 '선벨트sunbelt'(미국에서 연중 날씨가 따뜻한 남부 및 남서부 지역)에 있는 교외화한 도시들이 뉴욕이나 보스턴 같은 도시보다 1인당 탄소 배출량이 더 많은 한 가지 이유인데, 이들 도시는 대중교통이 덜 발달했다.[43](선벨트 도시들의 탄소 배출량이 많은 다른 요인은 높은 기온 때문에 에어컨을 많이 틀기 때문이다.)

무질서한 팽창은 환경에도 해롭고 삶의 질에도 좋지 않다. 4장에서 이야기한 대로 오늘날 도시 외곽에 살고 있는 사람들은 좀 더 중심지에서 살고 싶어 하지만 그럴 여유가 없으며, 자녀가 생기면 더 그렇다. 이에 대한 답은 도심의 주택 공급을 늘리는 데 있다. 예를 들어 중층 개발을 더 허용하고 사용하지 않는 산업 및 사무 공간을 용도 변경해서 말이다. 그러면 좀 더 저렴하게 도심에서 생활할 수 있다. 5장에서 이야기한 대로 원격 근무 추세는 또한 도시 사람들이 교외로 다시 오게 하는 기회를 만들어낸다. 집 근처에 카페나 편의점 같은 편의 시설이 생기기 때문이다. 혼합 근무를 하는 사람들이 사무실에 가지 않는 날에는 걸어서 다닐 수 있도록 교외 지역을 재구성한다면 탄소 배출량을 줄일 수 있을 것이다.

도시는 주민이 이동해야 하는 거리를 줄이는 것 외에도 더 깨끗한 교통수단을 장려해서 탄소 배출량을 줄일 수 있다. 한 명이 탄 중형 자동차는 1마일(약 1.6킬로미터)당 300그램이 조금 넘는 탄소 등가물*을 배출한다. 반면 기차 여행은 승객당 1마일을 이동할 때 65그램이 조금 넘는 탄소 등가물을 배출한다.[44] 자전거를 타거나 걷는 경우는 배출 가스를 발생시키지 않는다. 대체 교통수단에 대한 접근은 도시마다 크게 다르다. 뉴욕에서는 노동자의 절반 이상이 대중교통으로 출퇴근하고 10명 중 한 명은 자전거를 타고 다니거나 걸어 다닌다.[45] 반면 휴스턴에서는 20명 가운데 한 명 미만이 출퇴근 시 대중교통을 이용하고 자전거를 타거나 걸어 다니는 사람은 거의 없다.[46] 자전거 이용자나 보행자를 위해 더

---

* 모든 온실가스를 탄소로 환산한 것을 말한다.

많은 선택지를 만들고 대중교통을 저렴하게 이용하게 해야 한다. 이러한 대체 교통수단으로 바꾸는 것은 배출 가스를 줄이는 것 이외에도 대기 질을 개선한다. 또 도시의 주차 공간을 재개발 용도로 확보하면서 자가용을 살 여유가 없는 사람들이 도시에 쉽게 접근하게 해야 할 것이다.

도시는 또 청정 에너지원을 사용하는 전기화를 수용해야 한다. 노르웨이의 수도인 오슬로가 좋은 사례다. 이 도시는 최근 몇 년 동안 대중교통을 전기화하는 동시에 주민들이 휘발유 자동차를 전기 자동차로 바꾸도록 했다. 실제로 이 도시는 현재 세계에서 1인당 전기 자동차 보유량이 가장 많다.[47] 충전 시설에 대한 공공 투자와 정부 보조금이 핵심이었다. 게다가 노르웨이에서 사용하는 전기의 98퍼센트가 재생에너지에서 나오기 때문에 전기 자동차가 단순히 배출량을 전력망에 전가하는 것이 아니다.[48] 런던, 파리, 바르셀로나 같은 도시에서는 특정 구역을 지나는 휘발유나 디젤 자동차에 요금을 부과해 전기 자동차로의 전환을 유도하고 있다. 이는 긍정적인 첫 단계이지만 재생 가능한 에너지원에 대한 의존도를 높일 필요가 있다. 무엇이 가능한지를 보여주는 또 다른 예는 슬로베니아의 수도 류블랴냐이다. 이 도시에서는 정부가 대중교통과 자전거 도로를 확충해서 자동차 없는 도시를 실현했다.[49]

건물의 에너지 효율을 높이는 것은 도시의 탄소 배출을 줄이는 동시에 비용을 절감할 좋은 기회이다. 태양전지판은 건물 옥상에 설치할 수 있다. 에너지 사용량을 더 잘 알 수 있도록 가정용 스마트 계량기를 놓을 수 있다. 집, 사무실, 상점 등을 단열 처리해서 냉난방비를 줄일 수 있다. 지역난방은 산업 현장에서 생겨나는 폐열을 포집해서 도시의 건물을 따뜻하게 하는 데 사용할 수 있다.

도시에 녹지를 늘리는 것도 중요하다. 2장에서 소개한 생물학자 에드워드 오스본 윌슨은 우리가 다른 생명체에 대해 느끼는 생래적 끌림을 설명하기 위해 '바이오필리아'*라는 말을 만들었다.[50] 그래서 우리는 자연에 있으면 매우 진정된다.[51] 생활에 불편한 점이 많은데도 많은 사람들이 여전히 시골에 사는 한 이유일 것이다. 하지만 도시가 자연이 사라진 곳일 필요는 없다. 도시에 녹지 공간을 만들면 살기 좋아지고 환경에 미치는 나쁜 영향도 줄일 수 있다. 나무는 공기 중의 탄소를 포획하는 천연의 장치이다. 게다가 녹지는 도시 열섬 효과를 낮춰 냉방에 덜 의존하게 해준다.

녹지의 규모는 도시마다 다 다르다. 시애틀에는 885개의 공원이 있다. 그에 반해 내슈빌에는 243개가 있다.[52] 그 결과 시애틀의 주민이 공원에서 걸어서 10분 이내의 거리에 살고 있는 반면 내

---

* biophilia, 생명 또는 생물을 뜻하는 'bio'와 경향 또는 편애를 뜻하는 'philia'가 결합한 말로 '생명사랑'을 의미한다.

슈빌에서는 그 절반에 못 미친다.[53] 시애틀 같은 도시조차 이 분야에서 세계를 선도하는 도시에 비하면 뒤처진다. 싱가포르는 국토의 40퍼센트 이상이 녹지로 덮여 있는데, 이는 이 도시의 창설자인 리콴유가 수십 년 동안 노력한 결과이다.[54] 이 도시에는 맨해튼보다 더 넓은 30제곱마일(약 78제곱킬로미터) 이상의 녹지 공간이 있는데, 나무로 뒤덮인 200마일(약 322킬로미터)이 넘는 산책로 및 자전거 도로와 연결되어 있다.[55] 최근 몇 년간 싱가포르의 '가든스 바이 더 베이Gardens by the Bay'('만 옆의 정원')는 우뚝 솟은 인공 나무들을 보기 위해 방문객이 모여들면서 그 자체로 관광 명소로 떠올랐다. 저 인공 나무들은 수직 정원*과 동시에 태양열 발전기 역할을 한다. 싱가포르는 고밀도 도시이지만 이처럼 녹지 공간을 계속해서 확보하고 있다. 파리는 이미 싱가포르의 예를 따라 2030년을 목표로 공원부터 옥상 정원까지, 도시 표면적의 50퍼센트를 식물로 덮는 계획에 착수했다.[56]

지금까지 이야기한 조치들은 모두 도시에서 발생하는 직접 배출에 초점을 맞추었으나, 간접 배출을 줄이기 위해 도시가 할 수 있는 일도 많다. 덜 써서 소비를 줄이는 것이 좋은 시작이다. 뉴욕시티와 그 주변 교외는 매년 3000만 톤 이상, 또는 1인당 약 1.5톤의 폐기물을 처리하며, 그 대부분이 쓰레기 매립지로 간다.[57] 폐

• 벽 등을 식물로 덮은 구조의 원예 정원.

기물이 분해되면서 메탄을 내뿜는데, 이것이 직접 배출의 한 원인이 된다. 하지만 더 큰 문제는 애초에 해당 제품을 생산하는 과정에서 배출된 온실가스이다. 예를 들어 농업은 온실가스 배출의 주요 원인이지만 전 세계 식량의 약 4분의 1이 낭비된다.[58] 그 가운데 일부는 공급 과정에서 부패해 발생하지만 특히 부유한 나라들의 가정, 소매업체, 식당도 큰 역할을 한다.[59] 애초에 폐기물을 줄이는 것 외에, 재활용률을 높이기 위해 많은 일을 할 수 있다. 이는 단지 각 가정이 쓰레기 분리를 더 부지런히 해야 한다는 말이 아니다. 예를 들어 건설업의 탄소 배출량은 오래된 콘크리트를 재활용해 상당히 줄일 수 있다. 콘크리트를 분쇄해서 인도 포장에 사용하거나 새로운 콘크리트 혼합물에 골재로 쓸 수 있다. 미국에서 발생하는 전체 폐기물의 약 75퍼센트가 재활용될 수 있지만 실제로는 30퍼센트만 재활용된다.[60, 61] 그래서 미국에서 매년 재활용 가능한 폐기물 약 1억 톤이 매립지로 가고 있는데, 그 대부분이 도시에서 발생한다. 모든 폐기물을 재활용하면 도로에서 6000만 대의 자동차를 없애는 것과 같다.[62] 도시는 최소한 가정과 기업이 매립지로 보낸 쓰레기의 양에 기초해서 요금을 부과하기 시작해야 한다.

도시가 간접적으로 발생시키는 탄소 배출을 줄일 또 다른 방법은 흥미로운데, 바로 농업을 농촌에서 도시로 옮기는 것이다. 수직 농장을 이용하면 슈퍼마켓 크기의 공간으로 약 280헥타르의 농경지를 대체할 수 있고, 인공조명과 기온 조절로 수확량을 늘릴 수 있다.[63] 도시 주변에 수직 농장을 세우면 농지의 대다수를 탄소를 흡수하는 숲 용도로 확보할 수 있다. 또한 운송 및 식품 부패로 인한 탄소 배출을 줄일 수 있다. 수직 농업에는 많은 에너지가 필요해서 현재 그 전망이 밝지는 못하다. 하지만 수직 농장이 재생 가능 에너지를 사용한다면 이곳에서 재배한 상추는 밭에서 키운 상추보다 탄소 배출량을 70퍼센트 줄일 수 있다.[64]

부유한 나라의 많은 도시들은 탄소 배출량 감소를 우선순위로 삼지만, 가난한 나라의 도시들은 그럴 여력이 없다. 문제는 부유한 나라들이 내일 당장 온실가스 배출을 중단하더라도 세계는 여전히 기후변화의 길로 가고 있다는 점이다. 부유한 나라들은 산업혁명이 시작된 이래 대기 중에 축적된 탄소 배출량의 약 60퍼센트에 대해 책임이 있지만 매년 추가되는 탄소 배출량의 경우에는 약 30퍼센트에 지나지 않는다. 매년 추가되는 배출량 가운데 이들 나라가 차지하는 비율은 급속히 줄고 있다.[65] 인도나 중국 같은 나라가 미국의 1인당 탄소 배출량 수준에 이르면 기후변화는 멈출 수 없다. 가난한 나라들은 탄소 배출이 덜한 발전 경로를 따라가야 하며 부유한 나라들은 이를 위해 재정 지원을 해야 한다. 전력 생산에 재생에너지를 사용하는 것이 일부 해결책이지만, 빠르게 성장하는 개발도상국의 도시들을 화석연료 사용을 억제하는 방식으로 설계하는 것도 중요하다.

개발도상국이 탄소 배출 집약도가 높은 경제활동의 쓰레기 매립지가 되지 않도록 세계 공조가 필요하다. 중국은 세계 최대 탄소 배출국이지만 상당 부분이 런던이나 뉴욕 같은 곳에서 소비되는 제품을 제조하기 위한 것이다.[66] 부유한 나라들이 최근 수십 년 동안 제조 시설을 해외로 이전하면서 탄소 배출량 또한 상당 부분 해외로 이전했으며, 그래서 탄소 배출량 감소에서 실제보다 더 진전이 있는 것처럼 보인다.[67] 기후변화는 근본적으로 세계의 문제이고, 이에 대한 조치가 성공하려면 세계적 관점이 필요하다.

꾸물거릴 시간이 없다

기후변화에 대한 조치가 늦어지면 돌이킬 수 없어져, 소용돌이치는 위기로 이어질 것이다. 이 위기는 세 가지 유형으로 나뉜다.[68] 첫 번째는 지구의 빙상과 관련이 있는데, 얼음이 녹으면서 땅이나 바다의 어두운 표면을 노출시키는 자기강화 주기를 수반한다. 이들 표면은 열을 더 많이 흡수해서 얼음을 빨리 녹게 한다. 많은 지역에서 이들 빙상이 식물을 덮었고 이 식물이 수천 년에 걸쳐 꾸준히 분해되어 대량의 메탄을 발생시켰고 이것이 대기 중으로 방출될 준비가 되어 있다. 두 번째 메커니즘은 숲과 바다 같은 생물권*과 관련이 있는데, 탄소를 흡수하는 나무나 조류가 온난화에서 살아남는 데 필요한 임계량을 더 이상 버틸 수 없을 때 발생한다. 세 번째는 기온이 올라가고 얼음이 녹으면서 교란될 가능성이 있는 해양 및 공기 순환의 양상과 관련이 있다.

많은 가능성 가운데 몇 가지만 말해보자면 다가올 세기에 동남극의 빙상이 녹고 아마존의 열대우림이 초원으로 변하며 멕시코 만류가 사라지게 될 것이다.[69] 이들은 대재난이 될 것이며, 이 모두가 합쳐져 세상에 종말을 가져올 수도 있다. 처음에는 가난한 나라들이 가장 큰 타격을 입겠지만 부유한 나라들도 언제까지나 무사할 수는 없다. 불필요한 우려를 낳고 싶지는 않지만, 기후변화가 정말로 재앙을 불러오리라는 점을 인식하는 것이 중요하다.

세계 인구가 기후변화에 약간의 대응력을 갖게 되었을지 모르지만, 금세기 말이나 이후를 내다볼 때 기후변화가 걷잡을 수 없어질 경우 자연환경은 인류 문명이 시작된 이래 본 적이 없었던 변화를 맞을 것이다. 2장에서 홀로세라는 온화한 환경으로의 이행이 어떻게 최초의 도시에서 시작된 인간 진보의 선순환을 만들어냈는지 살펴보았다. 우리가 미래 세대를 위해 만들어가고 있는 세계에서 진보가 살아남으리라는 보장은 없다.

많은 독자가 계속 쏟아지는 기후변화에 대한 이야기로 둔감해졌을지도 모른다. 정보를 얻어야 할 시간은 이미 지나갔다. 지금

● 　생물이 살 수 있는 지구 표면과 대기권.

은 행동할 순간이다. 우리는 기후변화와 경주를 하고 있는데, 지금 출발선에서 꾸물거리고 있다.

AGE OF THE CITY

10

결론
번영은 쉽게 오지 않는다

1800년에는 지구에 10억 명의 인간이 살고 있었으며 약 7000만 명이 도시에 살았다. 오늘날 세계 인구는 80억 명이고 45억 명이 넘는 사람들이 도시에 산다. 우리는 더 많이 더 모여 있으며, 전 지구를 감싸며 빠르게 이동하는 상품, 사람, 정보의 흐름에 묶여 있다. 루이스 멈퍼드는 언제 세계가 하나의 '거대한 도시 벌집'으로 바뀔 것인지 궁금해했다.[1] 그렇게 되기까지 머지않았다. 역사상 호모사피엔스가 이렇게 짧은 기간에 이렇듯 극적인 변화를 맞은 적은 없었다.

20세기 중반 세계 인구의 증가세가 둔화하기 시작했다. 유엔은 21세기 말에는 출생률이 계속 떨어지고, 사망률 감소로 인한 급격한 인구 증가도 끝나면서 세계 인구가 100억 명을 약간 웃도는 수준에서 안정될 것이라고 예측하고 있다.[2] 인구 증가가 둔화하고 결국에는 반전되더라도, 개발도상국의 계속되는 도시화로 인해 도시에 거주하는 세계 인구 비율은 꾸준히 증가할 것으로 보인다. 그 결과 금세기 말에는 도시에 사는 인구가 현재의 2배가 될 것이다.[3]

따라서 도시의 성장이 끝나려면 아직 멀었다. 그리고 우리가 여전히 답을 찾아야 할 문제가 많다. 도시는 이렇게 늘어나는 인구를 어떻게 수용할 것인가? 그들은 어디에서 일자리를 찾을 것인가? 기후변화, 전염병의 대유행 등과 같은 위험으로부터 우리 자신을 어떻게 보호할 것인가? 시장의 힘과 개인의 선택에 의존해 이런 문제에 대한 답을 찾으리라고 생각하는 건 순진하다. 이런 변화를 성공적으로 헤쳐나가려면 운에 맡길 게 아니라 우리가 우리의 운명을 만들어야 한다.

쉬운 해결책이 있다고 우리 스스로를 속여서는 안 된다. 재치 있는 구호와 희망 사항은 진전에 방해될 뿐이다. 도시 세계는 의도하지 않은 결과를 낳기 쉬운 복잡한 체계이다. 인내심과 장기간의 관점으로 점진적 해결과 지속적 실험이 필요하다. 정책들은 개별적으로 실현될 수 없으며 통합적으로 고려되어야 한다.

우리는 도시 세계를 더 공정하고 지속 가능하게 만들기 위해 이 책에서 얻은 많은 교훈을 앞으로 수십 년간 의제로 삼는다. 이 의제는 우리 모두의 일이다. 지방자치단체부터 다자간 조직까지 모든 정부가 이 의제를 전달하는 데 각자의 역할을 해야 한다. 기업과 대학 같은 비정부 기관도 이에 함께해야 한다. 그리고 모든 개인은 지속 가능한 삶을 살고 지역사회에 참여하면서 이런 문제를 진지하게 받아들이는 지도자를 선택해야 한다.

도시를 다시 설계하라

적어도 고대 그리스의 도시계획 창시자인 히포다무스의 시대 이후로 인간은 살기 좋고 일하기 좋은 도시를 만들기 위해 다양한 도시 설계 방식을 실험해왔다. (히포다무스는 도시에 거리 격자를 겹쳐 어디서 출발하더라도 어떤 목적지에 긴 우회 없이 도착할 수 있도록 하는 데 기여했다.) 이제 자동차를 기반으로 한 도시 팽창이라는 20세기의 대실험이 엄청난 자원 낭비이고 사회 및 환경적으로 실패라는 점을 인정할 때이다. 자동차는 개인에게 매우 편리하지만 사회 차원에서는 좋지 않다. 공기를 오염시키고 대기를 덥힐뿐더러 공간도 많이 차지한다. 미국에서는 주차 공간이 모든 도시 공간의 3분의 1을 차지하며 자동차 한 대당 8개의 주차 공간이 있는 것으로 추산된다.[4]

개인 차량이 주차 시간의 95퍼센트를 차지한다는 사실을 감안하면 버스나 기차 같은 공유하는 교통수단이 아니라 자동차로 사람들을 이동시키는 것은 매우 비효율적이다.[5] 상황이 많이 달라질 수도 있었다. 이용하는 사람들이 많을수록 대중교통의 접근성과 편리성이 높아진다. 대중교통이 더 넓은 경로에 더 자주 운행될 수 있기 때문이다. 20세기에 우리가 자동차와 도로에 쓴 돈을 모두 대중교통에 몰아 썼다면 어떤 대중교통 체계를 구축할 수 있었을지 생각해보라.

얄궂은 일은 자동차의 편리함이 더 큰 불편을 초래한다는 것이다. 사람들이 자동차를 더 몰게 되면 교통은 더 혼잡해진다. 새 도로는 한동안 그 혼잡을 더는 데 도움이 되지만, 소요 시간이 짧아질수록 사람들이 더 많이 운전하도록 부추기기 때문에 도시계획자들이 말하는 유발 통행 수요로 빠르게 이어진다. 일반적인 수도권 고속도로를 늘어난 수요가 채우는 데는 불과 몇 년밖에 걸리지 않는다.[6]

자동차가 가져다준 것은 사생활과 선택이다. 그 덕분에 부유한 나라의 많은 도시 인구가 교외로 이주해 조용하고 막다른 골목에 위치하면서 뒷마당이 딸린 큰 집에서 살 수 있었다. 게다가 사람들은 원치 않는 사람과 마주칠 필요 없이 목적지에서 목적지로 이동할 수 있었다. 하지만 통합된 사회를 이루는 데 은둔과 고립은 별 도움이 안 된다.

도시의 저밀도 팽창과 관련한 문제는 오랫동안 알려져 있었다. 제인 제이콥스는 1961년 선구적인 책《미국 대도시의 죽음과 삶》

에서 도시를 생활, 일, 여가 등 뚜렷한 기능을 가진 구역으로 세분화하면 도시 생활이 덜 안전하고 덜 풍요로워진다고 주장했다.[7] 이후 많은 도시들이 복합용도의 개발을 수용하고 도심의 재생을 장려했다. 코펜하겐에서 밴쿠버에 이르는 도심지들은 보행자 전용 거리를 만들어 공동체 의식을 줄 우연한 만남을 늘리려고 했다. 런던은 자전거 도로를 만들고 시드니는 전차를 다시 도입해 도심 주민들이 자동차를 덜 몰고 탄소 배출량을 줄이도록 도왔다. 파리는 '15분 도시' 원칙을 내세웠다. 이는 주민이 걷거나 자전거를 타고서 15분 안에 일, 음식, 의료, 교육, 문화를 포함해 필요한 모든 것을 할 수 있어야 한다는 것이다.

이런 계획은 올바른 방향이긴 하지만 많은 문제들을 여전히 갖고 있다. 최근 수십 년 동안 고임금 지식 노동자가 도심으로 돌아오면서 이런 노력의 결실을 누렸다. 반면 저임금 서비스 노동자는 먼 출퇴근 지역으로 밀려나 교통 체증에 갇히거나 이런저런 대중교통을 갈아타면서 여가 시간을 소모했다. 도시는 더 크게 생각해서, 현대 도시가 최근 수십 년 동안 형성해온 광범위한 연결망을 재구성해야 한다.

주택 구입 가능성을 높이는 것이 그 중요한 부분이 될 것이다. 도시는 이미 가격이 싼 외곽이 아니라 도시 중심지에서 가격이 저렴한 주택 공급을 늘리는 데 우선순위를 두어야 한다. 그렇지 않으면 도심은 결국 부자들이 독점하는 운동장이 될 것이다. 심지어 뉴욕시티에도 중층 개발을 늘릴 여지가 아직 많다. 맨해튼은 마치 고층 건물의 바다처럼 느껴지겠지만 5개 자치구에 걸쳐 약 70퍼센트의 건물이 3층 이하이다.[8] 사용하지 않는 사무실 건물, 산업 공간, 주차장을 용도 변경하는 것도 도심의 주택 공급을 늘릴 방법이다. 밀도가 높아지면 더 많은 공원과 도시 농장을 확보해서 도시를 더욱 쾌적하고 환경 친화적으로 만들 수 있다.

도시가 고밀화함에 따라 사회 주택을 늘려서 사회경제적으로 통합된 지역사회가 되도록 해야 한다. 최근 수십 년 동안 임대료가 급상승하면서 사회 주택에 접근할 수 있는 문턱을 높일 근거가 마련되었다. 이런 개발 지역에 살고 있는 사람들의 소득분포가 더 폭넓어지게 하는 것은 가난의 집중화를 막는 데도 도움이 된다는 점을 오스트리아의 빈은 보여준다.

도시는 저소득층이 도심에 쉽게 접근하게 하는 것 외에도, 복합용도 개발 및 보행성 원칙을 교외까지 확대해야 한다. 뚜렷한 기능을 가진 일련의 동심원이라는 도시 개념을 신념처럼 받아들일 필요는 없다. 교외가 변화할 수 있을지 의문이 드는 사람은 한때 교외였던 런던 첼시나 파리 몽마르트만 봐도 그 답을 알 수가 있다. 도시는 버려진 쇼핑몰이나 쇠퇴한 중심가에 매장을 낼 경우 세금을 감면해주어 이를 장려할 수 있다. 이런 구역 근처에 계단식 주택을 짓고 중층 개발을 하면 걷거나 자전거를 탈 수 있는 거리 내에서 고객을 끌어들일 수도 있다.

21세기에 대중교통 체계를 도입하는 것이 이러한 변화의 중심이다. 연결망은 재생에너지원에 기반해서 전기화해야 하고 교외및 준교외 지역까지 넓혀야 한다. 자동차 혼잡 부담금을 부과하거나 올려서, 일부를 충당할 수 있다. 이렇게 되면 사람들이 대중교통을 더 이용하게 되고, 이것이 차례로 대중교통의 생존력을높이게 될 것이다. 수익 기반을 승차권 판매에서 세금으로 전환해 사용자가 더 저렴하게 이용할 수 있게 함으로써 대중교통 의존도를 높일 수도 있다. 가난이 도심에서 멀리 원심 이동한다는점을 감안할 때 도시에서 떨어진 곳에 사는 사람들에게 심한 불이익을 주는 런던과 같은 교통비 모델도 재검토해야 한다.

지식 경제 중심으로 재구축하라

또 부유한 나라들이 제조업에서 돌이킬 수 없는 변화가 일어나고 있음을 받아들여야 한다. 일자리가 저비용 지역에서 부유한나라로 되돌아오더라도, 자동화로 인해 제조업 부문이 고등교육을 받지 않은 사람들의 경제 지위를 높이는 사다리 역할을 되찾지는 못할 것이다. 최근 수십 년 동안 해외로 이전된, 이제는 디지털화되고 인공지능에 대체되고 있는 사무직도 마찬가지다.

이에 대한 우리의 대응은 이미 늦었다. 분업화는 세계무역을 통해 세계의 총생산을 높이고 상품과 서비스를 더 싸고 풍부하게 만든다. 그리고 기술 변화는 장기적으로 생활수준을 향상시킨다. 하지만 이 둘은, 노동자가 일자리의 변화 양상에 적응해야 할 때 마찰을 일으키기도 한다. 세계화로 인해 실직한 노동자들을 재교육하고 재배치하기 위해 재정을 지원하는 미국의 무역조정지원 프로그램Trade Adjustment Assistance Program과 같은 계획은 너무 미미해서 의미 있는 영향력을 미치지 못했다.

전통적인 중산층 일자리가 사라지면서 한때 번영하던 미국, 영국, 프랑스 등의 많은 도시와 마을이 쇠퇴의 소용돌이에 빠져들었으며 그 주민들은 세대에 걸쳐 빈곤의 덫에 빠지게 되었다. 이런 지역에 사는 많은 사람들이 포퓰리즘 지지자로 변신했다는 사실은 이해할 만하다. 시스템이 더 이상 그들을 위해 작동하지 않는 것이다.

세계화와 자동화로 인해 뒤처진 곳들을 더 이상 무시해서는 안 된다. 앞으로는 더 포용적인 경제를 위한 새로운 의제가 필요하다. 지식 경제에서 사람들을 하나로 모으는 중력 법칙을 어떤 정부도 거스를 수 없음을 인정하면서 비전과 실용주의를 혼합하는 의제 말이다.

시애틀이나 라이프치히 같은 도시는 이전에 번영했던 많은 도시를 괴롭히는 실업과 쇠퇴의 악순환을 반전시킬 희망이 있음을 보여준다. 지식 경제를 위해 고군분투하는 도시를 재구축하려면,

정부는 두 가지 방향에서 접근해야 한다. 첫째, 새로운 사업을 시작하기 더 쉽게 만들거나 기존 기업이 현지 사업을 할 수 있도록 세금 감면 같은 장려책을 주어 해당 지역의 고숙련자 고용을 늘려야 한다. 도시 간의 치열한 경쟁이 결국 주주들에게만 이익이 될 가능성을 감안하면 후자의 경우는 신중히 다루어야 한다. 더 좋은 전략은 지역 경제의 닻과 같은 역할을 할 몇몇 기업을 선택해 목표로 삼는 것이다. 둘째, 도시는 고용주가 찾고 있는 숙련 노동자를 데리고 와야 한다. 대학에 대한 투자가 좋은 시작이지만, 대개 이것만으로 직원을 계속 붙들어둘 수는 없다. 지식 노동자들이 살고 싶어 하는 도시 환경을 만드는 것이 중요하다. 무질서하게 팽창하고 활기가 없는 환경이 아니라 조밀하고 활기 넘치는 환경 말이다. 도시가 고임금 지식 일자리의 기반을 구축하면 이를 지원하는 비교역재인 서비스에서의 고용도 늘어나서 지역 정부의 재정도 좋아진다.

중앙에 집중되지 않고 고루 퍼진 경제를 유지하려면, 부유한 나라의 장거리 운송 인프라가 현대화되어야 한다. 철도의 발명은 산업화 시기 경제활동의 분산에 매우 중요했다. 똑같은 철도망이 여전히 많은 도시를 이동하는 가장 빠른 방법인 경우가 많다. 영국 같은 나라는 고속철도에 전념해야 하지만 제대로 된 방향으로 이루어져야 한다. 단순히 맨체스터를 런던과 연결해서는 훨씬 많은 지식 노동자를 수도 런던으로 끌어들일 위험이 있다. 혼합 근무로 일주일 가운데 며칠만 맨체스터에 있으면 되는 경우라면 특히 그렇다. 맨체스터가 이들 노동자가 여가 시간을 보내기에 매력적인 곳이 된다면 이런 우려를 없앨 수 있다. 하지만 북부 지역의 여러 도시가 어떻게 묶여 런던의 균형추 역할을 할 대도시 체계를 만들어낼 수 있을지 고려하는 것도 중요하다.

집적의 힘이 강력하기 때문에 어려움을 겪는 지역을 '끌어올리는' 일에 대해 실용적 관점을 유지해야 한다. 영국과 프랑스의 경제가 수도에 쏠릴 필요는 없지만, 규모가 곧 경쟁력이 되는 세계 경제에서 많은 소도시와 마을이 번성하기를 기대하는 것도 현실성이 떨어진다.

이주는 어렵다. 우정은 깨지고 소중한 장소는 사라지며 가족과는 멀어진다. 또 비용도 많이 들기 때문에 일자리를 잃은 사람들을 위해 이주 바우처를 주는 것은 현명한 생각이다. 하지만 더 큰 문제는, 많은 번영하는 도시의 생활비가 높아서(주택 비용이 특히 그렇다) 비숙련 노동자의 임금 인상을 상쇄하고도 남기 때문에 경제성이 떨어진다는 것이다. 이로 인해 많은 사람들이 뒤처진 지역에 머물게 되고 이는 문제를 악화시키는데, 너무 많은 사람들이 너무 적은 저숙련 일자리를 구하려 하기 때문이다. 이것이 런던, 뉴욕, 샌프란시스코 같은 도시의 생활비가 덜 들게 만드는 것이 중요한 이유이다.

그리고 부유한 지역에 살건 가난한 지역에 살건 모든 아이들이 좋은 교육을 받을 수 있어야 한다. 그러지 못한다면 대단히 부당할뿐더러 많은 잠재력이 낭비되기 때문에 비효율적이다. 학교 재정이 지역 경제 상황과 분리되지 않는 한, 미국 같은 나라에서는 교육 접근성이 결코 균등해지지 않는다. 교육은 오늘날과 같은 지식 경제에서 사회가 할 수 있는 최고의 투자이다. 따라서 교육 재정에 대한 새로운 합의가 필요하다.

오늘날 기술 변화의 속도를 감안해 교육의 전체 수명 주기를 다시 생각해볼 필요가 있다. 학습 단계 다음에 노동의 단계, 그다음에 은퇴의 단계가 이어진다는 생각은 이제 구식이다. 노동자가 필요한 기술을 더 이상 갖고 있지 않을 때 기업이 이들을 해고하기보다는 재교육하고, 필요하다면 새로운 일에 재배치하도록 장려해야 한다. 고용주에게 재교육에 대한 책임을 맡기면, 오늘날 학위에 대한 대안으로 인정받지 못하는 경우가 많은 단위자격인증제처럼 저렴한 학습 방법에 대한 고용주의 개방성이 높아질 것이다. 이는 결국 사회 전반의 비용 부담을 덜 것이다.

대학은 기업과 협력해서 주도적으로 이런 프로그램을 지원해야 한다. 기업 내에 재교육 과정을 두게 하면 실직자가 새로운 기술을 익히고도 구직에 실패하는 경우가 줄어들 것이다.

지속 가능성이 최우선이다

남은 금세기 기간 세계 도시 인구의 증가는 거의 개발도상국에서 일어날 것이다. 급증하는 인구가 환경이 점점 열악해지는 농촌에서 벗어날 때, 이들 도시가 이주민들에게 절망이 아닌 기회가 되려면 부유한 나라들의 재정 및 기술 지원이 필요하다. 부유한 나라들의 도시가 거쳐온 발전 경로보다 탄소 배출 집약도가 낮은 경로를 따라야 한다는 과제를 감안한다면, 이런 지원이 특히 중요하다.

기본적인 서비스가 부족한 비공식 주거지의 증가는 우리의 집단 양심을 해칠뿐더러 인류에 상당한 위험을 야기한다. 이런 비공식 주거지의 과밀하고 비위생적인 환경은 새로운 전염병을 전세계에 퍼뜨릴 것이다. 비공식 주거지의 환경과 의료 체계를 개선하는 것이 일부 해결책이지만, 개발도상국의 많은 도시에서 심각한 빈곤의 근본 원인을 해결하는 것이 더 중요하다.

자동화로 가난한 나라들이 전통적인 산업 발전 경로를 따르기가 어려워진 만큼, 교육에 대대적인 투자를 해야 한다. 우리는 지식 노동의 미래가 완전한 원격 근무라는 데 회의적이다. 하지만 기업이 해외에서 저임금으로 얻는 이익이 원격 협업의 단점보다 큰 경우 가난한 나라들의 잘 교육받은 노동자에게 일자리가 옮겨갈 여지가 있다. 데이터 과학, 재무 분석 등의 지식 노동 분야는 아마도 해외에서 이루어질 수 있을 것이다. 벵갈루루는 지식 노동의 해외 위탁 허브가 세계 혁신의 중심지로 성장할 수도 있음을 보여준다.

개발도상국 도시의 번영이 많은 부유한 나라들의 도시처럼 자동차에 기반을 둔 무질서한 팽창이어서는 안 된다. 세계는 무질서하게 팽창하는 휴스턴같이 탄소 배출량이 많은 도시를 더 이상 감당할 수 없다. 도시 기반 시설을 개발하는 데서 자가용보다 대중교통을 우선순위에 두어야 하며, 도시 전역에 녹지를 조성해야 한다.

보고타 같은 도시는 이미 이런 분야에서 인상적인 리더십을 보여주고 있다. 1997년 콜롬비아 수도의 시장으로 선출된 엔리케 페냘로사는 계획된 고속도로 확장을 폐기하고 공공 버스 체계를 도입했다. 또한 자전거 도로를 만들고 복합용도 개발을 우선순위에 둠으로써 이 도시가 자동차로부터 멀어지는 쪽으로 방향을 바꾸었다.[9] 이는 이 도시의 탄소 배출량을 줄여 악명 높은 대기오염을 개선하고 자동차를 살 여유가 없는 많은 주민들을 위해 도시를 더 공정하게 만드는 것이기도 했다.

많은 가난한 나라들은 부유한 나라들의 지원 없이는 지속 가능하면서 번영을 누리는 도시를 만들 수 없다. 덴마크, 노르웨이, 스웨덴, 독일, 룩셈부르크 같은 몇몇 원조국들만이 현재 유엔이 정한 목표치인 국민소득의 0.7퍼센트 이상을 해외 원조에 쓰고 있다.[10] 한동안 영국도 저 목표치를 내놓았으나, 2021년 해외 원조 예산을 삭감하는 퇴행적인 조치를 취했다. 우리가 직면한 문제가 점점 더 세계화되고 있음을 감안할 때, 지금 부유한 나라들이 내부로 방향을 돌릴 때가 아니다. 2015년 파리협정에서 개발도상국이 탄소 배출량을 줄이고 기후변화에 대응할 수 있도록 매년 1000억 달러를 지원하기로 약속한 것은 좋은 출발이다. 하지만 해가 거듭될수록 약속과 이행 사이에 거리가 벌어지고 있다.

지역과 국가, 세계의 협력 시스템

이 의제가 정부에 적극적인 역할을 요구한다는 점은 피할 수 없는 사실이다. 이는 그 자체로 문제를 내포하는데, 정치적 교착 상태로 인한 좌절과 잘못된 계획에 납세자들의 돈이 낭비되거나 경제적 기준이 아닌 정치적 기준에 따라 방향이 바뀔 가능성이 있다.

이런 문제를 줄이는 한 가지 방법은 보충성의 원리를 채택하는 것이다. 이는 명확한 근거가 없는 한 책무와 책임이 중앙정부로 이전되어서는 안 된다는 뜻이다. 지역 수준의 정부는 지역의 필요를 더 잘 이해하고 다루어야 할 상충하는 이해관계가 적은 경향이 있다. 중앙정부의 역할은 자원을 지역사회 전체에 재분배하고, 지역 수준에서 감당하기 어려운 문제를 다루는 것이다.

시 정부는 국방과 같은 문제를 다룰 수는 없지만 우리가 이 책에서 이야기한 의제를 푸는 데 주요 역할을 할 수 있고, 해야 한다. 이는 더 나은 결정과 빠른 진전으로 이어질 것이다. 하지만 그러려면 도심과 주변 지역 모두를 포괄하도록 시 정부 관할권을 재정의해야 한다. 오늘날 도시가 팽창하면서 이제 많은 대도시가 각각 하나의 지역을 담당하는 여러 지역 정부로 구성되어 있는데, 전체 도시계획을 조정하고 가장 필요한 곳에 투자를 할당하는 장치가 없는 경우가 흔하다. 샌프란시스코만은 이 지역의 여러 지역 정부를 위한 협의체를 만들어 이런 문제를 해결해나갔다. 영국은 런던과 맨체스터 같은 대도시에 포괄적 권한을 가진 시장직을 만드는 합리적인 조치를 했다. 비록 이들의 권한과 자원은 여전히 제한되어 있지만 말이다. 많은 도시가 여전히 이 문제에 대한 실질적인 해결책을 찾아야 한다.

이를 위해서는 시 정부가 역량의 폭과 깊이를 확대해야 한다. 코로나19가 유행하는 동안 도시마다 감염자를 찾아내고 사회적 거리두기를 시행하며 백신을 접종하는 역량이 다 달랐다. 어려움을 겪었던 도시들은 앞으로 발생할 전염병을 더 잘 다룰 수 있도록 지금 투자해야 하며, 이를 위해 국내외 당국이 이들 도시를 지원해야 한다. 건강, 교육, 교통 등의 분야에서는 시 정부가 적절한 자원을 확보하고 능력 있으면서 의욕이 넘치는 지도자를 유치해야 한다.

시 정부가 단독으로 할 수 없는 일이 많다. 경제 쇠퇴 주기에 빠진 도시는 변화에 필요한 투자를 모으기 위해 국가와 주 정부의 지원이 필요하다. 단기로 보면 이는 어려움을 겪는 지역에 자신의 세금을 내게 되는 부유한 도시의 주민들에게 불리할 수 있다. 하지만 이런 지역이 잠재력을 발휘하도록 지원하면 장기적인 관점에서는 생산적인 국가 경제를 통해 모두에게 이익이 될 것이다. 다른 도시가 번영하도록 돕는 것은 제로섬 게임이 아니다.

마찬가지로 재분배된 자원을 현명하게 사용하는 것이 중요하다. 앞서 언급한 대로 도시의 규모가 곧 경쟁력이 되는 지식 경제에서는 균형이 필요하다. 안타깝게도 국가 자금은 어느 시점에 누가 가장 정치적 영향력을 가지고 있는가에 따라 임의적으로 자치구에 할당되는 경우가 많다. 그렇기에 명확하고 투명한 투자 우선순위를 가지고 다년간의 국가 경제 개발 계획을 세우는 것이 매우 중요하다. 이것이 일본이 수십 년 동안 따랐던 방식이며, 이 나라의 도시 간 소득 격차가 적은 이유이다.

기후변화와 전염병은 전 세계적인 문제이기에 국경을 넘는 공조가 반드시 필요하다. 최근 몇 년 동안 지정학적 적대감이 커지면서 상황이 복잡해졌다. 이것이 양자 및 다자 외교를 대체할 수는 없겠지만, 이런 환경에서 도시 간 외교를 지원하는 귀중한 역할을 할 수 있다. 기후변화에 대한 도시 기후 리더십 그룹* 도시들의 협력이 그 한 예이다.

이 그룹은 지구의 기온 상승을 1.5도로 제한하려는 야심찬 목표를 가지고 중국과 미국을 포함해 거의 50개 나라의 100개에 달하는 세계 최대 도시의 지도자들을 한자리에 불러 모아 탄소 배출량을 줄이기로 합의했다. 우리는 앞으로 수십 년 동안 도시가 국제 무대에서 주요 역할자가 되리라고 예상한다. 도시 네트워크는 길고 빛나는 역사를 가지고 있다. 2장에서 소개한 북유럽 도시 연합인 한자동맹은 먼 거리에 걸쳐 상업 관계를 구축하고 회원 도시가 도적과 공동의 적을 방어하는 데 도움을 주었다. 국가 정부가 정치 지형을 지배하게 되면서 이런 네트워크는 그 효력을 잃었다. 국제 관계가 악화되고 있는 현재, 국민국가가 지속되는 동안 도시 네트워크가 세계 문제의 해결을 돕는 역할을 해야 한다. 현재 이런 도시 간 네트워크가 이미 300개 이상 존재한다.[11]

일부 사람들은 극단적으로 도시가 국가 정부의 통제에서 자유로워져야 한다고 주장한다. 이런 한 가지 예는 노벨상을 받은 경제학자인 폴 로머가 처음 주장한 차터시티[**] 운동이다. 차터시티 운동의 발상은 시 정부가 자체의 거버넌스 체계를 개발하고, 이

---

[*]   Cities Climate leadership group, C40, 세계 온실가스의 80퍼센트 이상을 배출하는
      대도시들이 기후변화에 적극 대응하기 위해 2005년 발족한 세계 대도시 협의체로
      런던, 뉴욕, 파리 등 40개의 정회원 도시와 16개의 협력회원 도시로 이루어졌다

[**] charter city, 폴 로머는 개발도상국에 스타트업 같은 차터시티를 만들어 혁신적 개혁
      특구 또는 실험 특구로 만들자고 주장했다.

에 기존 정치 체계의 제약에서 자유로운 정책을 펼칠 권리를 부여한다는 것이다. 이것이 전면적으로 이루어진다면 한때 지배적이었던 도시국가라는 분권화된 정치 지형으로 돌아가는 중대한 후퇴가 될 것이다. 이는 비현실적인 생각이다. 싱가포르와 두바이 같은 독립된 도시국가는 세계 교역망의 연결점으로서 번영하고 있다. 룩셈부르크 같은 다른 도시는 조세 피난처로서 이익을 얻고 있다. 이것은 세계경제에 확장 가능한 모델이 아니다. 또 현재 세계가 직면한 중대한 도전을 해결하는 방법도 아니다. 우리는 서로 협력해 행동하는 여러 층위(지역, 국가, 다자)의 정부가 필요하다.

*

1987년 영국 총리 마거릿 대처는 〈우먼즈오운Woman's Own〉이라는 잡지와의 인터뷰에서 이렇게 단언했다. "사회 같은 건 없습니다. 오직 개별 남성과 여성, 그리고 가족이 있을 뿐입니다."[12] 우리 생각은 좀 다르다. 호모사피엔스는 사회적 동물이고, 공동 번영은 우리 사이의 강한 유대에 달려 있다.

5000년 전 처음 출현한 이래 도시는 궁극적으로 이런 유대의 표현이었다. 오늘날 우리 세계는 일련의 위험한 도전에 직면해 있고 그 중심에 도시가 있다. 현재 도시에 살고 있는 40억 명이 넘는 사람들에게, 그리고 앞으로 수십 년 동안 여기에 합류할 또 다른 수십 억 명의 사람들에게, 도시의 번영은 매우 중요하다. 도시는 인류의 집단 역량을 더욱 강화하고 있다. 그렇다고 안주할 이유는 없다. 변화가 일어나는 속도가 급격히 빨라졌다. 우리가 진로를 조정하는 속도도 빨라져야 한다. 우리 모두가 여기서 해야할 역할이 있다. 변화는 우리의 행동, 다시 말해 먹는 것부터 이동하는 방법, 함께 시간을 보내는 사람까지 모든 것에서 시작된다. 지역 수준에서 국가 수준에 이르기까지 나서서 주도하는 것이 또한 중요하다.

무한한 창의적 잠재력을 가진 도시는 미래를 위한 희망이다. 우리는 이런 도시를 개선하기 위해 함께 노력함으로써 더 나은 삶을 만들 수 있다.

감사의 말

블룸즈버리 컨티뉴엄의 토마시 홉킨스보다 더 용기와 도움을 주는 편집자는 없을 것이다. 열렬한 지지부터 꼼꼼한 편집까지, 그의 지도와 지원은 매우 귀중했다. 블룸즈버리의 이 책 담당 편집자 사라 존스, 원고를 정리해준 닉 포싯, 교정자 가이 홀랜드, 홍보와 마케팅의 레이철 니컬슨과 사라 헤드에게도 감사를 전한다. 운 좋게도 이 책에서 다루는 주제에 대해 여러 전문가로부터 피드백을 받을 수 있었다. 바쁜 일정에도 너그럽게 시간을 내어 지혜를 주신 분들께 감사의 마음을 전하고 싶다. 하버드 대학 경제학과 학과장이자 세계 최고의 도시경제 전문가인 에드 글레이저, 옥스퍼드 대학의 세계사 교수이자 저명한 실크로드 권위자인 피터 프랭코판, 옥스퍼드 대학의 세계사 및 현대사 교수이자 이언의 소중한 베일리올 칼리지 동료인 존-폴 고브리얼, 세계적으로 유명한 건축가이자 건축 환경에 대한 통찰력 있는 관찰자이기도 한 노먼 포스터 경, 평생 개발도상국의 도시를 이해하고 개선하기 위해 노력한 슬럼드웰러인터내셔널 책임자인 빌리 코빗, 이언과《앞으로 100년: 인류의 미래를 위한 100장의 지도》를 함께쓴 도시 전문가 로버트 머가, 직업의 미래에 관한 옥스퍼드 마틴프로그램의 책임자이자 혁신적인 경제사가인 칼 프레이. 이분들의 의견 덕분에 이 책이 더욱 가치 있어졌다.

우리는 또 여러 훌륭한 연구 조교들의 도움을 받았다. 해리 카밀레리는 이 책의 초고를 위한 풍부한 연구를 지원하고 더 나은원고를 쓰는 데 도움을 주었다. 올리버 퍼넬은 이후 작업의 기초가 되는 쟁점과 자료에 대해 유용한 조사를 해주었다. 레이철 바버는 연구 조교 모집을 가능하게 해주었다. 옥스퍼드 이코노믹스는 세계 도시에 대한 우수한 자료를 무료로 볼 수 있게 해주었는데, 자료 분석에 많은 도움이 되었다. 우리는 또 옥스퍼드 마틴스쿨의 '데이터로 보는 우리의 세계' 팀이, 이 책에서 다루는 많은주제에 대해 앞서 수행한 훌륭한 연구에 큰 도움을 받았다.

여기에 언급한 개인이나 기관 중 어느 누구도 이 책의 주장이나 오류, 누락에 대해 책임이 없으며, 그 책임은 전적으로 우리에게 있다.

이언 골딘
톰 리-데블린

이 책을 쓰면서 벨라지오의 록펠러 센터와 스텔렌보스 고등연구소에 머물렀다. 두 곳 모두에서 방해받지 않으면서 생각하고 글을 쓸 수 있었으며 다양한 분야 동료들과의 대화도 유익했다.

옥스퍼드 마틴스쿨의 연구 환경은 최고다. 일의 미래와 기술 및 경제 변화에 관한 나의 연구 계획은 시의 자금 지원을 받았고, 개발의 미래에 관한 연구 계획은 앨런 앤 질 그레이 재단의 지원을 받았다. 덕분에 나는 뛰어난 연구원들을 고용할 수 있었다. 이 책에 직접 참여하지는 않았으나 이들 덕분에 나는 책을 쓰는 동안 매우 활발한 연구 계획을 운영할 수 있었다. 내가 다니는 베일리 올칼리지는 계속해서 내게 지적 자양분을 주고 호기심 많은 나에게 전문 지식의 원천이 되어주었다.

가족은 다시 한번 나에게 힘이 되어주었다. 내가 책을 쓰는 데 바친 끝없는 밤과 주말을 대단한 인내로 참아준 테스에게 무척 감사한다. 아내의 애정 어린 지지가 나의 글쓰기를 가능하게 한다.

톰 리-데블린의 통찰, 글솜씨, 산더미 같은 정보에서 가치 있는 것을 추출해내는 능력은 이 책의 모든 페이지에서 빛을 발한다. 나는 그를 공동 저자로 맞이하게 되어 기쁘다.

옥스퍼드에서
이언 골딘

이 책을 쓰는 동안 많은 시간을 아주 멋진 런던 도서관에서 보냈다. 그곳은 조용해서 작업하기 좋고 훌륭한 연구서를 소장하고 있다.

아내 메건은 책을 쓰는 긴 과정 내내 격려를 아끼지 않았다. 마이클 골드먼, 패트릭 키넌 등 다른 친구들에게도 고마움을 전한다. 이들은 우리가 다루는 주제에 대해 귀중한 조언을 해주었다. 그리고 영감을 주는 〈이코노미스트〉의 동료들에게 감사한다. 이들한테서 세상과 세상을 설명하는 방법에 대해 많은 것을 배운다.

마지막으로 이 책을 이언 골딘과 함께 쓰게 되어 영광스럽다. 그는 내게 영감을 주는 동반자이자 관대하고 인내심이 많은 멘토였다.

런던에서

톰 리-데블린

주

1 서론: 위대하고 위태로운 도시

1 Ritchie, H. and Roser, M., 2019, 'Urbanization', Our World in Data (ourworldin data.org).

2 Ibid.

3 Ibid.

4 Ibid.

5 Goldin, I. and Muggah, R., 2020, *Terra Incognita: 100 Maps to Survive the Next 100 Years* (Century), p. 97.

6 Mumford, L., 1961, *The City in History* (Harcourt).

7 Ibid.

8 Ibid.

9 Augustine, 426, *The City of God: Volume I* (reprint by Jazzybee Verlag, 2012, accessed online at Perlego.com).

10 Rousseau, J.-J., 1762, *Emile, or On Education: Book I* (reprint by Heritage Books, 2019, accessed online at Perlego.com).

11 Jefferson, T., 1800, *From Thomas Jefferson to Benjamin Rush*, National Archives (archives.gov).

12 Hazlitt, W., 1837, *Characteristics in the manner of Rochefoucault's Maxims* (J. Templeman).

13 Howard, E., 1898, *Garden Cities of Tomorrow* (reprint by Perlego, 2014, accessed online at Perlego.com).

14 저자들의 추산은 미국 인구조사 자료에 기초했다.

15 자자들의 추산은 옥스퍼드 이코노믹스(Oxford Economics)의 자료에 기초했다.

16 Florida, R., et al., 2008, 'The rise of the mega-region', *Cambridge Journal of Regions, Economy and Society*, Vol. 1, No. 3.

17 저자들의 추산은 옥스퍼드 이코노믹스의 자료에 기초했다.

18 Mumford, *The City in History*.

19 Zhao, M., et al., 2022, 'A global dataset of annual urban extents (1992–2020) from harmonized nighttime lights', *Earth System Science Data*, Vol. 14, No. 2.

20 Ritchie, H. and Roser, M., 2019, 'Land use', Our World in Data(ourworldindata. org).

21 Schwedel, A., et al., 2021, 'The working future: more human, not less', Bain & Company (bain.com).

22 Roser, M., Ritchie, H. and Ortiz-Ospina, E., 2015, 'Internet', Our World in Data (ourworldindata.org).

23 Goos, M. and Manning, A., 2007, 'Lousy and lovely jobs: the rising polarization of work in Britain', *The Review of Economics and Statistics*, Vol. 89, No. 1.

24 Spengler, O., 1922, *The Decline of the West, Volume Two* (reprint by Arktos Media Ltd, 2021, accessed online at Perlego.com).

25 Abel, J. and Deitz, R., 2019, 'Why are some places so much more unequal than others?', *Economic Policy Review*, Vol. 25, No. 1.

26 Lindsey, R. and Dahlman, L., 2022, 'Climate change: global temperature', National Oceanic and Atmospheric Administration (climate.gov).

27 NASA (Vital Signs of the Planet), 'Key indicators: Arctic sea ice minimum extent' (climate.nasa.gov).

28 World Meteorological Organization, 2021, *Atlas of Mortality and Economic Losses from Weather, Climate and Water Extremes (1970–2019)* (wmo.int).

29 *The Economist*, 2021, 'The pandemic's true death toll'.

30 For more detail see Goldin and Muggah, *Terra Incognita*, pp. 106–10.

2   인류의 역사를 만든 3가지 엔진

1 Goldin and Muggah, *Terra Incognita*.

2 Norwich, J., 2009, *The Great Cities in History* (Thames & Hudson).

3 Wilson, B., 2020, *Metropolis* (Jonathan Cape).

4 Ibid.

5 Grimbly, S., 2013, *Encyclopedia of the Ancient World* (Fitzroy Dearborn).

6   Ibid.

7   Wood, M., 2020, *The Story of China* (Simon & Schuster).

8   Grimbly, *Encyclopedia of the Ancient World*.

9   Bairoch, P., 1988, *Cities and Economic Development* (University of Chicago Press), p. 6.

10 Ibid.

11 Lieberman, B. and Gordon, E., 2021 (2nd edition), *Climate Change in Human History* (Bloomsbury).

12 Bairoch, *Cities and Economic Development*.

13 Wilson, E. O., 2012, *The Social Conquest of the Earth* (Liveright).

14 Dunbar, R., 1992, 'Neocortex size as a constraint on group size in primates', *Journal of Human Evolution*, Vol. 22, No. 6.

15 Wood, *The Story of China*.

16 Wilson, *Metropolis*.

17 Ibid.

18 Harari, Y. N., 2014, *Sapiens* (Harper).

19 Mumford, *The City in History*.

20 Bellah, R., 2011, *Religion in Human Evolution* (Harvard University Press).

21 George, A., 1999, *The Epic of Gilgamesh* (Penguin Classics), p. 4.

22 Hall, P., 1998, *Cities in Civilization* (Weidenfeld & Nicolson).

23 Ibid.

24 Van De Mieroop, M., 2021, *A History of Ancient Egypt* (Wiley).

25 Turchin, P., 2009, 'A theory for formation of large empires', *Journal of Global History*, Vol. 4, No. 2.

26 Ibid.

27 Whitehouse, H., et al., 2022, 'Testing the Big Gods hypothesis with global historical data: a review and "retake"', *Religion, Brain & Behavior*.

28 Ibid.

29 Bekhrad, J., 2017, 'The obscure religion that shaped the West', BBC (bbc.com).

30 Haverfield, F., 1904, *The Romanization of Roman Britain* (reprint by Perlego, 2004, accessed online at Perlego.com).

31 Kuhn, D., 2009, *The Age of Confucian Rule* (Harvard University Press).

32 Fessenden, M., 2015, 'Making a sandwich from scratch took this man six months', *Smithsonian Magazine*.

33 Gwendolyn, L., 2001, *Mesopotamia: The Invention of the City* (Penguin).

34 Mumford, *The City in History*, p. 104.

35 Squitieri, A. and Altaweel, M., 2018, *Revolutionizing a World: From Small States to Universalism in the Pre-Islamic Near East* (UCL Press).

36 Berube, A. and Parilla, J., 2012, 'Metro trade: cities return to their roots in the global economy', Brookings Institution (brookings.edu).

37 Frankopan, P., 2015, *The Silk Roads* (Bloomsbury).

38 Verbruggen, R., et al., 2014, 'The networked city', in Knox, P. (ed.), *Atlas of Cities* (Princeton University Press).

39 Frankopan, P., 2015, *The Silk Roads* (Bloomsbury).

40 Barjamovic, G., et al., 2019, 'Trade, merchants, and the lost cities of the Bronze Age', *The Quarterly Journal of Economics*, Vol. 134, No. 3.

41 Berube and Parilla, 'Metro trade'.

42 Sanghani, N., 2019, 'Lessons from the history of globalisation', Capital Economics (capitaleconomics.com).

43 Roser, M., Ritchie, H. and Ortiz-Ospina, E., 2019, 'World population growth', Our World in Data (ourworldindata.org).

44 Mumford, *The City in History*.

45 Johnson, S., 2010, *Where Good Ideas Come From* (Penguin).

46 Al-Khalili, J., 2012, *The House of Wisdom* (Penguin).

47 Sachs, J., 2020, *Ages of Globalization* (Columbia University Press).

48 Dunbar, K., 1997, 'How scientists think: on-line creativity and conceptual change in science', in Ward, T. B., et al. (eds), *Conceptual Structures and Processes: Emergence, Discovery, and Change* (American Psychological Association Press).

49 Ferguson, N., 2017, *The Square and the Tower* (Penguin).

50 Ibid.

51 Mokyr, J., 2016, *Culture of Growth: The Origins of the Modern Economy* (Princeton University Press).

52 Chandler, T. and Fox, G., 1974, *3000 Years of Urban Growth* (Academic Press, accessed online at Perlego.com).

53 Clossick, J., 2014, 'The industrial city', in Knox, P. (ed.), *Atlas of Cities* (Princeton University Press), p. 75.

54 Chandler and Fox, *3000 Years of Urban Growth*.

55 Lieberman and Gordon, *Climate Change in Human History*.

3 어떤 도시에서 태어나느냐가 운명을 좌우한다

1   Wood, J., 1893, *Dictionary of Quotations: From Ancient and Modern, English and Foreign Sources* (Frederick Warne and Co., accessed online at guntenberg.org).

2   Chandler and Fox, *3000 Years of Urban Growth.*

3   Kim, S. and Margo, R., 2003, 'Historical perspectives on US economic geography', NBER working paper.

4   Paullin, C. and Wright, J., 1932, *Atlas of the Historical Geography of the United States* (reprint by Greenwood Press, 1976).

5   Kim and Margo, 'Historical perspectives on US economic geography'.

6   Boustan, L., et al., 2013, 'Urbanization in the United States, 1800–2000', NBER working paper.

7   Ibid.

8   Meyer, D., 1989, 'Midwestern industrialization and the American manufacturing belt in the nineteenth century', *The Journal of Economic History*, Vol. 49, No. 4.

9   저자들의 추산은 역사상 미국 인구조사국 자료에 기초했다.

10 Gibson, C., 1998, *Population of the 100 largest cities and other urban places in the United States: 1790 to 1990* (US Census Bureau).

11 Purdy, H., 1945, *A historical analysis of the economic growth of St Louis, 1840–1945* (Federal Reserve Bank of St Louis).

12 Longman, P., 2015, 'Why the economic fates of America's cities diverged', *The Atlantic.*

13 저자들의 추산은 역사상 미국 인구조사국 자료에 기초했다.

14 Ibid.

15 Boustan, et al., 'Urbanization in the United States, 1800–2000'.

16 Longman, 'Why the economic fates of America's cities diverged'.

17 저자들의 추산은 옥스퍼드 이코노믹스의 자료에 기초했다.

18 Boustan, et al., 'Urbanization in the United States, 1800–2000'.

19 Schwedel, et al., 'The working future'.

20 Goldstein, A., 2017, *Janesville: An American Story* (Simon & Schuster).

21 Federal Reserve Bank of St Louis, 2019, 'The US auto labor market since NAFTA' (stlouisfed.org).

22 Acemoglu, D. and Restrepo, P., 2019, 'Automation and new tasks: how technology displaces and reinstates labor', *Journal of Economic Perspectives*, Vol. 33, No. 2.

23 Schwedel, et al., 'The working future'.

24 Marshall, A., 1890, *Principles of Economics* (reprint by Nabu Press, 2010).

25 Jaffe, A. B., et al., 1993, 'Geographic localization of knowledge spillovers as evidenced by patent citations', *The Quarterly Journal of Economics*, Vol. 108, No. 3.

26 Berkes, E. and Gaetani, R., 2021, 'The geography of unconventional innovation', *The Economic Journal*, Vol. 131, No. 636.

27 Schwedel, A., et al., 2020, 'Peak profits', Bain & Company (bain.com).

28 Goldin, I., et al., 2022, 'Why is productivity slowing down', *Journal of Economic Literature* (forthcoming).

29 Longman, 'Why the economic fates of America's cities diverged'.

30 Ibid.

31 저자들의 추산은 미국 인구조사 자료와 옥스퍼드 이코노믹스 자료에 기초했다.

32 Ayers, D., 2019, 'The gender gap in marriages between college-educated partners', Institute for Family Studies (ifstudies.org).

33 Moretti, E., 2010, 'Local multipliers', *American Economic Review*, Vol. 100, No. 2.

34 Ibid.

35 Sturge, G., 2022, 'Migration statistics', House of Commons Library (commonslibrary. parliament.uk).

36 Kerr, S. and Kerr, W., 2018, 'Immigrant entrepreneurship in America: evidence from the survey of business owners 2007 & 2012', NBER working paper.

37 Ibid.

38 저자들의 추산은 미국 인구조사 자료에 기초했다.

39 Frost, R., 2020, 'Are Americans stuck in place? Declining residential mobility in the US', Joint Centre for Housing Studies of Harvard University (jchs.harvard. edu).

40 Diamond, R. and Moretti, E., 2021, 'Where is standard of living the highest? Local prices and the geography of consumption', NBER working paper.

41 저자들의 추산은 네이션와이드뱅크(Nationwide Bank) 자료에 기초했다.

42 저자들의 추산은 미국 국립교육통계센터(National Centre of Education Statistics) 자료에 기초했다.

43 Federal Reserve Bank of New York, 2021, 'The labor market for recent college graduates' (newyorkfed.org).

44 Moretti, E., 2012, *The New Geography of Jobs* (First Mariner Books), p. 76.

45 Jain, V., 2019, 'Case study on territorial development in Japan', World Bank

(worldbank.org).

46 Miwa, N., 2022, 'High-speed rail development and regional inequalities: evidence from Japan', *Transportation Research Record*.

47 저자들의 추산은 옥스퍼드 이코노믹스 자료에 기초했다.

48 Puga, D., 2002, 'European regional policies in light of recent location theories', *Journal of Economic Geography*, Vol. 2, No. 4.

49 Elliott, L., 2019, 'HS2 would widen UK north–south divide and should be axed, says report', *Guardian*.

50 Moretti, *The New Geography of Jobs*.

51 Glaeser, E., 2005, 'Reinventing Boston: 1630–2003', *Journal of Economic Geography*, Vol. 5, No. 2.

52 Shapiro, S., 2015, 'New species of city discovered: university city', Next City.

53 Florida, R., 2002, *The Rise of the Creative Class* (Basic Books).

54 Matsu, J., et al., 2022, 'Investing in regional equality – lessons from four cities', Chartered Institute of Public Finance and Accountancy (cipfa.org).

55 Ibid.

56 Ibid.

57 Ibid.

4 부자의 도시, 빈자의 도시

1 Jowett, B., 1888, *The Republic of Plato: Translated into English* (Oxford University Press, accessed online at Perlego.com).

2 Autor, D., 2019, 'Work of the past, work of the future', *AEA Papers and Proceedings*, Vol. 109.

3 Song, X., et al., 2019, 'Long-term decline in intergenerational mobility in the United States since the 1850s', *Proceedings of the National Academy of Sciences*, Vol. 107, No. 1.

4 Ibid.

5 de Tocqueville, A., 1958 (written 1833–5), *Journeys to England and Ireland* (reprint by Routledge, 2017, accessed online at Perlego.com).

6 Clossick, 'The Industrial City', in Knox (ed.), *Atlas of Cities*, p. 78.

7 Engels, F., 1845, *The Condition of the Working Class in England* (reprint by Perlego, 2005, accessed online at Perlego.com).

8   Clossick, 'The Industrial City', in Knox (ed.), *Atlas of Cities*, p. 78.

9   Sinclair, U., 1906, *The Jungle* (reprint by Open Road Media, 2015, accessed online at Perlego.com).

10 Clossick, 'The Industrial City', in Knox (ed.), *Atlas of Cities*.

11 Florida, R., 2017, *The New Urban Crisis* (Basic Civitas Books).

12 *The Dearborn Independent*, 1922, *Ford Ideals* (Dearborn Publishing Company).

13 Huber, M., 2013, *Lifeblood: Oil, Freedom, and the Forces of Capital* (University of Minnesota Press), p. 73.

14 Morphet, J., 2013, 'A city-state?', in Bell, S. and Paskins, J. (eds), *Imagining the Future City: London 2062* (Ubiquity Press).

15 de Vise, P., 1976, 'The suburbanization of jobs and minority employment', *Economic Geography*, Vol. 52, No. 4.

16 Hobbs, F. and Stoops, N., 2002, 'Demographic trends in the 20th century', US Census Bureau (census.gov).

17 Cited in Wilkerson, I., 2016, 'The long-lasting legacy of the Great Migration', *Smithsonian Magazine*.

18 Wilson, W., 1987, *The Truly Disadvantaged* (University of Chicago Press).

19 Rajan, R., 2019, *The Third Pillar* (William Collins).

20 Hannah-Jones, N., 2019, 'It was never about busing', *New York Times*.

21 Clark, W., 'School desegregation and white flight: a re-examination and case study', *Social Science Research*, Vol. 16, No. 3.

22 Rhodes, J. and Brown, L., 2019, 'The rise and fall of the "inner city": race, space, and urban policy in postwar England', *Journal of Ethnic and Migration Studies*, Vol. 45, No. 17.

23 Ehrenhalt, A., 2013, *The Great Inversion* (Vintage).

24 Edlund, L., et al., 'Gentrification and the rising returns to skill', NBER working paper.

25 저자들의 추산은 질로(Zillow) 자료와 미국 인구조사의 인구 가중치에 기초했다.

26 Autor, D., et al., 2017, 'Gentrification and the amenity value of crime reductions', NBER working paper.

27 Gropius, W., 1969, 'Principles of Bauhaus production', in Wingler, H. (ed.), *The Bauhaus* (MIT Press), pp. 109–10.

28 Brooks, D., 2000, *Bobos in Paradise* (Simon & Schuster).

29 Glass, R., 1964, *London: Aspects of Change* (MacGibbon & Kee), p. xix.

30 Easterly, W., et al., 2016, 'A long history of a short block: four centuries of development surprises on a single stretch of a New York city street' (greenestreet. nyc /paper).

31 저자들의 추산은 ONS 자료에 기초했다.

32 Ibid.

33 Clark, D., 2022, 'Average age of mothers at childbirth in the United Kingdom from 1938 to 2020', Statista (statista.com).

34 Dougherty, C. and Burton, A., 2017, 'A 2:15 alarm, 2 trains and a bus get her to work by 7 a.m.', *New York Times*.

35 Jeunesse, E., 2017, 'The rise of poverty in suburban and outlying areas', Joint Center for Housing Studies (jchs.harvard.edu).

36 White, G., 2015, 'Long commutes are awful, especially for the poor', *The Atlantic*.

37 Samans, R., et al., 2015, 'Inclusive growth and development report 2015', World Economic Forum (weforum.org).

38 McFarland, J., et al., 2018, 'The condition of education 2018', National Centre for Education Statistics (nces.ed.gov).

39 Semuels, A., 2017, 'Japan might be what equality in education looks like', *The Atlantic*.

40 Ibid.

41 Fryer, R., 2017, 'Management and student achievement: evidence from a randomized field experiment', NBER working paper.

42 Weale, S., 2021, 'Headteachers call for reform of school admissions to redress attainment gap', *Guardian*.

43 Shelter, 2022, 'The story of social housing' (england.shelter.org.uk).

44 Jacobs, J., 1961, *The Death and Life of Great American Cities* (reprint by Vintage, 1993).

45 *The Economist*, 2020, 'Governments are rethinking the provision of public housing'.

46 Shelter, 2022, 'Social housing deficit' (england.shelter.org.uk).

47 Ball, J., 2019, 'Housing as a basic human right', *The New Statesman*.

48 Authors' calculations based on ONS data.

49 Bonnet, F., 2014, 'Social housing in New York', Metropolitics (metropolitics.org).

50 *The Economist*, 2020, 'Governments are rethinking the provision of public housing'.

51 Kober, E., 2020, 'New York City records another year of jobs–housing mismatch',

Manhattan Institute (economics21.org).

52 The *Guardian* Data Blog, 2016, 'Deprivation and poverty in London', *Guardian*.

53 Stoll, B., et al., 2022, 'Benchmarking European cities on creating the right conditions for zero-emission mobility', Clean Cities Campaign (cleancitiescampaign.org).

54 Transport for London, 2022, 'Fares from 1 March 2022' (tfl.gov.uk).

55 RATP, 2022, 'Tickets and fares' (ratp.fr).

5 원격 근무는 위협인가 기회인가

1 Nilles, J., 1976, *The Telecommunications–Transportation Tradeoff: Options for Tomorrow* (John Wiley & Sons).

2 Toffler, A., 1980, *The Third Wave* (Bantam Books).

3 Walters-Lynch, W., 2020, 'What 50 years of remote work teaches us', BBC (bbc. com).

4 *The Economist*, 2021, 'The rise of working from home'.

5 Ibid.

6 Broom, D., 2021, 'Home or office? Survey shows opinions about work after Covid-19', World Economic Forum (weforum.org).

7 Schwedel, et al., 'The Working Future'.

8 Bloom, N., Twitter, 29 August 2022, 14:59.

9 Westfall, C., 2021, 'Mental health and remote work: survey reveals 80% of workers would quit their jobs for this', Forbes (forbes.com).

10 Nuffield Health, 2020, 'Working from home taking its toll on the mental health & relationships of the nation' (nuffieldhealth.com).

11 Schwedel, et al., 'The Working Future'.

12 Gibbs, M., et al., 2021, 'Work from home & productivity: evidence from personnel & analytics data on IT professionals', *SSRN Electronic Journal*.

13 Cross, R., et al., 2021, 'Collaboration overload is sinking productivity', *Harvard Business Review*.

14 Allen, T., 1977, *Managing the Flow of Technology* (MIT Press).

15 Waber, B., et al., 2014, 'Workspaces that move people', *Harvard Business Review*.

16 Bloom, N., et al., 2015, 'Does working from home work? Evidence from a Chinese experiment', *The Quarterly Journal of Economics*, Vol. 130, No. 1.

17 D'Onfro, J., 2015, 'Steve Jobs had a crazy idea for Pixar's office to force people to

talk more', *Business Insider*.

18 Bloom, et al., 'Does working from home work?'

19 Morgan, K., 2021, 'Why in-person workers may be more likely to get promoted', BBC (bbc.com).

20 University College London, 2017, 'Audience members' hearts beat together at the theatre' (ucl.ac.uk).

21 Winck, B., 2021, '4 charts show how fast everyone is flocking back to big cities', *Business Insider*.

22 Anderson, D., 2021, 'Home prices in cities rise 16%, surpassing suburban and rural price growth for the first time since pre-pandemic', Redfin (redfin.com).

23 Transport for London, 2022, 'Latest TfL figures show continued growth in ridership following lifting of working from home restrictions' (tfl.gov.uk).

24 *The Economist*, 2022, 'The future of public transport in Britain'.

25 Kastle Systems, 2022, 'Recreation activity vs. office occupancy' (kastle.com).

26 Bloom, Twitter.

27 Partridge, J., 2022, 'Google in $1bn deal to buy Central Saint Giles offices in London', *Guardian*.

28 Putzier, K., 2021, 'Google to buy New York City office building for $2.1 billion', *Wall Street Journal*.

29 Morris, S. and Hammond, G., 2022, 'Citi plans £100m revamp of Canary Wharf tower', *Financial Times*.

30 Hartman, A., 2021, 'Salesforce says "the 9-to-5 workday is dead" and will provide 3 new ways for employees to work–including the possibility of working from home forever', *Business Insider*.

31 Gupta, A., et al., 2022, 'Work from home and the office real estate apocalypse', NBER working paper.

32 Cohen, B., 2022, 'Yes, Zoom has an office. No, it's not a place to work', *Wall Street Journal*.

33 Cadman, E., 2021, 'Your new office set-up is going to look a lot like the old one', Bloomberg News.

34 Ibid.

35 Chernick, H., et al., 2011, 'Revenue diversification in large U.S. cities', IMFG Papers on Municipal Finance and Governance.

36 Hammond, G., 2021, 'Canary Wharf: does the east London office district have a

future?', *Financial Times*.

37 Hammond, G., 2022, 'Canary Wharf proposes £500mn lab project to reinvent financial hub', *Financial Times*.

38 Cintu, A., 2021, 'Record apartment conversions make 2021 most successful year in adaptive reuse', RentCafe (rentcafe.com).

39 Feldman, E., 2022, 'Converting office buildings to apartments could help city housing crisis', *Spectrum News*.

40 Ehrenhalt, *The Great Inversion*.

41 Reagor, C., 2017, 'Downtown Phoenix's rebirth has been decades in the making. Here's how they did it', *The Arizona Republic* (azcentral.com).

42 Kelly, H., Kramer, A. and Warren, A., 2020, *Emerging Trends in Real Estate: United States and Canada 2020*, PWC and Urban Land Institute.

43 Harmon, J. and Zim, E., 2021, 'The rise and fall of the American mall', *Business Insider*.

44 Authors' calculations based on Zillow data.

45 Paulas, R., 2017, 'The death of the suburban office park and the rise of the suburban poor', *Pacific Standard Magazine*.

46 DeVoe, J., 2021, 'Leaders say Arlington has the ecosystem to be the next Austin or Miami', ARL Now.

47 Authors' calculations based on Zillow data.

6 사이버 공간과 개인화된 도시의 운명

1 Turner, F., 2006, *From Counterculture to Cyberculture* (University of Chicago Press), p. 13.

2 Authors' calculations based on General Social Survey data.

3 Rajan, *The Third Pillar*.

4 Putnam, R., 2000, *Bowling Alone* (Simon & Schuster).

5 Ibid.

6 Haidt, J., 2022, 'Why the past 10 years of American life have been uniquely stupid', *The Atlantic*.

7 McLuhan, M., 1962, *The Gutenberg Galaxy* (University of Toronto Press).

8 Marvin, C., 1988, *When Old Technologies Were New* (Oxford University Press), pp. 199–200.

9   Ibid.

10 Deibert, R., 1997, *Parchment, Printing, and Hypermedia: Communication in World Order Transformation* (Columbia University Press).

11 Anderson, B., 1983, *Imagined Communities* (Verso).

12 Prior, M., 2007, *Post-Broadcast Democracy: How Media Choice Increases Inequality in Political Involvement and Polarizes Elections* (Cambridge University Press), p. 1.

13 Pool, I., 1983, *Forecasting the Telephone* (Praeger).

14 Fischer, C., 2007, 'Technology and society: historical complexities', *Sociological Inquiry*, Vol. 67, No. 1.

15 Chen, W., 2013, 'Internet use, online communication, and ties in Americans' networks', *Social Science Computer Review*, Vol. 31, No. 4.

16 Haidt, 'Why the past 10 years of American life have been uniquely stupid'.

17 Van Alstyne, M. and Brynjolfsson, E., 1997, 'Electronic communities: global village or cyberbalkans', *Economic Theory*.

18 Sunstein, C., 2007, 'Neither Hayek nor Habermas', *Public Choice*, Vol. 134.

19 Tempest, K., 2021, *On Connection* (Faber & Faber), p. 61.

20 Bor, A. and Bang Petersen, M., 2021, 'The psychology of online political hostility: a comprehensive, cross-national test of the mismatch hypothesis', *American Political Science Review*, Vol. 116, No. 1.

21 Ibid.

22 Prapotnik, K., et al., 2019, 'Social media as information channel', *Austrian Journal of Political Science*.

23 Grant, A., Twitter, 29 August 2021, 15:03.

24 Cho, J., et al., 2020, 'Do search algorithms endanger democracy? An experimental investigation of algorithm effects on political polarization', *Journal of Broadcasting & Electronic Media*, Vol. 64, No. 2.

25 Nordbrandt, M., 2021, 'Affective polarization in the digital age: testing the direction of the relationship between social media and users' feelings for out-group parties', *New Media & Society*.

26 Rathje, S., et al., 2020, 'Out-group animosity drives engagement on social media', *Proceedings of the National Academy of Sciences*, Vol. 118, No. 26.

27 Haidt, 'Why the past 10 years of American life have been uniquely stupid'.

28 Ibid.

29 Oldenburg, R., 1989, *The Great Good Place* (De Capo Press).

30 Cited in Meltzer, M., 2002, *Mark Twain Himself: A Pictorial Biography* (University of Missouri Press), p. 82.

31 Wirth, L., 1938, 'Urbanism as a way of life', *American Journal of Sociology*, Vol. 44, No. 1.

32 Ibid., pp. 1 and 13.

33 Fischer, C., 1982, *To Dwell Among Friends* (University of Chicago Press).

34 Mumford, L., 1938, *The Culture of Cities* (reprint by Open Road Media, 2016, accessed online at Perlego.com).

35 Putnam, *Bowling Alone*.

36 Woetzel,, J., et al., 2018, 'Smart cities: digital solutions for a more livable future', McKinsey Global Institute (mckinsey.com).

37 Yeung, P., 2022, '"It's a beautiful thing": how one Paris district rediscovered conviviality', *Guardian*.

7 발전 없이 비대해진 도시들

1 Reza, P., 2016, 'Old photos bring back sweet memories of Bangladesh's capital Dhaka', Global Voices (globalvoices.org).

2 *World Population Review*, 2023, 'Dhaka Population 2023' (worldpopulation review.com).

3 Jedwab, R. and Vollrath, D., 2015, 'Urbanization without growth in historical perspective', *Explorations in Economic History*, Vol. 58.

4 Authors' calculations based on Oxford Economics data.

5 Bairoch, *Cities and Economic Development*, p. 347.

6 Authors' calculations based on United Nations data.

7 Authors' calculations based on Maddison Project database.

8 Roser, M., Ortiz-Ospina, E. and Ritchie, H. 2019, 'Life expectancy', Our World in Data (ourworldindata.org).

9 United Nations, 1969, 'Growth of the world's urban and rural population, 1920–2000' (un.org).

10 Ritchie and Roser, 'Urbanization'.

11 Victor, H., 1861, *The Sack of the Summer Palace*, Fondation Napoleon (napoleon. org).

12 Jedwab and Vollrath, 'Urbanization without growth in historical perspective'.

13 World Population Review, 2022, 'World city populations 2022' (worldpopulation review.com).

14 Ibid.

15 요약을 위해서는 Ritchie and Roser, 'Urbanization'을 참조하라.

16 저자들의 추산은 매디슨 프로젝트(Maddison Project)의 데이터베이스에 기초했다.

17 Ibid.

18 Jain, 'Case study on territorial development in Japan'.

19 Yokoyama, M., 1991, 'Abortion policy in Japan: analysis from the framework of interest groups', *Kokugakuin Journal of Law and Politics*, Vol. 29, No. 1.

20 Institute for International Cooperation, Japan International Cooperation Agency, 2005, 'Japan's experiences in public health and medical systems' (openjicareport. jica.go.jp).

21 O'Neill, A., 2022, 'Total fertility rate in Japan from 1800 to 2020', Statista (statista. com).

22 저자들의 추산은 매디슨 프로젝트의 데이터베이스에 기초했다.

23 Kim, K., 1995, 'The Korean miracle (1962–80) revisited: myths and realities in strategy and development', in Stein, H. (ed.), *Asian Industrialization and Africa*, International Political Economy Series (Palgrave Macmillan).

24 Ibid.

25 Joo, Y.-M., 2018, *Megacity Seoul: Urbanization and the Development of Modern South Korea* (Routledge).

26 Ibid.

27 Ibid.

28 World Bank, 2022, 'Four decades of poverty reduction in China' (worldbank.org).

29 저자들의 추산은 매디슨 프로젝트의 데이터베이스에 기초했다.

30 Whyte, M., et al., 2015, 'Challenging myths about China's one-child policy', *The China Journal*, Vol. 74.

31 Sheng, A. and Geng, X., 2018, 'China is building 19 "supercity clusters"', World Economic Forum (weforum.org).

32 Preen, M., 2018, 'China's city clusters: the plan to develop 19 super-regions', China Briefing (chinabriefing.com).

33 *The Economist*, 2022, 'Xi Jinping's economic revolution aims to spread growth'.

34 저자들의 추산은 세계은행 자료에 기초했다.

35 Jedwab and Vollrath, 'Urbanization without growth in historical perspective'.

36 Griffith, J., 2019, '22 of the top 30 most polluted cities in the world are in India', CNN (cnn.com).

37 World Bank Data, 2018, 'Population living in slums (% of urban population)' (data.worldbank.org).

38 Nijman, J. and Shin, M., 2014, 'The megacity', in Knox, P. (ed.), *Atlas of Cities* (Princeton University Press).

39 Ibid.

40 Marx, B., et al., 2013, 'The economics of slums in the developing world', *Journal of Economic Perspectives*, Vol. 27, No. 4.

41 Glaeser, E., 2011, *Triumph of the City* (Penguin).

42 Ibid.

43 International Labour Organization, 2018, 'Women and men in the informal economy: a statistical picture' (ilo.org).

44 WIEGO Statistics Database (wiego.org).

45 Samora, P., 2016, 'Is this the end of slum upgrading in Brazil?', The Conversation (theconversation.com).

46 Marx, et al., 'The economics of slums in the developing world'.

47 Farouk, M., 2020, 'Cautious hopes for slum dwellers relocated in Egypt housing project', Reuters.

48 *Daily News Egypt*, 2021, 'Egypt to be free from informal housing areas by 2030: Cabinet'.

49 Farouk, 'Cautious hopes for slum dwellers relocated in Egypt housing project'.

50 de Soto, H., 2000, *The Mystery of Capital* (Basic Books).

51 Marx, et al., 'The economics of slums in the developing world'.

52 Martine, G., et al., 2013, 'Urbanization and fertility decline: cashing in on structural change', IIED Human Settlements working paper.

53 Chandna, H., 2018, 'The Rise of the Tycoon', *Business World*.

54 Mahurkar, U., 2011, 'A look into profile of billionaire Gautam Adani', *India Today*.

55 Roser, M., 2017, 'Fertility rate', Our World in Data (ourworldindata.org).

56 O'Neill, 'Total fertility rate in India, from 1880 to 2020'.

57 Roser, M., 'Fertility rate'.

58 Irwin, D., 2020, 'The rise and fall of import substitution', Peterson Institute of International Economics (piie.com).

59 Little, I., et al., 1970, *Industry and Trade in Some Developing Countries* (OECD and

Oxford University Press).

60 Ritchie, H. and Roser, M., 2021, 'Crop yields', Our World in Data (ourworld indata.org).

61 Hoeffler, A., et al., 2011, 'Post-conflict recovery and peacebuilding', World Bank (worldbank.org).

62 Gollin, D., et al., 2016, 'Urbanization with and without industrialization', *Journal of Economic Growth*, Vol. 21.

63 World Bank Data, 2022, 'Research and development expenditure (% of GDP)' (data.worldbank.org).

64 Rodrik, D., 2022, 'Prospects for global economic convergence under new technologies', in Autor, D., et al. (eds), *An Inclusive Future? Technology, New Dynamics, and Policy Challenges*, Brookings Institution (brookings.edu).

65 Andersson, J., et al., 2018, 'Is apparel manufacturing coming home?', McKinsey & Company (mckinsey.com).

66 Startup Genome, 2022, 'Startup ecosystems' (startupgenome.com).

67 Ibid.

8 어떤 도시가 전염병으로부터 안전할까

1 Jedwab, R., et al., 2019, 'Pandemics, places, and populations: evidence from the Black Death', CESifo Working Paper.

2 Roos, D., 2020, 'Social distancing and quarantine were used in medieval times to fight the Black Death', History.com.

3 Jedwab, et al., 'Pandemics, places, and populations'.

4 Eyewitness to History, 'The Black Death, 1348' (eyewitnesstohistory.com).

5 Bray, R., 2020, *Armies of Pestilence: The Impact of Pandemics on History* (Lutterworth Press).

6 Ibid.

7 Ibid.

8 Ibid.

9 Kenny, C., 2021, *The Plague Cycle* (Simon & Schuster).

10 Greger, M., 2007, 'The human/animal interface: emergence and resurgence of zoonotic infectious diseases', *Critical Review in Biology*, Vol. 33, No. 4.

11 *The Economist*, 2021, 'The pandemic's true death toll'.

12 For a full discussion of the impact of the Covid-19 pandemic, see Goldin, I., 2022, *Rescue: From Global Crisis to a Better World* (Sceptre).

13 Kharas, H. and Dooley, M., 2021, 'Long-run impacts of Covid-19 on extreme poverty', Brookings Institution (brookings.edu).

14 Sánchez-Páramo, C., et al., 2021, 'Covid-19 leaves a legacy of rising poverty and widening inequality', World Bank (worldbank.org).

15 Kharas and Dooley, 'Long-run impacts of Covid-19 on extreme poverty'.

16 UN Women, 2022, Ukraine and the food and fuel crisis: 4 things to know, unwomen.org.

17 Hayward, E., 2021, 'Covid-19's toll on mental health', Boston College (bc.edu).

18 *The Economist*, 2022, 'Covid learning loss has been a global disaster'.

19 World Bank, UNESCO and UNICEF, 2021, 'The state of the global education crisis: a path to recovery' (worldbank.org).

20 *The Economist*, 'Covid learning loss has been a global disaster'.

21 Ibid.

22 Harper, K. and Armelagos, G., 2010, 'The changing disease-scape in the third epidemiological transition', *International Journal of Environmental Research and Public Health*, Vol. 7, No. 2.

23 Kenny, *The Plague Cycle*, p. 177.

24 World Bank Data, 2022, 'Air transport, passengers carried' (data.worldbank.org).

25 Davenport, R., 2020, 'Urbanization and mortality in Britain, c. 1800–50', *The Economic History Review*, Vol. 73, No. 2.

26 O'Neill, A., 2022, 'Child mortality rate (under five years old) in the United Kingdom from 1800 to 2020', Statista (statista.com).

27 Kenny, *The Plague Cycle*.

28 Ibid.

29 Ibid.

30 Jones, K., et al., 2008, 'Global trends in emerging infectious diseases', *Nature*, Vol. 451.

31 Morand, S. and Walther, B., 2020, 'The accelerated infectious disease risk in the Anthropocene: more outbreaks and wider global spread', Working paper.

32 Centers for Disease Control and Prevention, 2021, 'Zoonoses' (cdc.gov).

33 Greger, 'The human/animal interface'.

34 Ibid.

35 UNFAO, 2022, 'State of the world's forests' (fao.org).

36 Young, R., 2014, 'Take bushmeat off the menu before humans are served another Ebola', The Conversation (theconversation.com).

37 Cawthorn, D-M. and Hoffman, L., 2015, The bushmeat and food security nexus: A global account of the contributions, conundrums and ethical collisions, *Food Research International*, Vol. 76.

38 Maxmen, A., 2022, 'Wuhan market was epicentre of pandemic's start, studies suggest', Nature.com.

39 Kenny, *The Plague Cycle*.

40 Smitham, E. and Glassman, A., 2021, 'The next pandemic could come sooner and be deadlier', Center for Global Development (cgdev.org).

41 Barnes, O., 2022, 'Just where and when will the next pandemic strike?', *Financial Times*.

42 Ibid.

43 Kenny, *The Plague Cycle*.

44 Discovery's Edge, 2021, 'Researchers clarify why measles doesn't evolve to escape immunity' (discoverysedge.mayo.edu).

45 Lobanovska, M. and Pilla, G., 2017, 'Penicillin's discovery and antibiotic resistance: lessons for the future?', *Yale Journal of Biology and Medicine*, Vol. 90, No. 1.

46 The Week, 2021, 'The rise of the superbugs: why antibiotic resistance is a "slow-moving pandemic"' (theweek.co.uk).

47 Ibid.

48 Murray, C., et al., 2022, 'Global burden of bacterial antimicrobial resistance in 2019: a systematic analysis', *The Lancet*, Vol. 399, No. 10325.

49 Sample, I., 2007, 'Drug-resistant form of plague identified', Guardian.

50 Pavel, B. and Venkatram, V., 2021, 'Facing the future of bioterrorism', Atlantic Council (atlanticcouncil.org).

51 Langer, R. and Sharma, S., 2020, 'The blessing and curse of biotechnology: a primer on biosafety and biosecurity', Carnegie Endowment for International Peace (carnegieendowment.org).

52 Ibid.

53 Stier, A., et al., 2020, 'COVID-19 attack rate increases with city size', Working paper.

54 Bentley, A., et al., 2018, 'Recent origin and evolution of obesity–income correlation

across the United States', *Palgrave Communications*.

55 Authors' calculations based on data from CDC and NYC Health.

56 Authors' calculations based on data from CDC.

57 NYC Health, 2022, 'Covid-19: data' (nyc.gov).

58 Citi GPS, 2020, 'Technology at Work v5.0: A new world of remote work' (oxfordmartin.ox.ac.uk).

59 Wade, L., 2020, 'From Black Death to fatal flu, past pandemics show why people on the margins suffer most', Science.org.

60 저자들의 추산은 《이코노미스트》의 초과 사망 모델에 기초했다.

61 Ibid.

62 Goldin, *Rescue*.

63 Gates, B., 2022, *How to Prevent the Next Pandemic* (Allen Lane).

64 Jedwab, et al., 'Pandemics, places, and populations'.

9 기후 재난, 모든 도시의 위기

1 Gabour, J., 2015, 'A Katrina survivor's tale: "They forgot us and that's when things started to get bad"', *Guardian*.

2 Heggie, J., 2018, 'Day Zero: Where next?', *National Geographic*.

3 Gladstone, N., 2019, 'Air quality ten times hazardous levels in Sydney', *Sydney Morning Herald*.

4 Goldin and Muggah, *Terra Incognita*, p. 67.

5 Mathis, W. and Kar, T., 2022, 'UK temperatures reach highest on record, Met Office says', Bloomberg News.

6 Vaughan, A., 2022, '40°C heatwave may have killed 1000 people in England and Wales', *New Scientist*.

7 Mallapaty, S., 2022, 'Why are Pakistan's floods so extreme this year?', Nature.com.

8 Colbert, A., 2022, 'A force of nature: hurricanes in a changing climate', NASA (climate.nasa.gov).

9 Carpineti, A., 2022, 'Nine of the top 10 hottest years ever all occurred in the last decade', IFL Science (iflscience.com).

10 Boland, B., et al., 2021, 'How cities can adapt to climate change', McKinsey & Company (mckinsey.com).

11 Urban Climate Change Research Network, 2018, 'The Future we don't want' (c40.

org).

12   Lieberman, B. and Gordon, E., 2021 (2nd edition), *Climate Change in Human History* (Bloomsbury).

13   Ibid.

14   Ibid.

15   Haug, G., et al., 2001, 'Southward migration of the intertropical convergence zone through the Holocene', *Science*, Vol. 293, No. 5533.

16   Lieberman and Gordon, *Climate Change in Human History*.

17   Cline, E., 2014, *1177 B.C.: The Year Civilization Collapsed* (Princeton University Press).

18   Ibid.

19   Holder, J., et al., 2017, 'The three-degree world: the cities that will be drowned by global warming', *Guardian*.

20   Ibid.

21   Ibid.

22   Kimmelman, M., 2017, 'The Dutch have solutions to rising seas. The world is watching', *New York Times*.

23   Ibid.

24   Hussain, Z., 2022, 'Why Indonesia's Jakarta is the fastest sinking city in the world', *India Times*.

25   Tarigan, E. and Karmini, N., 2022, 'Indonesia's sinking, polluted capital is moving to new city', Associated Press.

26   European Commission Joint Research Centre, 2022, 'Cities are often 10–15 °C hotter than their rural surroundings' (joint-research-centre.ec.europa.eu).

27   Lieberman and Gordon, *Climate Change in Human History*.

28   Goldin and Muggah, *Terra Incognita*, pp. 68–9.

29   Arora, N., 2021, 'Air pollution led to around 54,000 premature deaths in New Delhi in 2020 – study', Reuters.

30   Abraham, B., 2022, 'Deadly heatwave also resulting in ozone exceedance and it's making Delhi's air toxic', *India Times*.

31   Jordan, J., 2018, 'Living on the frontiers of climate change: a mother's story', YouTube (youtube.com).

32   Goldin and Muggah, *Terra Incognita*.

33   Wester, P., et al., 2019, *The Hindu Kush Himalaya Assessment* (Springer).

34 Goldin and Muggah, *Terra Incognita*, p. 53.

35 Bodewig, C., 2019, 'Climate change in the Sahel: how can cash transfers help protect the poor?', Brookings Institution (brookings.edu).

36 Ibid.

37 Al Jazeera, 2011, 'Kashmir and the politics of water' (aljazeera.com).

38 Moran, D., et al., 2018, 'Carbon footprints of 13 000 cities', *Environmental Research Letters*, Vol. 13, No. 6.

39 winney, P., 2019, 'Are cities bad for the environment?', BBC (bbc.com).

40 Jones, C. and Kammen, D., 2013, 'Spatial distribution of U.S. household carbon footprints reveals suburbanization undermines greenhouse gas benefits of urban population density', *Environmental Science & Technology*, Vol. 48, No. 2.

41 Ibid.

42 Glaeser, E. and Kahn, M., 2010, 'The greenness of cities: carbon dioxide emissions and urban development', *Journal of Urban Economics*, Vol. 67, No. 3.

43 CoolClimate Network, 2013, 'Household calculator' (coolclimate.berkley.edu).

44 Ritchie, H., 2020, 'Which form of transport has the smallest carbon footprint?', Our World in Data (ourworldindata.org).

45 Freemark, Y., 2018, 'Travel mode shares in the U.S.', The Transport Politic (thetransportpolitic.com).

46 Ibid.

47 Sustain Europe, 2019, 'Oslo European Green Capital 2019' (sustaineurope.com).

48 Norwegian Ministry of Petroleum and Energy, 2016, 'Renewable energy production in Norway' (regjeringen.no).

49 Ferenczi, A., 2021, 'A city without cars is already here, and it's idyllic', Vice (vice.com).

50 Wilson, E. O., 1984, *Biophilia* (Harvard University Press).

51 Montgomery, C., 2013, *Happy City* (Penguin).

52 Trust for Public Land, 2022, 'ParkScore index' (tpl.org).

53 Ibid.

54 Singapore National Parks, 2020, 'Annual report' (nparks.gov.sg).

55 Singapore National Parks, 2020, 'A city in nature' (nparks.gov.sg).

56 O'Sullivan, F., 2019, 'Paris wants to grow "urban forests" at famous landmarks', Bloomberg News.

57 Kennedy, C., et al., 2015, 'Energy and material flows of megacities', *Proceedings of*

the National Academy of Sciences, Vol. 112, No. 19.

58 Ritchie, H., 2020, 'Food waste is responsible for 6% of global greenhouse gas emissions', Our World in Data (ourworldindata.org).

59 Oakes, K., 2020, 'How cutting your food waste can help the climate', BBC (bbc. com).

60 Biba, E., 2019, 'Everything Americans think they know about recycling is probably wrong', NBC (nbcnews.com).

61 Environmental Protection Agency, 2022, 'National overview: facts and figures on materials, wastes and recycling' (epa.gov).

62 Ibid.

63 Villazon, L., 2022, 'Vertical farming: why stacking crops high could be the future of agriculture', Science Focus (sciencefocus.com).

64 Maglio, N., 2022, 'Green forges, how different types of agriculture impact CO_2 emissions', Green Forges (greenforges.com).

65 Ritchie, H., 2019, 'Who has contributed most to global CO_2 emissions?', Our World in Data (ourworldindata.org).

66 Hausfather, Z., 2017, 'Mapped: the world's largest CO_2 importers and exporters', Carbon Brief (carbonbrief.org).

67 Ibid.

68 Postdam Institute for Climate Impact Research, 2022, 'Tipping elements – the Achilles' heels of the earth system' (pikpostdam.de).

69 Ibid.

10 결론: 번영은 쉽게 오지 않는다

1 Mumford, *The City in History*, p. 3.

2 UN Department of Economic and Social Affairs, Population Division, 2022, 'World population prospects' (population.un.org).

3 OECD, 2015, *The Metropolitan Century* (oecd.org).

4 Hess, D. and Rehler, J., 2021, 'America has eight parking spaces for every car. Here's how cities are rethinking that land', *Fast Company*.

5 Morris, D., 2016, 'Today's cars are parked 95% of the time', *Fortune*.

6 Schneider, B., 2018, 'CityLab University: induced demand', Bloomberg News.

7 Jacobs, J., 1961, *The Death and Life of Great American Cities* (Random House).

8 Rushton, D., 2020, 'London vs New York: which city has the higher average building height?', Carto (carto.com).

9 Montgomery, C., 2013, *The Happy City* (Penguin Books).

10 OECD Data, 2021, 'Net ODA' (data.oecd.org).

11 Goldin and Muggah, *Terra Incognita*, p. 133.

12 Thatcher Archive, Interview for *Woman's Own*, 23 September 1987, Margaret Thatcher Foundation (margaretthatcher.org).

참고 문헌

Abel, J. and Deitz, R., 2019, 'Why are some places so much more unequal than others?', *Economic Policy Review*, Vol. 25, No. 1.

Abraham, B., 2022, 'Deadly heatwave also resulting in ozone exceedance and it's making Delhi's air toxic', *India Times*.

Acemoglu, D. and Restrepo, P., 2019, 'Automation and new tasks: how technology displaces and reinstates labor', *Journal of Economic Perspectives*, Vol. 33, No. 2.

Al Jazeera, 2011, 'Kashmir and the politics of water' (aljazeera.com).

Al-Khalili, J., 2012, *The House of Wisdom* (Penguin).

Allen, T., 1977, *Managing the Flow of Technology* (MIT Press).

Anderson, B., 1983, *Imagined Communities* (Verso).

Anderson, D., 2021, 'Home prices in cities rise 16%, surpassing suburban and rural price growth for the first time since pre-pandemic', Redfin (redfin.com).

Andersson, J., et al., 2018, 'Is apparel manufacturing coming home?', McKinsey & Company (mckinsey.com).

Arora, N., 2021, 'Air pollution led to around 54,000 premature deaths in New Delhi in 2020 – study', Reuters.

Augustine, 426, *The City of God: Volume I* (reprint by Jazzybee Verlag, 2012, accessed online at Perlego.com).

Autor, D., 2019, 'Work of the past, work of the future', *AEA Papers and Proceedings*, Vol. 109.

Autor, D., et al., 2017, 'Gentrification and the amenity value of crime reductions', NBER working paper.

Ayers, D., 2019, 'The gender gap in marriages between college-educated partners', Institute for Family Studies (ifstudies.org).

Bairoch, P., 1988, *Cities and Economic Development* (University of Chicago Press).

Ball, J., 2019, 'Housing as a basic human right', *The New Statesman*.

Barjamovic, G., et al., 2019, 'Trade, merchants, and the lost cities of the Bronze Age', *The Quarterly Journal of Economics*, Vol. 134, No. 3.

Barnes, O., 2022, 'Just where and when will the next pandemic strike?', *Financial Times*.

Bekhrad, J., 2017, 'The obscure religion that shaped the West', BBC(bbc.com).

Bellah, R., 2011, *Religion in Human Evolution* (Harvard University Press).

Bentley, A., et al., 2018, 'Recent origin and evolution of obesity–income correlation across the United States', *Palgrave Communications*.

Berkes, E. and Gaetani, R., 2021, 'The geography of unconventional innovation', *The Economic Journal*, Vol. 131, No. 636.

Berube, A. and Parilla, J., 2012, 'Metro trade: cities return to their roots in the global economy', Brookings Institution (brookings.edu).

Biba, E., 2019, 'Everything Americans think they know about recycling is probably wrong', NBC (nbcnews.com).

Bloom, N., Twitter, 29 August 2022, 14:59.

Bloom, N., et al., 2015, 'Does working from home work? Evidence from a Chinese experiment', *The Quarterly Journal of Economics*, Vol. 130, No. 1.

Bodewig, C., 2019, 'Climate change in the Sahel: how can cash transfers help protect the poor?', Brookings Institution (brookings.edu).

Bonnet, F., 2014, 'Social housing in New York', Metropolitics (metropolitics.org).

Bor, A. and Bang Petersen, M., 2021, 'The psychology of online political hostility: a comprehensive, cross-national test of the mismatch hypothesis', *American Political Sciences Review*, Vol. 116, No. 1.

Boustan, L., et al., 2013, 'Urbanization in the United States, 1800–2000', NBER working paper.

Bray, R., 2020, *Armies of Pestilence: The Impact of Pandemics on History* (Lutterworth Press).

Brooks, D., 2000, *Bobos in Paradise* (Simon & Schuster).

Broom, D., 2021, 'Home or office? Survey shows opinions about work after COVID-19', World Economic Forum (weforum.org).

C40 Cities, 2018, 'The Future We Don't Want' (c40.org).

Cadman, E., 2021, 'Your new office set-up is going to look a lot like the old one',

Bloomberg News.

Cairncross, F., 2001, *The Death of Distance* (Harvard Business Review Press).

Cantor, N. F., 2002, *In the Wake of the Plague: The Black Death and the World It Made* (HarperCollins).

Carpineti, A., 2022, 'Nine of the top 10 hottest years ever all occurred in the last decade', IFL Science (iflscience.com).

Cawthorn, D-M. and Hoffman, L., 2015, The bushmeat and food security nexus: A global account of the contributions, conundrums and ethical collisions, *Food Research International*, Vol. 76

Centers for Disease Control and Prevention, 2021, 'Zoonoses' (cdc.gov).

Chandler, T., and Fox, G., 1974, *3000 Years of Urban Growth* (Academic Press, accessed online at Perlego.com).

Chandna, H., 2018, 'The rise of the tycoon', *Business World*.

Chen, W., 2013, 'Internet use, online communication, and ties in Americans' networks', *Social Science Computer Review*, Vol. 31, No. 4.

Chernick, H., et al., 2011, 'Revenue diversification in large U.S. cities', IMFG Papers on Municipal Finance and Governance.

Cho, J., et al., 2020, 'Do search algorithms endanger democracy? An experimental investigation of algorithm effects on political polarization', *Journal of Broadcasting & Electronic Media*, Vol. 64, No. 2.

Cintu, A., 2021, 'Record apartment conversions make 2021 most successful year in adaptive reuse', RentCafe (rentcafe.com).

Citi GPS, 2020, 'Technology at work v5.0: a new world of remote work' (oxfordmartin.ox.ac.uk).

Clark, D., 2022, 'Average age of mothers at childbirth in the United Kingdom from 1938 to 2020', Statista (statista.com).

Clark, W., 'School desegregation and white flight: a re-examination and case study', *Social Science Research*, Vol. 16, No. 3.

Cline, E., 2014, *1177 B.C.: The Year Civilization Collapsed* (Princeton University Press).

Clossick, J., 2014, 'The industrial city', in Knox, P. (ed.), *Atlas of Cities* (Princeton University Press).

Cohen, B., 2022, 'Yes, Zoom has an office. No, it's not a place to work', *Wall Street Journal*.

Colbert, A., 2022, 'A force of nature: hurricanes in a changing climate', NASA (climate. nasa.gov).

CoolClimate Network, 2013, 'Household calculator' (coolclimate .berkley.edu).

Cross, R., et al., 2021, 'Collaboration overload is sinking productivity', *Harvard Business Review*.

D'Onfro, J., 2015, 'Steve Jobs had a crazy idea for Pixar's office to force people to talk more', *Business Insider*.

Daily News Egypt, 2021, 'Egypt to be free from informal housing areas by 2030: Cabinet' (dailynewsegypt.com).

Davenport, R., 2020, 'Urbanization and mortality in Britain, c. 1800–50', *The Economic History Review*, Vol. 73, No. 2.

de Blij, H., 2008, *The Power of Place* (Oxford University Press).

de Soto, H., 2000, *The Mystery of Capital* (Basic Books).

de Tocqueville, A., 1958 (written 1833–5), *Journeys to England and Ireland* (reprint by Routledge, 2017).

de Vise, Pierre, 1976, 'The suburbanization of jobs and minority employment', *Economic Geography*, Vol. 52, No. 4.

The Dearborn Independent, 1922, *Ford Ideals* (Dearborn Publishing Company).

Deibert, R., 1997, *Parchment, Printing, and Hypermedia: Communication in World Order Transformation* (Columbia University Press).

DeVoe, J., 2021, 'Leaders say Arlington has the ecosystem to be the next Austin or Miami', ARL Now.

Diamond, R. and Moretti, E., 2021, 'Where is standard of living the highest? Local prices and the geography of consumption', NBER working paper.

Discovery's Edge, 2021, 'Researchers clarify why measles doesn't evolve to escape immunity' (discoverysedge.mayo.edu).

Dougherty, C. and Burton, A., 2017, 'A 2:15 alarm, 2 trains and a bus get her to work by 7 a.m.', *New York Times*.

Dunbar, K., 1997, 'How scientists think: on-line creativity and conceptual change in science', in Ward, T. B., et al. (eds), *Conceptual Structures and Processes: Emergence, Discovery, and Change* (American Psychological Association Press).

Dunbar, R. 1992, 'Neocortex size as a constraint on group size in primates', *Journal of Human Evolution*, Vol. 22, No. 6.

Easterly, W., et al., 2016, 'A long history of a short block: four centuries of development surprises on a single stretch of a New York city street' (greenestreet.nyc /paper).

The Economist, 2020, 'Governments are rethinking the provision of public housing'.

The Economist, 2021, 'The pandemic's true death toll'.

The Economist, 2021, 'The rise of working from home'.

The Economist, 2022, 'Covid learning loss has been a global disaster'.

The Economist, 2022, 'The future of public transport in Britain'.

The Economist, 2022, 'Xi Jinping's economic revolution aims to spread growth'.

Edlund, L., et al., 'Gentrification and the rising returns to skill', NBER working paper.

Ehrenhalt, A., 2013, *The Great Inversion* (Vintage).

Elliott, L., 2019, 'HS2 would widen UK north–south divide and should be axed, says report', *Guardian*.

Engels, F., 1845, *The Condition of the Working Class in England* (reprint by Penguin Classics, 2009).

Environmental Protection Agency, 2022, 'National Overview: Facts and Figures on Materials, Wastes and Recycling' (epa.gov).

European Commission Joint Research Centre, 2022, 'Cities are often 10–15 °C hotter than their rural surroundings' (jointresearchcentre.ec.europa.eu).

Eyewitness to History, 'The Black Death, 1348' (eyewitnesstohistory.com).

Farouk, M., 2020, 'Cautious hopes for slum dwellers relocated in Egypt housing project', Reuters.

Federal Reserve Bank of New York, 2021, 'The labor market for recent college graduates' (newyorkfed.org).

Federal Reserve Bank of St Louis, 2019, 'The US auto labor market since NAFTA' (stlouisfed.org).

Feldman, E., 2022 'Converting office buildings to apartments could help city housing crisis', Spectrum News.

Ferenczi, A., 2021, 'A city without cars is already here, and it's idyllic', Vice (vice.com).

Ferguson, N., 2017, *The Square and the Tower* (Penguin).

Fessenden, M., 2015, 'Making a sandwich from scratch took this man six months', *Smithsonian Magazine*.

Fischer, C., 1982, *To Dwell Among Friends* (University of Chicago Press).

—, 2007, 'Technology and society: historical complexities', *Sociological Inquiry*, Vol. 67, No. 1.

Florida, R., 2002, *The Rise of the Creative Class* (Basic Books).

Florida, R., et al., 2008, 'The rise of the mega-region', *Cambridge Journal of Regions, Economy and Society*, Vol. 1, No. 3.

Frankopan, P., 2015, *The Silk Roads* (Bloomsbury).

Freemark, Y., 2018, 'Travel mode shares in the U.S.', The Transport Politic (thetransportpolitic.com).

Friedman, T., 2007, *The World is Flat* (Penguin).

Frost, R., 2020, 'Are Americans stuck in place? Declining residential mobility in the US', Joint Center for Housing Studies of Harvard University (jchs.harvard.edu).

Gabour, J., 2015, 'A Katrina survivor's tale: "They forgot us and that's when things started to get bad"', *Guardian*.

Gates, B., 2022, *How to Prevent the Next Pandemic* (Allen Lane).

George, A., 1999, *The Epic of Gilgamesh* (Penguin Classics).

Gibbs, M., et al., 2021, 'Work from home & productivity: evidence from personnel & analytics data on IT professionals', *SSRN Electronic Journal*.

Gibson, C., 1998, 'Population of the 100 largest cities and other urban places in the United States: 1790 to 1990', US Census Bureau (census.gov).

Gladstone, N., 2019, 'Air quality ten times hazardous levels in Sydney', *Sydney Morning Herald*.

Glaeser, E., 2005, 'Reinventing Boston: 1630–2003', *Journal of Economic Geography*, Vol. 5, No. 2.

—, 2011, *Triumph of the City* (Penguin).

Glaeser, E. and Ponzetto, G., 2007, 'Did the death of distance hurt Detroit and help New York?', NBER working paper.

Glaeser, E. and Kahn, M., 2010, 'The greenness of cities: carbon dioxide emissions and urban development', *Journal of Urban Economics*, Vol. 67, No. 3.

Glass, R., 1964, *London: Aspects of Change* (MacGibbon & Kee).

Goldin, I., 2022, *Rescue: From Global Crisis to a Better World* (Sceptre).

Goldin, I. and Muggah, R., 2020, *Terra Incognita: 100 Maps to Survive the Next 100 Years* (Century).

Goldin, I., et al., 2022, 'Why is productivity slowing down', *Journal of Economic Literature* (forthcoming).

Goldstein, A., 2017, *Janesville: An American Story* (Simon & Schuster).

Gollin, D., et al., 2016, 'Urbanization with and without industrialization', *Journal of Economic Growth*, Vol. 21.

Goos, M. and Manning, A., 2007, 'Lousy and lovely jobs: the rising polarization of work in Britain', *The Review of Economics and Statistics*, Vol. 89. No. 1.

Greger, M., 2007, 'The human/animal interface: emergence and resurgence of zoonotic infectious diseases', *Critical Review in Biology*, Vol. 33, No. 4.

Griffith, J., 2019, '22 of the top 30 most polluted cities in the world are in India', CNN (cnn.com).

Grimbly, S., 2013, *Encyclopedia of the Ancient World* (Fitzroy Dearborn).

Gropius, W., 1969, 'Principles of Bauhaus production', in Wingler, H. (ed.), *The Bauhaus* (MIT Press).

The *Guardian* Data Blog, 2016, 'Deprivation and poverty in London', *Guardian*.

Gwendolyn, L., 2001, *Mesopotamia: The Invention of the City* (Penguin).

Haidt, J., 2022, 'Why the past 10 years of American life have been uniquely stupid', *The Atlantic*.

Hall, P., 1998, *Cities in Civilization* (Weidenfeld & Nicolson).

Hammond, G., 2021, 'Canary Wharf: does the east London office district have a future?', *Financial Times*.

Hannah-Jones, N., 2019, 'It was never about busing', *New York Times*.

Harari, Y. N., 2014, *Sapiens* (Harper).

Harmon, J. and Zim, E., 2021, 'The rise and fall of the American mall', *Business Insider*.

Harper, K. and Armelagos, G., 2010, 'The changing disease-scape in the third epidemiological transition', *International Journal of Environmental Research and Public Health*, Vol. 7, No. 2.

Hartman, A., 2021, 'Salesforce says "the 9-to-5 workday is dead" and will provide 3 new ways for employees to work – including the possibility of working from home forever', *Business Insider*.

Haug, G., et al., 2001, 'Southward migration of the intertropical convergence zone through the Holocene', *Science*, Vol. 293, No. 5533.

Hausfather, Z., 2017, 'Mapped: the world's largest CO_2 importers and exporters', Carbon Brief (carbonbrief.org).

Haverfield, F., 1904, *The Romanization of Roman Britain* (reprint by Perlego, 2004, accessed at Perlego.com).

Havsy, J., 2022, 'Why office-to-apartment conversions are likely a fringe trend at best', Moody's Analytics (cre.moodysanalytics.com).

Hayward, E., 2021, 'COVID-19's toll on mental health', Boston College (bc.edu).

Hazlitt, W., 1837, *Characteristics in the manner of Rochefoucault's Maxims* (J. Templeman).

Heggie, J., 2018, 'Day Zero: where next?', *National Geographic*.

Hess, D. and Rehler, J., 2021, 'America has eight parking spaces for every car. Here's how cities are rethinking that land', *Fast Company*.

Hobbs, F. and Stoops, N., 2002, 'Demographic trends in the 20th century', US Census Bureau (census.gov).

Hoeffler, A., et al., 2011, 'Post-conflict recovery and peacebuilding', World Bank (worldbank.org).

Howard, E., 1898, *Garden Cities of Tomorrow* (reprint by Perlego, 2014, accessed online at Perlego.com).

Huber, M., 2013, *Lifeblood: Oil, Freedom, and the Forces of Capital* (University of Minnesota Press).

Hugo, V., 1861, 'The sack of the Summer Palace', Fondation Napoleon (napoleon. org).

Hussain, Z., 2022, 'Why Indonesia's Jakarta is the fastest sinking city in the world', *India Times*.

Institute for Economics and Peace, 2020, 'Ecological Threat Register' (ecologicalthreatregister.org).

Institute for International Cooperation, Japan International Cooperation Agency, 2005, 'Japan's experiences in public health and medical systems' (openjicareport. jica.go.jp).

International Labour Organization, 2018, 'Women and men in the informal economy: a statistical picture' (ilo.org).

Irwin, D., 2020, 'The rise and fall of import substitution', Peterson Institute of International Economics (piie.com).

Jacobs, J., 1961, *The Death and Life of Great American Cities* (Random House).

Jaffe, A. B., et al., 1993, 'Geographic localization of knowledge spillovers as evidenced by patent citations', *The Quarterly Journal of Economics*, Vol. 108, No. 3.

Jain, V., 2019, 'Case study on territorial development in Japan', World Bank (worldbank.org).

Jedwab, R., et al., 2019, 'Pandemics, places, and populations: evidence from the Black Death', CESifo Working Paper.

Jedwab, R. and Vollrath, D., 2015, 'Urbanization without growth in historical perspective', *Explorations in Economic History*, Vol. 58.

Jefferson, T., 1800, 'From Thomas Jefferson to Benjamin Rush', National Archives (archives.gov).

Jeunesse, E., 2017, 'The rise of poverty in suburban and outlying areas', Joint Center for Housing Studies (jchs.harvard.edu).

Johnson, S., 2010, *Where Good Ideas Come From* (Penguin).

Jones, C. and Kammen, D., 2013, 'Spatial distribution of U.S. household carbon footprints reveals suburbanization undermines greenhouse gas benefits of urban population density', *Environmental Science & Technology*, Vol. 48, No. 2.

Jones, K., et al., 2008, 'Global trends in emerging infectious diseases', *Nature*, Vol. 451.

Joo, Y.-M., 2018, *Megacity Seoul: Urbanization and the Development of Modern South Korea* (Routledge).

Jordan, J., 2018, 'Living on the Frontiers of Climate Change: A Mother's Story', YouTube (youtube.com).

Kastle Systems, 2022, 'Recreation activity vs. office occupancy' (kastle.com).

Kelly, H., Kramer, A. and Warren, A., 2020, *Emerging Trends in Real Estate: United States and Canada 2020*, PWC and Urban Land Institute.

Kennedy, C., et al., 2015, 'Energy and material flows of megacities', *Proceedings of the National Academy of Sciences*, Vol. 112, No. 19.

Kenny, C., 2021, *The Plague Cycle* (Simon & Schuster).

Kerr, S. and Kerr, W., 2018, 'Immigrant entrepreneurship in America: evidence from the survey of business owners 2007 & 2012', NBER working paper.

Kharas, H. and Dooley, M., 2021, 'Long-run impacts of COVID-19 on extreme poverty', Brookings Institution (brookings.edu).

Kim, K., 1995, 'The Korean miracle (1962–80) revisited: myths and realities in strategy and development', in Stein, H. (ed.), *Asian Industrialization and Africa*, International Political Economy Series (Palgrave Macmillan).

Kim, S. and Margo, R., 2003, 'Historical perspectives on US economic geography', NBER working paper.

Kimmelman, M., 2017, 'The Dutch have solutions to rising seas. The world is watching', *New York Times*.

Kober, E., 2020, 'New York City records another year of jobs–housing mismatch', Manhattan Institute (economics21.org).

Kuhn, D., 2009, *The Age of Confucian Rule* (Harvard University Press).

Langer, R. and Sharma, S., 2020, 'The blessing and curse of biotechnology: a primer on biosafety and biosecurity', Carnegie Endowment for International Peace (carnegieendowment.org).

Lieberman, B. and Gordon, E., 2021 (2nd edition), *Climate Change in Human History* (Bloomsbury).

Lindsey, R. and Dahlman, L., 2022, 'Climate change: global temperature', National Oceanic and Atmospheric Administration (climate.gov).

Little, I., et al., 1970, *Industry and Trade in Some Developing Countries* (OECD and Oxford University Press).

Lobanovska, M. and Pilla, G., 2017, 'Penicillin's discovery and antibiotic resistance: lessons for the future?', *Yale Journal of Biology and Medicine*, Vol. 90, No. 1.

Longman, P., 2015, 'Why the economic fates of America's cities diverged', *The Atlantic*.

Maglio, N., 2022, 'How different types of agriculture impact CO2 emissions', Green Forges (greenforges.com).

Mahurkar, U., 2011, 'A look into profile of billionaire Gautam Adani', *India Today*.

Mallapaty, S., 2022, 'Why are Pakistan's floods so extreme this year?', Nature.com.

Marshall, A., 1890, *Principles of Economics* (reprint by Nabu Press, 2010).

Marshall, T., 2015, *Prisoners of Geography* (Elliott & Thompson).

Martine, G., et al., 2013, 'Urbanization and fertility decline: Cashing in on structural change', IIED Human Settlements Working Paper.

Marvin, C., 1988, *When Old Technologies Were New* (Oxford University Press).

Marx, B., et al., 2013, 'The economics of slums in the developing world', *Journal of Economic Perspectives*, Vol. 27, No. 4.

Mathis, W. and Kar, T., 2022, 'UK temperatures reach highest on record, Met Office says', Bloomberg News.

Matsu, J., et al., 2022, 'Investing in regional equality–lessons from four cities', Chartered Institute of Public Finance and Accountancy (cipfa.org).

Maxmen, A., 2022, 'Wuhan market was epicentre of pandemic's start, studies suggest', Nature.com.

McDonnell, T., 2019, 'Climate change creates a new migration crisis for Bangladesh', *National Geographic*.

McFarland, J., et al., 2018, 'The condition of education 2018', National Centre for Education Statistics (nces.ed.gov).

McLuhan, M., 1962, *The Gutenberg Galaxy* (University of Toronto Press).

Meltzer, M., 2002, *Mark Twain Himself: A Pictorial Biography* (University of Missouri Press).

Meyer, D., 1989, 'Midwestern industrialization and the American manufacturing belt in the nineteenth century', *The Journal of Economic History*, Vol. 49, No. 4.

Miwa, N., 2022, 'High-speed rail development and regional inequalities: evidence from Japan', *Transportation Research Record*.

Mokyr, J., 2016, *Culture of Growth: The Origins of the Modern Economy* (Princeton University Press).

Montgomery, C., 2013, *Happy City* (Penguin).

Moran, D., et al., 2018, 'Carbon footprints of 13 000 cities', *Environmental Research Letters*, Vol. 13, No. 6.

Morand, S. and Walther, B., 2020, 'The accelerated infectious disease risk in the Anthropocene: more outbreaks and wider global spread', Working paper.

Moretti, E., 2010, 'Local multipliers', *American Economic Review*, Vol. 100, No. 2.

—, 2012, *The New Geography of Jobs* (First Mariner Books).

Morgan, K., 2021, 'Why in-person workers may be more likely to get promoted', BBC (bbc.com).

Morphet, J., 2013, 'A city-state?', in Bell, S. and Paskins, J. (eds), *Imagining the Future City: London 2062* (Ubiquity Press).

Morris, D., 2016, 'Today's cars are parked 95% of the time', *Fortune*.

Morris, S. and Hammond, G., 2022, 'Citi plans £100m revamp of Canary Wharf tower', *Financial Times*.

Murray, C., et al., 2022, 'Global burden of bacterial antimicrobial resistance in 2019: a systematic analysis', *The Lancet*, Vol. 399, No. 10325.

NASA (Vital Signs of the Planet), 'Key indicators: Arctic sea ice minimum extent' (climate.nasa.gov).

Nijman, J. and Shin, M., 2014, 'The megacity', in Knox, P. (ed.), *Atlas of Cities* (Princeton University Press).

Nilles, J., 1976, *The Telecommunications–Transportation Tradeoff: Options for Tomorrow* (John Wiley & Sons).

Nordbrandt, M., 2021, 'Affective polarization in the digital age: testing the direction of the relationship between social media and users' feelings for out-group parties', *New Media & Society*.

Norwegian Ministry of Petroleum and Energy, 2016, 'Renewable energy production in

Norway' (regjeringen.no).

Norwich, J., 2009, *The Great Cities in History* (Thames & Hudson).

Nuffield Health Report, 2020, 'Working from home taking its toll on the mental health & relationships of the nation' (nuffieldhealth.com).

NYC Health, 2022, 'Covid-19: data' (nyc.gov).

O'Neill, A., 2022, 'Child mortality rate (under five years old) in the United Kingdom from 1800 to 2020', Statista (statista.com).

—, 2022, 'Total fertility rate in Japan from 1800 to 2020', Statista (statista.com).

O'Sullivan, F., 2019, 'Paris wants to grow "urban forests" at famous landmarks', Bloomberg News.

Oakes, K., 2020, 'How cutting your food waste can help the climate', BBC (bbc.com).

OECD Data, 2021, 'Net ODA' (data.oecd.org).

OECD, 2015, 'The metropolitan century' (oecd.org).

Oldenburg, R., 1989, *The Great Good Place* (De Capo Press).

Partridge, J., 2022, 'Google in $1bn deal to buy Central Saint Giles offices in London', *Guardian*.

Paulas, R., 2017, 'The death of the suburban office park and the rise of the suburban poor', *Pacific Standard Magazine*.

Paullin, C. and Wright J., 1932, *Atlas of the Historical Geography of the United States* (reprint by Greenwood Press, 1976).

Pavel, B. and Venkatram, V., 2021, 'Facing the future of bioterrorism', Atlantic Council (atlanticcouncil.org).

Pool, I., 1983, *Forecasting the Telephone* (Praeger).

Postdam Institute for Climate Impact Research, 2022, 'Tipping elements – the Achilles' heels of the earth system' (pik-postdam.de).

Prapotnik, K., et al., 2019, 'Social media as information channel', *Austrian Journal of Political Science*.

Preen, M., 2018, 'China's city clusters: the plan to develop 19 superregions', China Briefing (china-briefing.com).

Prior, M., 2007, *Post-Broadcast Democracy: How Media Choice Increases Inequality in Political Involvement and Polarizes Elections* (Cambridge University Press).

Puga, D., 2002, 'European regional policies in light of recent location theories', *Journal of Economic Geography*, Vol. 2, No. 4.

Purdy, H., 1945, *A Historical Analysis of the Economic Growth of St Louis, 1840–1945*

(Federal Reserve Bank of St Louis).

Putnam, R., 2000, *Bowling Alone* (Simon & Schuster).

Putzier, K., 2021, 'Google to buy New York City office building for $2.1 billion', *Wall Street Journal*.

PWC, 2020, 'Emerging trends in real estate' (pwc.com).

Rajan, R., 2019, *The Third Pillar* (William Collins).

Rathje, S., et al., 2020, 'Out-group animosity drives engagement on social media', *Proceedings of the National Academy of Sciences*, Vol. 118, No. 26.

RATP, 2022, 'Tickets and fares' (ratp.fr).

Reagor, C., 2017, 'Downtown Phoenix's rebirth has been decades in the making. Here's how they did it', *Arizona Republic* (azcentral.com).

Reza, P., 2016, 'Old photos bring back sweet memories of Bangladesh's capital Dhaka', Global Voices (globalvoices.org).

Rhodes, J. and Brown, L., 2019, 'The rise and fall of the "inner city": race, space, and urban policy in postwar England', *Journal of Ethnic and Migration Studies*, Vol. 45, No. 17.

Ritchie, H., 2019, 'Who has contributed most to global CO_2 emissions?', Our World in Data (ourworldindata.org).

—, 2020, 'Food waste is responsible for 6% of global greenhouse gas emissions', Our World in Data (ourworldindata.org).

—, 2020, 'Which form of transport has the smallest carbon footprint?', Our World in Data (ourworldindata.org).

Ritchie, H. and Roser, M., 2019, 'Land use', Our World in Data (ourworldindata.org).

—, 2019, 'Urbanization', Our World in Data (ourworldindata.org).

—, 2021, 'Crop yields', Our World in Data (ourworldindata.org).

Rodrik D., 2022, 'Prospects for global economic convergence under new technologies', in Autor, D., et al. (eds), *An Inclusive Future? Technology, New Dynamics, and Policy Challenges*, Brookings Institution (brookings.edu).

Rogers, T. N., 2022, 'Expensive commutes and $14 lunches: how inflation hampers back-to-work push', *Financial Times*.

Roos, D., 2020, 'Social distancing and quarantine were used in medieval times to fight the Black Death' (History.com).

Roser, M., 2017, 'Fertility rate', Our World in Data (ourworldindata.org).

Roser, M., Ortiz-Ospina, E. and Ritchie, H., 2019, 'Life expectancy', Our World in

Data (ourworldindata.org).

Roser, M., Ritchie, H. and Ortiz-Ospina, E., 2015, 'Internet', Our World in Data (ourworldindata.org).

—, 'World population growth', 2019, Our World in Data (ourworldindata.org).

Rousseau, J.-J., 1762, *Emile, or On Education: Book I* (reprint by Heritage Books, 2019, accessed online at Perlego.com).

Rushton, D., 2020, 'London vs New York: which city has the higher average building height?', Carto (carto.com).

Sachs, J., 2020, *Ages of Globalization* (Columbia University Press).

Samans, R., et al., 2015, 'Inclusive growth and development report 2015', World Economic Forum (weforum.org).

Samora, P., 2016, 'Is this the end of slum upgrading in Brazil?', The Conversation (theconversation.com).

Sample, I., 2007, 'Drug-resistant form of plague identified', *Guardian*.

Sanchez-Paramo, C., et al., 2021, 'COVID-19 leaves a legacy of rising poverty and widening inequality', World Bank (worldbank.org).

Sanghani, N., 2019, 'Lessons from the history of globalisation', Capital Economics (capitaleconomics.com).

Schneider, B., 2018, 'CityLab University: induced demand', Bloomberg News.

Schwedel, A., et al., 2021, 'The working future: more human, not less', Bain & Company (bain.com).

Semuels, A., 2017, 'Japan might be what equality in education looks like', *The Atlantic*.

Shapiro, S., 2015, 'New species of city discovered: university city', Next City.

Shelter, 2022, 'The story of social housing' (england.shelter.org.uk).

—, 2022, 'Social housing deficit' (england.shelter.org.uk).

Sheng, A. and Geng, X., 2018, 'China is building 19 "supercity clusters"', World Economic Forum (weforum.org).

Sinclair, U., 1906, *The Jungle* (reprint by Penguin Classics, 2002).

Singapore National Parks, 2020, 'A city in nature' (nparks.gov.sg).

—, 2020, 'Annual report' (nparks.gov.sg).

Smitham, E. and Glassman, A., 2021, 'The next pandemic could come sooner and be deadlier', Center for Global Development (cgdev.org).

Song, X., et al., 2019, 'Long-term decline in intergenerational mobility in the United States since the 1850s', *Proceedings of the National Academy of Sciences*, Vol. 107,

No. 1.

Spengler, O., 1922, *The Decline of the West, Volume Two* (reprint by Arktos Media Ltd, 2021).

Squitieri, A. and Altaweel, M., 2018, *Revolutionizing a World: From Small States to Universalism in the Pre-Islamic Near East* (UCL Press).

Startup Genome, 2022, 'Startup ecosystems' (startupgenome.com).

Stier, A., et al., 2020, 'COVID-19 attack rate increases with city size', Working paper.

Stoll, B., et al., 2022, 'Benchmarking European cities on creating the right conditions for zero-emission mobility', Clean Cities Campaign (cleancitiescampaign.org).

Sturge, G., 2022, 'Migration statistics', House of Commons Library (commonslibrary. parliament.uk).

Sunstein, C., 2007, 'Neither Hayek nor Habermas', *Public Choice*, Vol. 134.

Sustain Europe, 2019, 'Oslo European Green Capital 2019' (sustaineurope.com).

Swinney, P., 2019, 'Are cities bad for the environment?', BBC (bbc.com).

Tarigan, E. and Karmini, N., 2022, 'Indonesia's sinking, polluted capital is moving to new city', Associated Press.

Tempest, K., 2021, *On Connection* (Faber & Faber).

Thatcher Archive, Interview for *Woman's Own*, 23 September 1987, Margaret Thatcher Foundation (margaretthatcher.org).

Toffler, A., 1980, *The Third Wave* (Bantam Books).

Transport for London, 2022, 'Latest TfL figures show continued growth in ridership following lifting of working from home restrictions' (tfl.gov.uk).

—, 2022, 'Fares from 1 March 2022' (tfl.gov.uk).

Trust for Public Land, 2022, 'ParkScore index' (tpl.org).

Turchin, P., 2009, 'A theory for formation of large empires', *Journal of Global History*, Vol. 4, No. 2.

Turner, F., 2006, *From Counterculture to Cyberculture* (University of Chicago Press).

UN Department of Economic and Social Affairs, Population Division, 2022, 'World Population Prospects' (population.un.org).

UN Women, 2022, Ukraine and the food and fuel crisis: 4 things to know, unwomen. org

UNFAO, 2022, 'State of the world's forests' (fao.org).

United Nations, 1969, 'Growth of the world's urban and rural population, 1920–2000' (un.org).

University College London, 2017, 'Audience members' hearts beat together at the theatre' (ucl.ac.uk).

Van Alstyne, M. and Brynjolfsson, E., 1997, 'Electronic communities: global village or cyberbalkans', *Economic Theory*.

Van De Mieroop, M., 2021, *A History of Ancient Egypt* (Wiley).

Vaughan, A., 2022, '40°C heatwave may have killed 1000 people in England and Wales', *New Scientist*.

Verbruggen, R., et al., 2014, 'The networked city', in Knox, P. (ed.), *Atlas of Cities* (Princeton University Press).

Villazon, L., 2022, 'Vertical farming: why stacking crops high could be the future of agriculture', Science Focus (sciencefocus.com).

Waber, B., et al., 2014, 'Workspaces that move people', *Harvard Business Review*.

Wade, L., 2020, 'From Black Death to fatal flu, past pandemics show why people on the margins suffer most', Science.org.

Walters-Lynch, W., 2020, 'What 50 years of remote work teaches us', BBC (bbc.com).

Weale, S., 2021, 'Headteachers call for reform of school admissions to redress attainment gap', *Guardian*.

The Week, 2021, 'The rise of the superbugs: why antibiotic resistance is a "slow-moving pandemic"' (theweek.co.uk).

Wester, P., et al., 2019, *The Hindu Kush Himalaya Assessment* (Springer).

Westfall, C., 2021, 'Mental health and remote work: survey reveals 80% of workers would quit their jobs for this', Forbes (forbes.com).

White, G., 2015, 'Long commutes are awful, especially for the poor', *The Atlantic*.

Whitehouse, H., et al., 2022, 'Testing the Big Gods hypothesis with global historical data: a review and "retake"', *Religion, Brain & Behavior*.

Whyte, M., et al., 2015, 'Challenging myths about China's one-child policy', *The China Journal*, Vol. 74.

WIEGO Statistics Database (wiego.org).

Wilkerson, I., 2016, 'The long-lasting legacy of the Great Migration', *Smithsonian Magazine*.

Wilson, B., 2020, *Metropolis* (Jonathan Cape).

Wilson, E. O., 1984, *Biophilia* (Harvard University Press).

—, 2012, *The Social Conquest of the Earth* (Liveright).

Wilson, W., 1987, *The Truly Disadvantaged* (University of Chicago Press).

Winck, B., 2021, '4 charts show how fast everyone is flocking back to big cities', *Business Insider*.

Wirth, L., 1938, 'Urbanism as a way of life', *American Journal of Sociology*.

Witthaus,, J., 2022, 'From Los Angeles to New York, underused office buildings become apartments amid housing shortage', CoStar (costar.com).

Woetzel,, J., et al., 2018, 'Smart cities: digital solutions for a more livable future', McKinsey Global Institute (mckinsey.com).

Wood, M., 2020, *The Story of China* (Simon & Schuster).

World Bank, 2022, 'Four decades of poverty reduction in China' (worldbank.org).

World Bank Data, 2018, 'Population living in slums (% of urban population)' (data. worldbank.org).

—, 2022, 'Air transport, passengers carried' (data.worldbank.org).

—, 2022, 'Research and development expenditure (% of GDP)' (data.worldbank.org).

World Bank, UNESCO and UNICEF, 2021, 'The state of the global education crisis: A path to recovery' (worldbank.org).

World Meteorological Organization, 2021, *Atlas of Mortality and Economic Losses from Weather, Climate and Water Extremes (1970–2019)* (wmo.int).

World Population Review, 2022, 'World City Populations 2022' (worldpopulation review.com).

World Population Review, 2023, 'Dhaka Population 2023' (worldpopulationreview. com).

Yeung, P., 2022, '"It's a beautiful thing": how one Paris district rediscovered conviviality', *Guardian*.

Yokoyama, M., 1991, 'Abortion policy in Japan: analysis from the framework of interest groups', *Kokugakuin Journal of Law and Politics*, Vol. 29, No. 1.

Young, R., 2014, 'Take bushmeat off the menu before humans are served another Ebola', The Conversation (theconversation.com).

Zhao, M., et al., 2022, 'A global dataset of annual urban extents (1992–2020) from harmonized nighttime lights', *Earth System Science Data*, Vol. 14, No. 2.

사진 설명

18쪽 그리피스 천문대에서 내려다본 로스앤젤레스. (Jean Lui Piston, unsplash)

40쪽 고대 그리스의 아크로폴리스. (John Koliogiannis, unsplash)

68쪽 미국 디트로이트에 있는 증기 생산 시설인 윌리스 애비뉴 스테이션. (Casey Connell, unsplash)

98쪽 오스트레일리아 멜버른 교외에서 바라본 도심의 전경. (Pat Whelen, unsplash)

128쪽 영국 런던의 금융 중심지인 카나리 워프 역을 오가는 사람들. (James Kirkup, unsplash)

152쪽 인터넷으로 연결된 도시. (shutterstock)

170쪽 방글라데시 다카. (Niloy Biswas, unsplash)

200쪽 코로나19 확진자 수를 보여주는 지도. (Nisuda Nirmantha, unsplash)

226쪽 홍수로 물에 잠긴 도시. (Saikiran Kesari, unsplash)

254쪽 수직 정원을 도입한 이탈리아 밀라노의 고층 아파트 보스코 베르디칼레. (Matteo Flaminio, unsplash)

번영하는 도시, 몰락하는 도시

초판 1쇄 발행 2023년 12월 7일
초판 2쇄 발행 2024년 1월 22일

지은이 이언 골딘, 톰 리-데블린
옮긴이 김영선
발행인 김형보
편집 최윤경, 강태영, 임재희, 홍민기, 박찬재
마케팅 이연실, 이다영, 송신아 **디자인** 송은비 **경영지원** 최윤영

발행처 어크로스출판그룹(주)
출판신고 2018년 12월 20일 제 2018-000339호
주소 서울시 마포구 양화로10길 50 마이빌딩 3층
전화 070-5080-4037(편집) 070-8724-5877(영업) **팩스** 02-6085-7676
이메일 across@acrossbook.com **홈페이지** www.acrossbook.com

한국어판 출판권 ⓒ 어크로스출판그룹(주) 2023

ISBN 979-11-6774-125-7 03300

만든 사람들
편집 최윤경 **교정** 안덕희 **표지디자인** THISCOVER **본문디자인** 송은비 **조판** 박은진